JN004799

NHK BOOKS
1283

物語としての旧約聖書
——人類史に何をもたらしたのか

tsukimoto akio
月本 昭男

NHK出版

はじめに

聖書には、旧約聖書と新約聖書があります。後者の新約聖書はキリスト教会内で成立した書物です。そこには、イエスの教えと十字架の死にいたる生涯を伝える福音書、初代キリスト教の宣教の記録、キリスト教をローマ世界に伝えたパウロの書簡など、キリスト教が確立してゆく過程で記された二七の書物が収められています。

旧約聖書のほうは、大小三九の書から構成されています。そのほぼ半分は古代イスラエルの先祖たちの物語や王国の歴史記述ですが、預言者たちの言葉、イスラエルの民が詠《うた》った詩歌、さらに短編小説を思わせる物語や人生を省察した作品などがそこに加わります。聖書と呼ばれるので、堅苦しい宗教的な教えを思い浮かべる方もおられるかもしれませんが、そこには人間味あふれる物語が少なくありません。

旧約聖書が現在のような形にまとめあげられたのは紀元前二世紀ころです。キリスト教に先立ち、ユダヤ教の聖書としてそれは成立しました。しかも、その大半が記された時期はそこから幾世紀もさかのぼります。それらは、ユダヤ教が確立する以前に、古代イスラエルの民によって書き残された書物群でした。ユダヤ教はこれを基礎にして成立したのです。ですから、ユダヤ教徒にとっては、いまでも旧約聖書だけが聖書です。彼らはこれをミクラーあるいはタナハと呼びます。ミクラー（Miqrā'）とは「朗読すべきもの」というほどの意味、タナハ（TaNaKh）は、旧約聖書をトーラー（Tôrāh「律法」）、ネビイーム（Nəbî'îm「預言者たち」）、ケトゥビーム（Kətûbîm「諸書」）という三つの部分に区分し、それぞれの頭文字を並べてこれに補助母音aを付した名称です。

　では、ユダヤ教の聖書がなぜキリスト教の聖書とされたのでしょうか。ナザレのイエスも彼の弟子たちもユダヤ人として旧約聖書に通じていましたが、十字架にかけられたイエスをメシア＝キリスト――キリストはヘブライ語メシア（マシーアハ）のギリシア語訳です――と信じた弟子たちは、次第にユダヤ教からたもとを分かってゆきました。ところが、ユダヤ教の聖書はそのまま受容したのです。その理由は、メシアを待望する預言（「メシア預言」）をはじめ、旧約聖書に記された内容の数々はイエス・キリストにおいて成就した、と彼らが信じたことにありました。そして、後に成立した新約聖書と区別して、これを旧約聖書と呼ぶようになりました。

　ユダヤ教の聖書がキリスト教に受容されることにより、旧約聖書に伝わる思想の多くもキリスト教へと引き継がれました。唯一神観、自然観、歴史観、人間観など、キリスト教思想の多くは旧約聖書に由来します。それだけではありません。ユダヤ教やキリスト教を介して、旧約聖書の物語や思想はイスラム教にも受け継がれました。初期のイスラム教徒が自分たちを創世記に物語られるアブラハム（イブラヒム）の子孫と理解したことなどは、その一例です。

　旧約聖書を残した古代イスラエルの民は、紀元前一二〇〇年前後にパレスティナに定住した弱小の一民族でした。紀元前一〇〇〇年ころに王政に移行したあとも、彼らは弱小の民であるがゆえに、南のエジプトと東のメソポタミアに興ったアッシリアやバビロニアといった大国のはざまで翻弄され続けました。王国は南北に分かれ、北王国は紀元前七二二年にアッシリアに滅ぼされ、南のユダ王国は紀元前五八六年にバビロニアによって滅ぼされ、ユダ王国の主だった人々は国を失ってバビロニア捕囚民となりました。捕囚から帰還した紀元前六世紀後半以降、エルサレムを中心とする彼らの地はペルシア帝国の一属州になり、ペルシア帝国が滅亡してからは、エジプトのプトレマイオス朝の、またシリアのセレウコス朝の支配下に組み込まれました。旧約聖書に記されたもっとも新しい時代は、マカベア戦争と呼ぶ、ユダヤの民が蜂起し、セレウコス朝に独立戦争を挑んだ紀元前二世紀前半です。その後、ハスモン朝さらにはヘロデ王による独自の王政が敷かれた時期もありますが、紀元後七〇年、反ローマ独立戦争に敗れたユダヤの民は故地を失い、世界に散在する民（ディアスポラ）となるのです。

古代イスラエルのこのような歴史のなかで、旧約聖書は書き記されました。そしてそれが、ユダヤ教成立の基礎となり、キリスト教誕生の土壌となり、イスラム教にまで浸透しました。当時の古代オリエントの強大国に翻弄され続けた弱小の民が残した旧約聖書は、こうして、その後の宗教の歴史にはかりしれない影響をおよぼすことになりました。それは人類宗教史に生起した一大逆説と呼びうるような現象です。旧約聖書には宗教を形成する力が秘められている、ということでしょうか。

旧約聖書の原文は、古代イスラエルの民が日常的に用いていたヘブライ語（一部アラム語）で記されています。これを今日に伝えたのはユダヤ教の学者たちでした。それに対して、ローマ世界からヨーロッパ全域にひろまったキリスト教は、ながらく、紀元前二世紀ころに訳された、七十人訳と呼ばれるギリシア語訳の旧約聖書を、さらにはウルガータと呼ばれるラテン語訳旧約聖書を重んじてきました。そこにはヘブライ語聖書にはない書物がいくつも加えられました。ギリシア語（一部ラテン語）を原典とするそれらの書は日本語で「旧約聖書続編」と名づけられましたが、キリスト教の教派によって、その位置づけにはひらきがあります。たとえば、カトリック教会はこれを旧約聖書に含めますが、プロテスタント諸派は聖書とは認めません。

キリスト教世界でひろくヘブライ語聖書が重視されるようになるのは、旧約聖書の学問的研究が確立する一九世紀以降のことです。本書では、ヘブライ語で伝わる旧約聖書にもとづき、古代西アジア文明地の一隅に歴史を刻んだイスラエルの民が伝える物語をたどりながら、そこにたたみ込まれた思想と信仰の特色を探ってゆきます。それによって、人類の宗教史にはかりしれない影響をおよぼしえた旧約聖書の秘密の一端を、また旧約聖書のもつ今日的意義の一端を明らかにできれば、と願っています。

目次

※聖書の引用は、著者の試訳による

底本編集協力　五十嵐広美
　　　　　　　髙松完子
巻末年表作成　小林惑名
写真提供　ユニフォトプレス
校　正　中村優歩
ＤＴＰ　㈱ノムラ

本書は、2018年のNHK「宗教の時間」通年講座ガイドブック『物語としての旧約聖書』上・下巻をもとに、全面的に補筆したものである。

旧約聖書三九書の配列（ヘブライ語原典と現行翻訳聖書の違い）

ヘブライ語原典
（書名は岩波書店『旧約聖書Ⅰ—Ⅳ』による）

律法（トーラー）
創世記
出エジプト記
レビ記
民数記
申命記
前の預言書（ネビイーム・リショニーム）
ヨシュア記
士師記
サムエル記（上・下）
列王記（上・下）
後の預言書（ネビイーム・アハロニーム）
イザヤ書
エレミヤ書
エゼキエル書
ホセア書
ヨエル書
アモス書
オバデヤ書
ヨナ書

現行聖書
（書名は『新共同訳聖書』による）

創世記
出エジプト記
レビ記
民数記
申命記
ヨシュア記
士師記
ルツ記
サムエル記（上・下）
列王記（上・下）
歴代誌（上・下）
エズラ記
ネヘミヤ記
エステル記
ヨブ記
詩編

ミカ書
ナホム書
ハバクク書
ゼファニヤ書
ハガイ書
ゼカリヤ書
マラキ書
諸書（ケトゥビーム）
詩篇
ヨブ記
箴言
ルツ記
雅歌
コーヘレト書
哀歌
エステル記
ダニエル書
エズラ記
ネヘミヤ記
歴代誌（上・下）

箴言
コヘレトの言葉
雅歌

イザヤ書
エレミヤ書
哀歌
エゼキエル書
ダニエル書
ホセア書
ヨエル書
アモス書
オバデヤ書
ヨナ書
ミカ書
ナホム書
ハバクク書
ゼファニヤ書
ハガイ書
ゼカリヤ書
マラキ書

旧約聖書時代の初期カナンの地図

第1章 天地創造
人間と自然の調和を願って

旧約聖書の第一書である創世記の一章から一一章には、神話的な色彩の濃い物語群が収められています。天地創造物語があり、人類最初の男女を描いたエデンの園の物語があり、その息子たちの間に起こる兄弟殺しの物語があり、ノアの洪水物語、バベルの塔の物語へと続きます。これらをまとめて「原初史」と呼びならわします。世界および人類の太古の物語という意味です。物語には、古代イスラエルの民の自然観、人間観、文明観などがたたみ込まれています。それらを読み解くことにより、旧約聖書の思想と信仰の一端が明らかになってゆきます。

一　天地創造と七曜制

創世記の第一章は「はじめに神は天と地を創造された」とはじまる天地創造物語です。神は六日間で天地万物を創造し、七日目には創造の業を終えて安息をとった、と物語られます。

神が最初に創造したのは光でした。二日目に神は大空を造り、大空の上と下とに水を分け、三日目には下の水を一か所に集めて陸地を出現させて、そこに草と木を芽生えさせました。四日目には大空に輝く天体を創造して、時間の秩序を確立させます。五日目に水生動物と空を飛ぶ鳥を、六日目に陸上の生き物を造り、最後に人間を「男と女」に創造しました。これらがすべて美しく[*1]造られたことを見た神は、これに満足して、七日目を安息の日とした、というのです。

第一日　光の創造
第二日　大空の創造　水の分離
第三日　大地の草木の創造
第四日　太陽、月、星の創造
第五日　水生動物、空の鳥の創造
第六日　地上の動物と人間の創造
第七日　安息　創造の完成

こうして天地万物が創造され、安息を含む世界の秩序が定まりました。もっとも、神が六日の間、創造の業に携わり、七日目に安息をとった、というこの物語は世界の始原を語るだけではありません。古代イスラエルの人々は、それによってモーセの十戒の第四戒にあたる安息日律法を根拠づけました。

> 安息日を心にとめ、これを聖別せよ。六日の間働いて、すべてあなたの仕事をせよ。七日目はあなたの神ヤハウェ[*2]の安息日である。いかなる仕事もしてはならない、あなたもあなたの息子も娘も、あなたの男女の僕《しもべ》も家畜も、あなたの門のなかにいるあなたの寄留者たちも。というのも、六日間で、ヤハウェは天と地と海を、またそこにあるすべてのものを造り、七日目に休まれ、こうして、ヤハウェが安息日を祝福し、これを聖別されたからである。
>
> （出エジプト記二〇章8―11節）

週の六日間ははたらき、七日目を安息日とし、この日には人も家畜もいっさい仕事をしてはならない、と定められました。七日ごとの安息を守ることは創造された世界の秩序にのっとっている、と理解されたのです。古代イスラエルにおいて、このような七曜制が確立し、七日目の安息日に労働が禁じられる律法が定まったのは、歴史的には、紀元前六世紀のことであったと考えられます。

古代西アジアにおいて、イスラエル以外に、七日ごとに休日を定めた七曜制を採用した国も民族もありません。七曜制の起源を歴史的に見きわめることは難しいのですが、古代メソポタミアでは、古くから、七日間をひとまとまりとする宗教儀礼が行われていた、という事実は指摘されてよいでしょう。メソポタミアの楔《くさび》形文字資料によれば、葬送儀礼や病気の治癒儀礼は七日間続けられました。古代イスラエルの人々もそうした慣習を踏襲していたことが旧約聖書からうかがわれます[*3]。

古代イスラエルで確立したこのような七曜制は、後にキリスト教に引き継がれ、イスラム教に引き継がれて、今日の私たちの暦にも反映されています。

二　非神話化

じつは、古代イスラエルの人々は創世記冒頭の天地創造物語とは別の創世神話も知っていました。旧約聖書にはそれがときどき顔をのぞかせます。たとえば、創造の神を讃える次のような詩篇がその一つです。

あなたこそ高ぶる海を支配される方、
波が逆巻けば、これを静められます。
あなたはラハブを撃ち砕き、刺し貫かれた者とし、
力あるみ腕をもってあなたの敵を散らされました。
天はあなたのもの、地もまたあなたのもの。
世界とそこに満ちるものは、
あなたがその基を据えられました。
北と南は、あなたがこれらを創造され、

タボルとヘルモン（の山々）はみ名を歓呼します。

（詩篇八九篇10―13節）

この詩の背後には、神ヤハウェは「高ぶる海」やラハブと呼ばれる怪物を制圧することによって世界を創造し、そこに秩序をもたらした、といった神話の痕跡が見てとれます。ここには、原初の混沌の勢力を象徴する神々や怪物を主神が撃破して世界を創造するといった、古代オリエント世界にひろく流布した神話がふまえられています。そうした神話の典型が『エヌマ・エリシュ』と呼ばれるバビロニアの世界創造物語でした。[*4] それによれば、バビロニアの主神マルドゥクは、「海」を意味する女神ティアマトとその軍勢と戦い、これを撃破します。そして、撃破したティアマトの肢体をもって世界を創造し、さらに、ティアマト軍を指揮して殺害された男神キングーの血をもって人間を造らせた、というのです。

古代イスラエルの民の間にも、じつは、この種の神話が浸透していました。旧約聖書には、右に引用した箇所に言及される「海」やラハブのほかにも、レビヤタンやタンニーン（後者は「竜」などと訳される）といった原初の海の怪物が神に撃破される記述が散見できます。[*5] しかし、創世記冒頭の天地創造物語からは、神々の抗争といった神話的な物語要素はそぎ落とされました。混沌を象徴する神々や怪物は物語から捨象されたのです。それに代わって、「神は言った、光あれ、と。すると、光があった」という記述をはじめ、「言葉による創造」という視点が前面に掲げられ、唯一の神による万物創造という堂々とした物語に仕上げられました。

ところが、物語をつぶさに観察すると、民間に流布していた神話観念が換骨奪胎されていることが見えてきます。創造以前には、「闇が混沌の海の面にあり、神の霊が水の面にはたらきかけていた」[6]（創世記一章2節）と記されていますが、そこで「混沌の海」（新共同訳聖書（以下、新共同訳）では「深淵」）と訳されるヘブライ語テホームは、バビロニア神話に登場するティアマトと言語的に共通するのです。[7] つまり、バビロニアの創世神話において、主神マルドゥクがティアマトを撃破して天地創造を果たしたとすれば、旧約聖書の天地創造物語では、唯一の神がテホームにはたらきかけて、天地創造がはじまるのです。原初の怪物タンニーン（新共同訳「怪物」、協会共同訳「怪獣」）は、ここでは海に住む被造物とみなされます（創世記一章21節）。世界を創造し、これを維持し、支える神を讃美する詩篇でも、レビヤタンなどの怪物を被造物とみなします（詩篇一〇四篇26節）。[8]

三　被造物としての自然

古代人は世界のはじまりを物語るさまざまな神話を残しました。古代人にとって、神話は彼らが抱いた世界観の素朴な表現手段でした。日本においても、古事記や日本書紀に「国生み」の神話が伝えられています。この「国生み」神話と創世記の天地創造物語とでは、物語の発想も語り口も異なります。背後に横たわる神観念も別でした。その点をふまえたうえで、あえて両者を比較してみますと、いくつか興味深い点が浮かびあがってきます。

その一つは、かつて丸山眞男が指摘したように、日本の神話が「成る」、「生む」という動詞を繰り返すのに対して、創世記の天地創造においては「創造する」もしくは「造る」という動詞が基本に据えられていることです。[*9]「国生み」神話によれば、日本の国土は男女配偶神イザナキとイザナミの交わりによって生み出されます。それがあたかも自然の「なりゆき」の結果であったかのようです。神による自然の創造を示唆する「造化《ぞうか》」という古い単語も日本に伝わっていましたが、それは「国生み」の物語には用いられませんでした。それに対して、旧約聖書によれば、この世界はあくまでも神によって創造された「被造物」とみなされます。

　それゆえに、旧約聖書の信仰に培われた人々は、自然のなかに神が宿るといった観念を伝えませんでした。天地万物は神の被造物であり、創造の神の「み業」を語り伝えこそすれ、自然そのものが「ご神体」として崇拝の対象になることはなかったのです。旧約聖書の詩篇には次のようにはじまる作品が知られています。

天は神の栄光を語り伝え、
大空はみ手の業を告げる。
昼は昼に言辞を語り出し、
夜は夜に知識を語り継ぐ。
言辞もなく、言葉もなく、
その声は聞こえないのに、
全地にその調べは響き渡った、
その言葉は世界の果てにまで。

（詩篇一九篇2―5節）

後のキリスト教神学は、創世記が伝える、神の言葉による万物創造を「無からの創造（creatio ex nihilo）」と理解しました。しかし、物語自体はそのような神学観念を知りません。物語は光の創造以前に水や原始の「混沌の海」（＝「深淵」）が存在していたことを示唆しています。そこに「神の霊」がはたらきかけ、創造がはじまります。創造前の世界は「無」であったのではなく、「地は空漠として、闇が混沌の海の面にあった」というのですから、創世記の天地創造物語は、「混沌」から「秩序」を造り出すという側面をもっていることがわかります。

四　人類という視点

日本の「国生み」神話と創世記の天地創造物語を比較しますと、対照的な点がもう一つ浮かびあがります。「国生み」神話は日本の国土の成り立ちを物語りますが、旧約聖書の創造は天地万象におよぶということです。

「国生み」神話を伝える古事記の成立は後七一二年でしたから、当時、日本にはすでに唐や新羅、さらには天竺《てんじく》（インド）や波斯《はし》（ペルシア）についての情報がもたらされていました。ところが、「国生み」神話においてイザナキとイザナミが生み出す世界は当時の日本の国土（「大八島国」）に限定されています。アジアの国々を視野に入れることはなかったのです。なぜか、人類の誕生も物語られません。それとは対照的に、創世記の天地創造物語はこれを残した古代イスラエルの民と国土にふれることはありません。むしろ、人類の創造を含む、天地のはじまりを物語るのです。それに続く神話的な色彩の濃い説話群もイスラエルに言及することはありません[*10]。

こうした事実は、天地創造から「バベルの塔」の物語まで、「原初史」に物語られる太古の説話群がイスラエルという民族的観点からではなく、全人類を見据えた視野で物語られていることを示しています。創世記一〇章の「民族表」には、古代西アジアおよび東地中海地域の諸民族がノアの三人の息子に系譜づけられて列挙されますが、そこにもイスラエルという名は登場しません。古代イスラエルの民は自らを、世界にひろがった人類のなかの一民族にすぎない、と理解していたのです。したがって、「原初史」におかれた説話は、自然や人間、社会や文明について、イスラエルの人々が人類という視点に立って省察し、物語化した作品群であった、といえましょう。その背後に、唯一の神への信仰が横たわっていたことはいうまでもありません。

であればこそ、これらの物語は、後代、イスラエル＝ユダヤという民族的枠組みを越えてひろまったキリスト教徒の間でも、人類の「原初」の物語として読まれることになりました。旧約聖書のこのような人類的視点に関しては、本書第5章「アブラハム」において、もう一度、ふれることになります。

五　「神の似姿」

天地創造物語によれば、人間は被造物の冠たる存在として最後に創造されました。神は人間を創造する際に、「われらの像（かたち）に、われらの姿に似せて、人間を造ろう」と語りました。[*11]人間はほかの生き物とは異なり、神の姿に似せて創造された、というのです。「神の似姿（imago dei）」としての人間の登場です。

では、「神の似姿」とは何を意味するのでしょうか。それについて物語はいっさい説明してくれません。そのために、後代、「神の似姿」はさまざまに論じられ、解釈されることになりました。たとえば、ほかの生き物にはない、善悪を区別する人間の理性や判断力が、あるいは人類の知的・精神的能力がそこに示されている、といった解釈がなされました。さらに、人間は神に差し向かい、神と対話し、神に応答する存在として創造されたことを示す、「神の似姿」は人間が地上における神の代理として創造されたことを意味するので、人間には地上を支配し、これを管理する責任が負わされている、などとも説明されます。

こうした解釈は、ほかの生き物と対比させながら、人間のもつ特質を見出そうとする点で、それぞれに興味深い面をもっています。しかし、「神の似姿」を古代西アジアという文化史的背景においてみると、こうした解釈とは別の面が浮かびあがってきます。というのも、古代西アジアにおいては、じっさいに、「神の似姿」とみなされる人間が存在していたからです。王がそれでした。

古代エジプトにおいて、王ファラオが神格化されていたことはよく知られています。ファラオは至高の太陽神ラーもしくはアメン・ラーの「子」であり、「偉大な神、天の主」ホルス神の化身とみなされました。ファラオはまた「ヘリオポリスのアトゥム神の生きた似姿」などと呼ばれています。このような「神＝王」思想は、三千年におよぶ古代エジプトの歴史において、時代ごとの傾向性はありましたが、その基本は変わりませんでした。天地万物の創造神話を注釈した文書の一つには、「人間は彼（＝創造神）の体から生じた神の似姿である」といった表現もみうけられますが、このような思想はエジプトにおいては異例であり、一般化されることはありませんでした。

メソポタミアにおいては、エジプトのように王が神格化されることは稀でした。王の神格化は、アッカド王朝のナラム・シン（在位・紀元前二二五四―二二一八ころ）、紀元前三千年紀末のウル第三王朝のシュルギとその後継者など、ごく限られた時期にみられる現象でした。王は地上における神々の意思の遂行者であり、ときには最高神官として王国祭儀に責任をもっていましたが、通常、神とみなされることはなかったのです。しかし、そうであるがゆえに、王はしばしば「神の似姿」と呼ばれています。

一例を挙げると、紀元前一三世紀後半のアッシリア王トゥクルティ・ニヌルタ一世は「エンリル神の永遠の似姿」と呼ばれています。また、紀元前一千年紀のアッシリア王たちに宛てた書簡には「わが主なる王はベール神の似姿です」、「世界の主なる王はシャマシュ神の似姿です」といった讃辞が残されています。しかも、これらの書簡の「似姿」に用いられたアッカド語ツァルム（ṣalmu）は、天地創造物語の「われらの像（かたち）」に用いられたヘブライ語のツェレム（ṣelem）すなわち「像」と同じ単語です[*12]。

また、バビロニアで発見された前六世紀ころの粘土板文書に人間と王に関する短い神話が残されていました。そこには「神の似姿」という表現こそないものの、王という存在が特別であったことがおよそ次のように物語られています[*13]。

神々に代わって労役に従事させるために、創造女神ベーレト・イリは知恵の神エアの同意をえて、粘土をもって人間を創造した。ところがルルー（lullû）と呼ばれる最初の人間は不完全であり、無能であった。そこでエアは女神に命じて、「すぐれた決定を行いうる人間」として「王」を創造させた。すると、神々はこれに冠と玉座と武器と輝きを付与した。

人間は「神の似姿」として創造されたという創世記の記述を古代西アジアのこのような背景に照らしてみると、そこに込められた人間理解が浮かびあがってきます。王だけが「神の似姿」なのではない、人間は男も女もすべからく、尊厳を付与された存在として「神の似姿」に創造されたのだ、といった人間観です。そこから、王を特別視する古代西アジアの伝統には染まらない、人間平等主義ともいうべき思想がほの見えてきます。

六　人間中心主義

神は人間を「神の似姿」として創造しただけではありません。人間を創造するに際して、「海の魚、空の鳥、家畜、地の獣、地上を這うものを支配させよう」と語っています。人間を「男と女」に創造したあとには、人間に次のように語りかけました。

> 産めよ、増えよ。地に満ちて、これ（＝地）を従わせよ。
> 海の魚、空の鳥、地上を這うすべての生き物を支配せよ。
> （創世記一章28節）

神はこう言って、人間に自然の支配を委ねました。人間は「神の似姿」としてだけではなく、自然の支配者としても創造された、というのです。「支配する」ということは、責任をもって管理することを含むとしても、これは人間と自然の間に主従関係を想定しているかのように響きます。そして、一九六〇年代末以降、海外の一部の文明史家は、こうした記述に人間中心主義を見てとり、これに批判的な論陣を張るようになりました。それはおおよそ次のような論でした。[*14]

> 現代の人類が直面している大問題の一つは地球規模で自然が破壊され、環境が汚染されていることである。その直接的な原因は近代の行き過ぎた産業の発達や過度の自然開発に求められるのだが、その背後には、人間生活の便利さや快適さのためならば、自然を利用し尽くしてもかまわない、という人間中心の発想がある。そうした発想は、人間を自然の支配者と位置づけた旧約聖書の天地創造物語に基づくキリスト教的な人間中心主義に由来する。

一九八〇年代になると、日本でも同様の批判がなされるようになりました。日本においては、そこに自然観をめぐるキリスト教的一神教と日本の伝統的な多神教やアニミズムとの比較が加わりました。そして、一神教的キリスト教よりも、日本の伝統的な多神教や自然に神が宿ると考えるアニミズムのほうが、自然に神的なるものを認め、敬意をもって自然を受けとめるという意味で、すぐれた世界観である、という主張がそこに織り込まれました。[*15]

ここでは、しかし、自然観としてどちらがすぐれているかということに立ち入ることはせず、人間と自然の問題に関わる記述をさらに旧約聖書に追ってみることにしましょう。

七　大地に仕える

創世記一章の天地創造物語によれば、人間は最後に「神の似姿」として創造され、地を「従わせ」、地上の動物たちを「支配する」存在として位置づけられました。ところが、続く「エデンの園の物語」には、これとは趣きの異なる人間観が見てとれます。物語は次のようにはじまります。

> 神ヤハウェが地と天を造ったとき、地には野のいかなる灌木《かんぼく》もなく、野の草も萌え出ていなかった。神ヤハウェが雨を降らさず、大地に仕える人間がいなかったからである。
>
> ……
>
> 神ヤハウェは大地の塵をもって人間を形づくり、その鼻にいのちの息を吹き入れた。そこで人間は生きるものとなった。神ヤハウェは東方にエデンの園をひらいて、そこに自ら造った

人間をおいた。

（創世記二章4節b—5、7—8節）

神が地を造り、天を造ったとき、地はいまだ荒涼としていた。それは神ヤハウェが地上に雨を降らせず、「大地に仕える人間がいなかった」からだというのです。そこで、神は「大地の塵」から人間を形づくり、エデンの園に住まわせます。

このようにしてはじまるエデンの園の物語については、本書第2章「エデンの園」において詳しく見てゆきますが、ここでは「大地に仕える人間」という短い一文と「大地の塵」から人間が形づくられたという記述にふれてみることにしましょう。

ここに「大地（アダマー）に仕える（アーバド）人間」と訳した句は、現行邦訳聖書では「土を耕す人」と訳されています。原語アダマーは「土」と訳せないことはありません。しかし、現行聖書が「耕す」と訳す原語アーバドは、旧約聖書に三〇〇回以上も用いられる動詞ですが、その大半が「仕える」もしくは「仕事をする」という意味なのです。「耕作する」ことを意味するヘブライ語には別にハーラシュという動詞があります。しかし、物語はそのハーラシュではなく、「仕える」という意味のアーバドという動詞をここに用いました。したがって、「土を耕す人間がいなかった」という一文はそのまま「大地に仕える人間がいなかった」と訳せるのです。人間はもともと「大地に仕える」存在である、という理解がその背後に横たわっています。

この点は、古代メソポタミアの人間創造神話と比較すると、より一層明らかになります。古代メソポタミアの人々は、神々が人間を創造する神話をいくつも残しましたが、『アトラ・ハシース』[*16]をはじめとする複数の神話によると、神々は自分たちに仕えさせるために人間を創造するのです。

まだ人類が存在しない原初の時代、神々は自分たちで神殿建立や食糧生産といった労働に携わらなければならなかったので、労働を担っていた下級の神々から苦情が寄せられた。そこで、神々に仕え、神々に代わってそうした労働に就かせるために、神々は人間を創造した、とそれらの神話は物語ります。ここには、人間の本分は神々に仕えることにある、といった古代メソポタミアの人間観がうかがわれます。

古代イスラエルの民もそうした神話を知っていたはずです。じじつ、「神に仕える」という表現は旧約聖書に多用され、枚挙にいとまがないほどです。また、動詞アーバドからの派生名詞アボダーは一般的には「奉仕、労働」という意味ですが、「神に仕えること」すなわち神を礼拝することを意味するようになりました。こうした言葉づかいは、「仕えること」を意味するサーヴィス（service）が「礼拝」という意味にも用いられる英語の用法などに引き継がれました。また動詞アーバドの別の派生語エベドは「奴隷、下僕」という意味ですが、「神に仕える者」を神ヤハウェのエベド「僕《しもべ》」と呼ぶこともあります。[*17]

エデンの園の物語は、それに対して、「大地に仕える」存在として人間は造られた、と語るのです。旧約聖書のヘブライ語には「自然」にあたる単語がありませんので、この「大地」を自然と言い換えますと、人間は自然に仕える「僕」として造られたということになります。

このような人間観は、人間を自然の支配者として位置づける天地創造物語のそれとは真逆です。

しかし、創世記をまとめ、旧約聖書を伝えた人々は、創世記のはじめの二つの章において、そうした矛盾をあえて残して、自然を「支配する」人間と自然に「仕える」人間という、人間と自然の関係の両面性を描き出したのだと思われます。はるか後代、イエスは「指導する者は仕える者のようになれ」（ルカ福音書二二章26節）と教えた、と伝えられていますが、創世記は同様のことを人間と自然の関係に見ています。

ところが、旧約聖書がほかの言語に翻訳されるなかで、アーバドに「耕す」という訳語があてられたため、そこから「仕える」という意味合いが失われてしまいました。研究者たちがこの点に気づきはじめたのは、自然と人間の関係があらためて問われるようになった、二〇世紀末のことです。

八　呪われる大地

このように見ると、旧約聖書の劈頭《へきとう》を飾る天地創造物語とエデンの園の物語には、人間と自然の関係が意識されていたことがわかります。エデンの園の物語においては、さらに、最初の人間アダムはエデンの園を追放される際に、神から「あなたのゆえに大地は呪われるものとなった」と告げられます（創世記三章17節）。アダムは「人間」という意味ですから、人間のゆえに大地が呪われた、というのです。続くカインとアベルの物語では、弟のアベルを殺害したカインに対しても、神は「……大地によって、いまや、あなたは呪われる」と伝えます（同四章11節）。

創世記六章からはじまる洪水物語は、人間が地上に悪をはびこらせたがゆえに、人間のみならず、地上の生き物たちまでもがいったんは滅びてしまう物語として読むことができます。じじつ、洪水後に神は自らに「もはやわたしは、人間のゆえに大地を呪うことはすまい」と語ります（同八章21節。新共同訳「人に対して」は誤解）。それは地上を覆いつくした洪水が、人間の悪のゆえに大地が呪われた結果であったことを示唆します。

表現の仕方は異なりますが、これと同じ思想が旧約聖書の預言書にも散見されます。たとえば、エレミヤ書には次のように記されています。

いつまで、地は嘆き悲しみ、
すべての野の草は枯れたままなのか。
そこに住む者たちの悪のゆえに、
獣も鳥も消え去ってしまった。
（エレミヤ書一二章4節）

引用文の冒頭の「嘆き悲しむ」は、死者を悼むときに用いる動詞（アーバル）です。[*18]「そこに住む者たちの」、すなわち人間の、悪のゆえに、野の草は枯れ、生き物が消滅してしまったので、大地が「嘆き悲しむ」というのです。同様の言葉は、イザヤ書にも書きとめられています。

地は嘆き悲しみ、衰える。

世界はしおれ、衰える。
天も地とともにしおれる。
地はその住民のもとで汚された。
彼らが律法を犯し、掟を変え、
永遠の契約を破棄したからだ。
（イザヤ書二四章4―5節）

地上の住民が神ヤハウェの律法を犯し、契約を破棄したがゆえに、地は嘆き悲しみ、天もまたしおれてしまうとは、大地の呻《うめ》き悲しむ声を聞いたかのような表現です。別の預言書、ホセア書には、より具体的に、民の間に人間としてのもっとも重要な要件である「真実」と「慈愛」と「神を知ること」が失せてしまったがゆえに、社会に虚偽や殺人、窃盗や姦淫が蔓延し、その結果、「野の獣も空の鳥も衰え、海の魚までも絶え果てる」と述べられています（ホセア書四章1―3節）。

このように記されているからには、古代においても自然破壊が起こっていたのでしょうか。起こっていました。現代のような地球規模の破壊ではなかったとしても、自然が破壊される現象自体は起こっていたのです。たとえば、オロンテス川流域の沼沢地帯に棲息していたシリア象は、フェニキア人が象牙細工のために乱獲し、紀元前九世紀末に絶滅しています。旧約聖書にはライオンや熊や駝鳥《だちょう》など、さまざまな大型野生動物が登場しますが、もはや、かの地にそれらの動物を見ることはできません。しかも、図像資料などから、当時、アッシリアやペルシアの王たちが自らの権力を示すために、ライオン狩りをしていたことがわかります。駝鳥を捕らえる図像も残されました。

古来、レバノン山脈はレバノン杉に覆われていました。古代メソポタミアを代表する文学作品『ギルガメシュ叙事詩』には、レバノンの「香柏の森」の怪物フンババを退治するエピソードが物語られていますが、古代西アジアの王たちは良質の木材をえるために、競うようにしてこれを求めました。[*19] そして、レバノン杉の原生林は消滅してゆきました。預言書には、そうした乱伐による森林資源の枯渇を暗示する言葉が残されています（イザヤ書一四章8節、三三章9節など）。

人間の悪のゆえに大地が呪われる、と「原初史」に語られ、動物が消え失せ、草が枯れてゆく、と預言書に書きとめられた背景には、このような事態がありました。彼らは自然の嘆き悲しむ声を聞いたのです。メソポタミアやエジプトには、旧約聖書より古い時代からおびただしい分量の文書が残されていますが、そのなかに自然破壊を人間との関わりで洞察した文献を見ることはできません。旧約聖書を別にすれば、古代西アジアに自然と人間の関係を視野に入れた物語が残されることはなかったのです。その点に、旧約聖書の創造信仰の特色が見てとれましょう。

九　荒野に花が咲く

そうしますと、旧約聖書は、人間の罪悪のゆえに自然はいずれ絶滅してしまう、と考えたのでしょうか。もちろん、そうではありません。破壊された自然は回復されなければなりません。旧約聖書には、自然の回復を示唆する記事が散見します。たとえば、イザヤ書には次のような詩がみられます。

喜び楽しめ、荒野よ、乾いた地よ、
砂漠は歓喜し、花を咲かせるがよい。
百合のように、花を咲きに咲かせ、
歓呼をもって、歓喜を尽くすがよい、
レバノンの栄光がこれに与えられる、
カルメルとシャロンの威光が。
これらは見るであろう、ヤハウェの栄光を、
われらの神の威光を。
（イザヤ書三五章1―2節）

同じイザヤ書には、猛獣が草を食み、オオカミと仔羊が、豹と仔山羊がともに暮らし、幼子と毒蛇がともに戯れる平和な光景も描かれます。その光景に先立って、人間の社会に「正義と真実」を実現する指導者の出現が語られるのは偶然ではありません（イザヤ書一一章1―10節）。弱肉強食の動物の世界にも平和が訪れる、といった記述の背後には、元来、あらゆる生き物は草食であった、という観念がありました。あらゆる地上の動物および人間には地上の植物を食物として与えた、という天地創造物語の最後の部分に、そのような観念が顔をのぞかせています（創世記一章29―30節）。

「真実」と「慈愛」と「神を知ること」を欠如させた社会が荒廃し、その結果、生き物の世界が滅亡の危機に瀕している、というホセア書の指摘はすでに紹介しました。そのホセア書にも、神が生き物たちと契約を結び、人間社会に平和が訪れ、「真実」と「慈愛」と「神を知ること」が回復する時代の到来が預言されるのです（ホセア書二章20―22節）。

ホセア書と同様に、洪水物語の最後にも、箱船によって絶滅を逃れたノアとその家族および種類ごとの生き物に対して、神が「契約を立てる」という記述が残されました（創世記九章9―17節）。ふたたび地上に大洪水を送ることはない、との約束は人間のみならず、地上のあらゆる生き物に与えられ、そのしるしとして神は空に天と地を結ぶ虹の架け橋をおいた、というのです。神を介して人間と自然が調和する世界を望み見た古代イスラエルの人々の想いがここに映し出されています。それは、荒野に花が咲き乱れる光景を描いたまなざしと別ではありません。

注

＊1　邦訳現行聖書「良しとされた」「良かった」は「美しかった」とも訳せる。

＊2　ヤハウェ（Yahweh）はイスラエルの神の固有名詞。詳しくは本書第2章の注4を参照。

＊3　七日間の葬儀（創世記五〇章10節ほか）、除酵祭、仮庵祭（本書第7章三項参照）などの七日間（申命記一六章8節、13節ほか）、祭司の任職期間（レビ記八章33節）、皮膚病の隔離などの七日間（レビ記十三章4節ほか）など。

＊4　冒頭の二語エヌマ・エリシュ「上で……のとき」をとってこう呼ばれる。この神話の詳細は月本昭男『バビ

ロニア創世叙事詩 エヌマ・エリシュ』(ぷねうま舎、2022年)。

*5 詩篇七四篇12―17節、イザヤ書五一章9節、ヨブ記二六章12―13節ほか。

*6 現行邦訳聖書では「神の霊が水の上を動いていた」と訳されるが、「神の霊(ルーアハ)」は水に「はたらきかけた」のである。「神の霊」による創造は詩篇三三篇6節、一〇四篇30節など参照(現行邦訳聖書が「息」と訳すヘブライ語はルーアハ「霊」のこと)。

*7 ヘブライ語 təhôm、アッカド語 Tiamat は普通名詞 tiamtu「海」を固有名詞化した語形。なお、ヘブライ語とアッカド語は同じセム語族に属するが、アッカド語の語尾 -tu はヘブライ語では脱落する。

*8 被造界に目を向けさせるヨブ記末尾の神ヤハウェの言葉でも、ベヘモート、レビヤタンといった怪物を被造物として位置づける(ヨブ記四〇章15節以下)。

*9 「歴史意識の『古層』」、丸山眞男『忠誠と反逆』(ちくま学芸文庫)所収。

*10 丸山眞男がこの違いに気づいていたならば、日本における歴史意識の「古層」は「なりゆき」とは別の側面にもふれざるをえなかったろう。

*11 唯一の神が「われら」と複数形で語る不自然さについては、種々の説明がなされてきた。これを数のうえの複数形とみる説明に、多神教の名残り、み使いへの語りかけ、など。言語現象とみる説明に、神に用いる「尊厳の複数」、自問自答する際の「熟慮の複数」など。後のキリスト教では、「三位一体」の教義がここに読み込まれた。

*12 アッカド語は東セム語、ヘブライ語は西セム語。どちらもセム語族に属し、共通する単語も多い。

*13 「古代メソポタミアの創成神話」、月本昭男『古代メソポタミアの神話と儀礼』(岩波書店、二〇一〇年)、二四頁。

*14 たとえばリン・ホワイト(青木靖三訳)『機械と神―生態学的危機の歴史的根源―』(みすず書房、一九七二年)。原著は一九六八年。

*15 たとえば、梅原猛『人類哲学序説』(岩波書店、二〇一三年)。

*16 この神話作品については、本書第4章四項を参照。

*17 旧約聖書で幾度となくヤハウェの「僕」と呼ばれるのはモーセとダビデ。

*18 このヘブライ語動詞アーバル('ābal)を「乾く」と訳す現行聖書も見受けられる。アッカド語アバール(abālu)

「乾く」からの類推によるが、ヘブライ語で「乾く」を意味する動詞はヤーベシュを用い、アーバルに「乾く」という意味はない。

＊19　香柏とはレバノン杉のこと。アッカド語版『ギルガメシュ叙事詩』ではギルガメシュは盟友エンキドゥとともに「森の守り手」フンババ（フワワ）を撃破するために西方に向かうが、その物語の資料となったシュメル語版『ギルガメシュとフワワ』では二人は東方に向かっていた。シュメル語版の資料に基づきアッカド語版が作成された古バビロニア時代、東方のザグロス山脈の森林地帯はすでに乱伐により枯渇し、メソポタミアの王たちは良質の木材を手に入れるために、数倍の距離がある西方のレバノンの森に遠征せざるをえなかったものと思われる。

第2章
エデンの園
人間は塵から造られ塵に帰る

創世記二章から三章は、「エデンの園」を舞台とする人類最初の男女、アダムとエバが園を追放される物語です。「エデン」は固有名詞ですが、「園」はヘブライ語ではガン、「庭園」を意味します。[*1] 紀元前三―二世紀に『七十人訳聖書』[*2] と呼ばれる旧約聖書のギリシア語訳が作成された際、これに王宮庭園を意味したペルシア語由来のパラデイソスというギリシア語があてられました。この語は後のヨーロッパ語に引き継がれ、英語のパラダイス（paradise）がそうであるように、「楽園」という意味になりました。

一七世紀の英国詩人ジョン・ミルトンが、視力を失ってから、この物語を『楽園の喪失』（原題“Paradise Lost”『失楽園』とも）と題する壮大な叙事詩に仕上げたことは、よく知られています。ミルトンは、その後、『楽園の回復』（原題“Paradise Regained”）と題する叙事詩も残しました。[*3]

一　人間創造

物語は、神ヤハウェ[*4]が「大地の塵」をもって最初の人間を形づくり、エデンの園に住まわせたところからはじまります。「大地」のヘブライ語はアダマー（'ădāmāh）、「人間」はアダーム（'ādām）です。文字どおり、アダーム「人間」はアダマー「大地」から造られたのです。後に、アダームは最初の人間の名前ともなりました。「塵」とは、乾燥すれば土埃に、水分を含めば粘土になる粒子の細かい土のこと、「形づくる」（ヤーツァル）とは粘土を土器に成形するときに用いる動詞です。つまり、神は大地の粘土をこねて、手ずから人間を造りあげたのです。そして、その鼻にいのちの息を吹き込むと、人間は生命をえた、と語られます。神が言葉によって万象を創造してゆく創世記一章の天地創造物語とは、ずいぶん趣きの異なる語り口です。

　エデンの園は豊かな川が流れ出る潤いのある場所でした。神はそこに、見ばえよく、実を食べるに適したあらゆる木々を、その中央には「生命の木」と「善悪を知る木」を生え出させました。そして、最初の人間に、「善悪を知る木」から実を取って食べてはならない、と命じます。なぜかこれから実を取って食べる日、必ず死ぬことになる、というのがその理由でした[*5]。

　神は最初の人間を一人だけ造ったのですが、人間が一人でいるのはよくない、と考え、人間と同じように動物たちを形づくり、人間のところに連れてきます。彼は動物たちに逐一名前をつけますが、それらのなかに「彼と向き合う助け手[*6]」は見出せませんでした。そこで神は人間を深く眠らせ、肋骨一本を抜き取って女性を造り、彼に出会わせます。すると、彼は言います。

これこそ、わが骨の骨、肉の肉。
彼女は妻（イッシャー）と呼ばれる、
夫（イーシュ）から取られたのだから。

（創世記二章23節）

この発言に添えて、物語には次のように記されています。

このゆえに、夫はその父と母を見棄てて[*7]、妻と結びあい、彼らは一つの体となる。夫とその妻、二人は裸であったが、互いに恥じ入ることはなかった。

（創世記二章24節）

ここまでが創世記二章です。

二　楽園追放

創世記三章は、はじめに、神によって創造された生き物のなかでもっとも賢かった、と蛇が紹介されます。この蛇が妻に語りかけ、園の中央にある木の実を食べるように誘惑するのです。この木の実を食べると、人は神のように善と悪を知るようになる。それゆえ、神はこれを食べることを禁じたのですよ、と妻をそそのかすのです。

たしかに、妻の目に「善と悪を知る木」はその実を食べる者を賢くするように映りました。彼女は手を伸ばして、その木の実を取り、傍らにいた夫にも与えました。それを食べた二人は、自分たちが裸であったことに気づき、無花果《いちじく》の葉で腰帯を造りました。

夕方、園に神の足音が響くと、二人はあわてて、木の間に隠れます。「あなたはどこにいるのか」と神から呼びかけられ、「裸なので、身を隠したのです」と答えた夫アダムは、続く神からの追及に、責任を妻に転嫁しました。妻のほうは、蛇に欺かれたのです、と弁明しました。

そこで神は、まずは蛇に向かって、お前は地上の生き物のなかでもっとも呪われる、と宣告します。ついで妻に、あなたは労苦のなかで子を産むことになる、と告げます。最後に夫アダムに向かって、「大地はあなたのゆえに呪われる。……あなたは顔に汗して、食物をえなければならない。……。あなたは塵だから、塵に帰る」と伝えます。

こうして、最初の男女二人、アダムとエバはエデンの園から追放されるのですが、その際、神は二人に「革の衣」を与えました。その折、妻は夫アダムからエバという名で呼ばれます。エバはヘブライ語でハッワーです。物語はこの妻の名を「生きるもの」[*8]を意味するハイヤーから説明します。二人を追放した後、神は園の東にあった入口に、ケルビムと回る炎の剣をおき、二人がエデンの園に戻って、中央にある「生命の木」（本章一〇項参照）の実を食べることのないようにした、と物語は締めくくられます。

三　塵である人間

物語は素朴です。しかし、そこには人間存在に関わる数々の洞察がたたみ込まれています。なによりも、人間は大地の「塵」から造られ、「塵」に帰る存在として理解されています。それが旧約聖書の基本的な人間観でした。神々が粘土を素材にして人間を造った、という神話自体は、古代メソポタミアにも知られていました。ひろく知られた神話作品『アトラ・ハシース』（本書第4章四項で詳述）によれば、殺された神の血を粘土に混ぜて人間は造られたのです。本書第1章二項で紹介した『エヌマ・エリシュ』でも、神々の戦闘で敵軍の指揮官であったキングーを殺害し、その血で人間が造られます。エデンの園の物語は、しかし、神と人間との「血のつながり」を認めません。人間はあくまでも大地の塵にすぎないというのです。

詩篇には、このことが次のように表現されています。

あなたは人間を塵へと帰らせて、
帰れ、人の子ら、と言われます。
……
あなたが眠りを浴びせるなら、
彼らは朝にうつろう草のよう。
朝に花を咲かせて、うつろい、

夕にしおれて、枯れ果てます。（詩篇九〇篇3、5―6節）

大地の塵から造られ、塵に帰る人間は、朝に咲いて、夕べにはしぼむ草の花のよう、朝に花を咲かせたかと思うと、夕べにはもう枯れてしまう。東洋的無常観を思わせる表現です。詩人は続けます。

われらの歳月はせいぜい七十年、
健やかであったとしても八十年、
それらの大半は災禍と害悪です。
じつに、それは瞬時に過ぎ去り、
われらは飛び去ってしまいます。（詩篇九〇篇10節）

「花の命は短くて、苦しきことのみ多かりき」、と詠ったのは作家の林芙美子でしたが、古代イスラエルの詩人も同じように詠いました。しかし、ともに人生のはかなさを詠嘆したのではありません。いかにはかなくとも、人間は永遠の世界とふれ合い、創造の神の意思のもとに生かされている、と感じていました。それゆえ、「われらの神、主の麗しさがわれらに臨みますように」とこの詩は続けられます。別の詩人は「人間とはなにものなのでしょう、あなたがこれを顧みてくださるとは」と神に語りかけました（詩篇八篇5節）。

人間は大地の塵に等しい。しかし、そのような人間を神は顧み、これに語りかけてくださる。エデンの園の物語には、そうした人間の姿が素朴に描き出されています。

四　いのちの息吹

大地の塵をもって人間を形づくった神は、これを生かすために、その鼻に「いのちの息」を吹き込んだ、と記されています（創世記二章7節）。この「いのちの息」は、後に、神が人間だけに与えた、肉体とは区別された「霊魂」と解釈されますが、それは誤解です。「いのちの息」は、霊魂というよりは、塵から造られ、いずれは塵に帰る人間を地上に生かす生命のはたらきのことです。人間以外の生き物たちにも賦与《ふよ》されている、と考えられていました。地上の生き物も「いのちの息がある肉なるもの」と呼ばれたのです（創世記六章17節。七章22節を参照）。

人類が「心」と「体」をわけて考えるようになったのは、いつのころからでしょうか。人間は「肉体と霊魂」からなる、とみる二元論的人間観はプラトンの哲学思想に発するといわれます。そのような二元論的人間観のもとでは、たいてい、肉体よりも霊魂のほうに重きがおかれます。キリスト教においても、ギリシア思想やグノーシス主義*9の影響を受け、そうした人間観が引き継がれました。旧約聖書には、しかし、霊肉二元論を見ることはできません。

旧約聖書において、「魂」と訳されるヘブライ語はネフェシュ（nepheš）、「霊」と訳されるヘブライ語はルーアハ（rûaḥ）です。ネフェシュは、元来、「喉」のこと。そこから、喉を通る「気息」

を表し、「気息」は生きている証拠ですから、「いのち」をも意味するようになりました。このネフェシュに、ギリシア語で「魂」を表すプシュケーという語があてられ、「魂」と訳されるようになりました。しかし、旧約聖書における「魂」は、いまここに生きる人間存在の総体を意味します。肉体から分離しうる精神や霊魂のことではありません。旧約聖書のヘブライ語では、自分自身のことを「わが魂（ネフェシュ）」と表現します。

他方、「霊」と訳されるルーアハの原意は「風」です。そこから、目に見えない仕方で人間や事物を動かす力をルーアハと言い表しました。それがヘブライ語の「霊」です。「霊」は神から与えられる特別な能力（知識、知恵、技能など）の源泉と考えられました。それは神からモーセや預言者のような特別な存在に授けられ、さらに人々に分与されると信じられました（民数記一一章17節、列王記下二章9節ほか）。逆に、災いをもたらす不可視の力も「悪しき霊」や「惑わす霊」と呼ばれます。これもまた神から送られると信じられました（士師記九章23節、サムエル記上一六章14節など）。

ヘレニズム時代（紀元前四世紀後半以降）、「霊」は死とともに肉体を離れる、といったギリシア的な霊魂観が旧約聖書にも影響をおよぼしますが、その場合でも、「霊」は身体の死とともに神のもとに帰ると考えられ（コヘレトの言葉三章21節ほか）、霊魂は永続する、といった思想の形成にはいたりませんでした。塵から造られた人間は塵に帰る。それが旧約聖書の人間観の基本であり、そのような人間を生命体として生かすはたらきを「魂」と呼んだのです。エデンの園の物語では、それが人間の鼻に吹き入れられた「いのちの息」でした。

旧約聖書は物質主義の立場には立ちません。申命記にみられるように、「心」のあり方を重視する律法書もあれば、エレミヤのように、「心」にまなざしを向けた預言者も登場します。しかし、死後の世界について思弁を弄することはありませんでした。死後の世界を否定することはありませんが、古代オリエントやギリシア・ローマに残され、日本の古事記にもみられる神や英雄が冥界にくだる神話の類を旧約聖書は伝えません。[*10]

五　人は一人ではない

「人間が一人でいるのはよくない」とは、最初の人間を造ったときの神の言葉です。この言葉には、旧約聖書を残した人たちのもう一つの人間観が込められています。ギリシア人ならば、「人間は社会（ポリス）的な動物である」と表現します（アリストテレス）。現代の哲学者ならば、人間は他者との関係性においてはじめて人間たりうる、などと表現するかもしれません。それをエデンの園の物語は神のじつに平易な発言として、伝えました。

物語によれば、そう考えた神ははじめに動物を造りますが、人間はそこに「彼と向き合う助け手」を見出せませんでした。そこで神は、彼を「深い眠り」に落とし、抜き取った肋骨で女性を造り、彼のところに連れて来ます。すると、人間は彼女を喜んで迎えるのです。

この物語は、じつは、女性が造られてはじめて、最初に造られた人間が男性であったことがわかる、という仕組みになっています。といいますのも、前に記しましたように、神が造った「人間」をヘブライ語ではアダームといいますが、アダームは男性でも女性でも、子供でも大人でもありうるからです。要するに、女性と出会って、最初の人間は男性となったのです。後に、アダームは彼の名となりました。

こうして最初の人間に、互いに向き合い、助け合う配偶者が与えられます。それが「一人でいるのはよくない」とされた人間の最初の姿でした。人間社会の基本となるべき単位は、親子でも兄弟姉妹でもなく、夫と妻の二人にほかならない、ということです。

続く次の一文に、そのことが明示されています。「このゆえに、夫はその父と母を見棄てて、妻と結びあい、彼らは一つの体となる」（創世記二章24節）。「父と母を見棄てて」とは、穏やかではない表現です。あたかも、親不孝を勧めているかのように聞こえます。それゆえ、ほとんどの現行邦訳聖書は「父母を離れて」と訳しています。ところが、ルツ記二章11節の同一句は、現行邦訳聖書でも「両親を見捨てて」などと訳されます。また、イエス・キリストは十字架上で、詩篇二二篇の冒頭の一句を引いて「わが神、わが神、どうして私をお見棄てになるのか」と叫びましたが、ここにも同じヘブライ語動詞アーザブ（ʿāzab）が用いられています。したがって、「父と母を見棄てる」という訳のほうが原文の意味合いを正しく伝えるのです。

ならば、なぜ、物語はこのような表現を用いたのでしょうか。もちろん、親不孝の勧めではありません。この一文が伝えようとしていることはただ一つ、夫と妻の関係は親子のそれに優先する、ということです。

古代社会の多くがそうであったように、古代イスラエル社会でも家父長制がとられていました。

妻は夫の「家」の嫁として、なによりも「家」を存続させるために子を産むことが期待されていました。子を産まないことは離婚の理由になり、夫には複数の妻をめとることが認められていました。じじつ、アブラハムからダビデ、ソロモンまで、旧約聖書に登場する父祖たち、指導者たちの多くは複数の女性をめとっていました。エデンの園の物語は、そうした社会にあって、一人の夫と一人の妻が結びつく家庭こそが社会の基本であり、妻と夫の関係は親子のそれにまさる、と宣言したのです。

　物語は、しかし、続く創世記三章において、そのような夫と妻の間にもほころびが生じかねない一面があることを描き出してゆきます。

六　責任転嫁

　禁じられた木の実を食べた二人を神が追及しますと、夫アダム（アダーム）はすばやく弁解します。「あなたが私に与えてくださった妻がその木から取って私に渡したので、食べました」と。妻への責任転嫁です。このような責任転嫁は、時代をこえて、夫と妻の間で繰り返されてきました。

　物語は、たしかに、妻が「善と悪を知る木」の実に手を伸ばし、夫に与えています。したがって、夫アダムの弁解は正しいように聞こえます。しかも、その妻は神が「与えてくださった」のですから、夫アダムは神にその責任を返そうとしている、と読むこともできます。しかし、物語には「彼女の傍らにいた夫に与えた」と記されています。妻が蛇に誘惑されているとき、夫もま

ティツィアーノ「アダムとエバ」

たその場に居合わせていたのです。「わが骨の骨、肉の肉」とまで言ってみせた妻が蛇の誘惑を受けているとき、夫はその傍らで、いったい何を考え、何をしていたのでしょうか。

物語はそこを語ってはくれません。そのために、この物語が人類の「堕《だ》罪《ざい》物語」として読まれるなかで、人類を堕落させたのは女性である、といった見方さえ生まれました。[*11] しかし、夫は誘惑される妻の傍らにいたのです。であれば、禁止された木の実を食べた責任は、蛇の誘惑に負けた妻にあり、蛇から誘惑される彼女の傍らにいて、沈黙を決め込んでいた夫には責任がなかった、といえるでしょうか。

じつは、物語をこうした視点から読めるようになったのは、ごく最近のことです。それまでは、聖書は男性の視点から読まれ、解釈されてきましたから、夫アダムが妻の傍らで何をしていたか、ということは問われなかったのです。最近になって、ようやく女性の視点から聖書が読み直され、これまで気づかれなかった多くのことが指摘されるようになりました。妻が誘惑されている間、夫は何をしていたのか、という問いも女性の視点から提起されました。

　この問いに正解はありません。物語はそのことについて沈黙しているからです。沈黙することによって物語は読者の想像力を試しているかのようです。すでにルネッサンスの時代、想像力を試された人たちがいました。この場面に取り組んだ画家たちです。この場面を絵画にするためには、どうしてもアダムの姿を想像しなければならなかったのです。

　その点で、驚かされるのは、ミケランジェロが描いたバチカン内のシスティーナ礼拝堂の天井画です。その中央部分には、アダムとエバの創造場面と並んで、「善と悪を知る木」の実を食べる場面が描かれています（本書オビ参照）。それを見ますと、上半身が人間の姿をした蛇がエバに実を渡している傍らで、アダムはエバの頭越しに手を「善と悪を知る木」に伸ばしているのです。アダムはエバから与えられたので、しかたなく禁じられた木の実を食べたのではなく、自分の意志でこれを取って食べようとしています。

　同じ時代、同じ場面を描いた作品も少なくありません。ルーカス・クラーナハ（父）の作品のように、黙ってエバから実を受け取っているアダムもいます。蛇から実を受け取るエバを制止しようとするアダムは、ティツィアーノの作品などにみることができます（右ページ参照）。このころ、芸術家たちは競うようにして、それぞれの想像力をはたらかせました。そうしたなかで、ミケランジェロは「善と悪を知る木」に手を伸ばすアダムを描きました。物語が沈黙する行間にアダムの積極的な意志を読み取ったのです。彼はこの木を無花果《いちじく》として描きましたが、ほかの画家たちはおおむね林檎の木にしています。無花果の木であれば、その実を食べた二人は同じ木から葉を摘み取って「腰帯」を作ったことになりましょう[*12]。

　このようなミケランジェロの解釈に立てば、妻に責任を転嫁した夫アダムの弁明は、その根拠を失うことになります。物語においても、神は夫アダムの弁解を認めませんでした。

七　神のように賢く

　キリスト教会の伝統では、エデンの園の物語は人類の「堕罪物語」と理解されてきました。古くは、旧約聖書続編のラテン語エズラ記七章118節に、次のように記されています。「ああ、アダムよ、あなたはいったい何ということをしたのか。あなたが罪を犯したとき、あなただけが堕落したのではなく、あなたから生まれたわたしたちも堕落したのである」。

　使徒パウロもローマの信徒への手紙五章12節に「一人の人によって罪がこの世に入り、罪により死が入り込んだ」と述べています。禁じられた「善と悪を知る木」の実を食べたことによって人類に罪と死が生じた、と物語が解釈されたのです。そして、その罪は、悪人か善人かには関わりなく、すべての人に引き継がれている、と考えられました。これがキリスト教神学でいう「原罪」です。

「原罪」と並んで、人間を誘惑して「善と悪を知る木」の実を食べさせた「蛇」を悪魔の化身と解釈する伝統も生まれました。古くは新約聖書において、人類を惑わし、最後の審判で裁かれるサタンすなわち悪魔が「年を経た蛇」と呼ばれています（ヨハネの黙示録一二章9節ほか）。本章一項でふれたミルトンの叙事詩『楽園の喪失』でも、大悪魔サタンが蛇の姿をしてエバに接近し、説き伏せる模様が克明に描かれています。

ところが、旧約聖書には、神に対抗する悪魔という存在は知られていません。サタン（sāṭān）というヘブライ語も、旧約聖書においては、「訴える者」というほどの意味です。ヨブ記にはサタンが「神の子たち」の一人として登場しますが、このサタンは悪魔からはほど遠い存在です。したがって、「原罪」はキリスト教において育まれた思想です。人間という存在の不完全さや悪へと傾斜してゆく性向を「罪」という点から深くとらえている点で、そこには重要な人間理解が認められます。旧約聖書にも、

罪を犯さない人間は存在しない。（列王記上八章46節）

すべて生あるものはあなた（＝神）の前に義とはされない。（詩篇一四三篇2節）

といった、人間の罪を深く洞察した言葉が散見します。また、自らの内なる罪を見つめた詩人は、そのことを次のように告白しました。

わが母は罪のなかで私を身ごもりました。

（詩篇五一篇7節）

このような言葉には、自力では克服できない人間の「罪」への洞察が見てとれます。その点において、旧約聖書が後の原罪思想を準備したということもできましょう。しかし、生まれながらにして罪を背負った人間は、いかにしてその罪から救われるのか、といった神学的な議論を旧約聖書は展開させませんでした。また、人間の罪の起源をエデンの園の物語にさかのぼらせて説明することもありません。そもそも、エデンの園の物語は最初の人類の破戒行為を「罪」という術語を用いて説明することはありません。

最初の二人が神の命令を破って「善と悪を知る木」の実を食べたことを「罪」と呼ぶとすれば、物語はその罪の内実を「神のようになる」ことにみています。蛇は「神のように善と悪を知るようになる」という言葉を巧みに用いて妻エバを誘惑し（創世記三章5節）、二人をエデンの園から追放するときに神は、「人間はわれらのひとりのように善と悪を知る者となった」と語っています（同22節）。人間が神のようになろうとする点に、人間の分をわきまえない高慢を見てとったのです。原初史のなかでは、本書第3章でふれるバベルの塔の物語にも、同様の見方がうかがわれます。

それにしても、神はなぜ「善と悪を知る木」の実を食べることを禁じたのでしょうか。「善と悪を知る」ことは人間として好ましいことではなかったのでしょうか。エデンの園の物語の最大の謎がここにあります。

八　善と悪を知る木

エデンの園の物語の後半は、「楽園の喪失」と呼ばれるように、神が禁じた「善と悪を知る木」の実を食べた人類最初の男女が園を追放される物語です。「善と悪を知る木」の実を食べると、「善と悪を知る」はずなのに、なぜ神はそれを禁じたのでしょうか。それを禁じる神の言葉は次のように記されています。

> 善と悪を知る木からあなたは食べてはならない。なぜなら、この木から食べる日に、あなたは必ず死ななければならないのだから。
> （創世記二章17節）

「善と悪を知る木」の実を食べてはならないのは、食べる日、必ず死ぬからである、というのです。ところが、この木の実を食べた二人は、死にませんでした。そこでさまざまな解釈が提案されてきました。

その一つは、人間には、元来、永遠の生命が約束されていたけれども、「善と悪を知る木」の実を食べたため、死ぬべき存在になった、という解釈です。本章七項のはじめに引用したパウロの言葉にもみられるように、神の戒めを破った人間は死に定められてしまった、というのです。しかし、このような解釈を引き出すためには、時を表す「食べる日に」を「食べるならば」という条件節に読み替え、「必ず死ななければならない」を「死ぬべき存在になる」と理解しなければなりません。「必ず死ななければならない」とは、ほかの箇所が示すように[*13]、重大な罪を犯した者を断罪する定型表現です。加えて、人間は、ほかの動物とは異なり、永遠に生きる存在として造られた、という記述はこの物語にみられません。本章三項に記したように、旧約聖書は人間について、大地の塵から造られ、塵に帰る存在と受けとめています。

これとは別に、神の発言（「必ず死ななければならない」）は禁止を強めるための一種の威嚇であった、という解釈があります。しかも、じっさいには、禁じられた木の実を食べても、二人は死ななかったのですから、それは嘘の威嚇となります。そうすると、妻エバを誘惑した蛇の言葉（「あなたたちはけっして死なない」）のほうが正しかったことになりますが、そう理解したうえで、神の「魂胆」を蛇が見透かす、といった民話風の「茶化し」をここに読み取る研究者もいます。しかし、神を「茶化す」物語は、旧約聖書に似つかわしいとはいえません。

さらに、ここでいう死は身体機能の停止ではなく、神との関係が破綻することを意味する、といった解釈もあります。旧約聖書では、「死」は神との関係の破綻ないし断絶にほかならない、と考えられていたからです。苦難のなかで、神との関係が絶たれた一人の詩人は、自分が死者のおもむく冥界に落とされてしまったかのように受けとめ、そのことを神に訴えています（詩篇八八篇4―13節など参照）。神との関係を絶たれるなら、人は生きてはいても、死んだも同然である、というのです。世界を造り、これを維持する神との関わりのなかに生きようとした旧約聖書の信仰者たちの思いがここにありました。

「あなたは必ず死ななければならない」という神の言葉をめぐる解釈は、このように、さまざまです。禁じられた木の名「善と悪を知る木」の「善と悪を知る」については、それ以上に意見がわかれます。それは倫理的判断能力を指す、性的区別の認識を含意する、多神教世界の呪術知を意味する、等々の見解が提示されてきました。さまざまな見解が生まれる理由の一つは、「善」と訳されたヘブライ語トーブ（ṭôb）も「悪」と訳されたラア（raʻ）も意味範囲がひろいことにあります。両者は、日本語の「よい」と「わるい」がそうであるように、道徳上の善・悪だけでなく、美・醜、快・不快、利・害、幸・不幸、等々、じつに広範囲の意味をもちます。ですから、この木の名はたとえば「美と醜を知る木」「幸いと不幸を知る木」などとも訳しうるのです。それゆえ、「善と悪を知る」ということの意味内容よりも、これが神の命令であるということこそが肝要である、といった見解もあれば、「良し・悪しを知る」ことのなかに、神の領域をも犯しかねない人間のあくなき知識欲が暗示されている、などともいわれます。

　このように、「善と悪を知る木」についても、その実を食することを禁じる神の言葉についても、解釈は種々さまざまですから、その意味を一義的に確定することはできません。ここでもまた、それがどのような意味をもちうるのか、物語は読者の想像力に委ねているかのようです。とはいえ、古代イスラエルの人々ならば、神の禁止命令を聞いて、あることを想起したにちがいありません。というのも、古代イスラエルの人々にとって、「善と悪を知る」とはなじみのある表現であり、ダビデやソロモンが「善と悪」をわきまえる人物とみなされていたからです。

　ダビデ王については、一人の女性をとおして、「神のみ使いのように、わが主である王は善と悪を聞きわけられます、あなたの神があなたとともにおられますから」と言わせています（サムエル記下一四章17節）。ソロモン王は神ヤハウェに「あなたの民を裁くために、善と悪をわきまえる」能力を願って、比類のない「知恵と分別の心」を与えられた、と伝えられます（列王記上三章9―12節）。ここには、「善と悪」をわきまえることが支配者の知恵としておおいに讃えられています。それだけではありません、王は「神の子」とみなされてもいたのです（サムエル記下七章14節、詩篇二篇7節など）。

このような背景を考慮すると、「善と悪を知る木」の実を食べて「神のようになった」という最初の人類の物語は、暗黙裡に、善悪の判断をはじめとする知恵と知識を独占して、民を治めるエルサレムのダビデ王朝を批判的に照らし出しているのかもしれません。少なくとも、物語が「知恵」に皮肉を込めたことは、「善と悪を知る木」の実を食べて「目が開いた」二人の最初の行動が無花果の葉で「腰帯」を造ることであった、という点に見てとれます。「腰帯」は兵士が戦場で、祭司が儀礼の場で、女性が飾りとして身につける衣装であり、[*14] 無花果の葉などで造れるはずがないからです。また、「野の生き物のなかでもっとも賢い」と紹介される蛇が、最後には、神に「野の生き物のなかでもっとも呪われる」と宣告されること、ヘブライ語では「賢い（アルーム）」と「裸である（エローム）」とが響き合うことなどにも、「知恵」に対する皮肉が込められています。

九　エデンの園はどこか

エデンの園は物語上の場所ですから、地上のどこにあったのか、と問うてみても意味はありませんが、園からは川が流れ出し、四つの支流になった、と語られています。それらの名はピションとギホン、ティグリスとユーフラテスでした（創世記二章10―14節）。後二者はメソポタミアを流れ、いずれも東アナトリア高原に源を発します。アラビア半島の一部を指すハビラを流れるピションはじっさいに存在する川と同定はできません。ギホンはクシュすなわち上エジプトの全域を流れるといいますから、ナイル川が念頭におかれています。したがって、これらの川の名から、エデンを地図上に示すことは不可能です。ところが、エデンの園には、エルサレム神殿を思わせる記述が少なくありません。

まず、四つの支流の一つギホンはキドロンの谷にあって、エルサレムに水を供給した泉の名でもありました。そこでソロモンが油を注がれ、王として即位したと伝えられます（列王記上一章45節）。また、エルサレム（神殿）から「生命の水」を湛える川が流れ出す、という観念がありました。エルサレムを讃え、「川があって、その流れが神の都を喜ばす」と詩篇に詠われます（詩篇四六篇5節）。預言者エゼキエルは、エルサレム神殿から水が湧き出て大河となり、漁師が網を張るほどに魚が住み、その両岸に育つ果樹が月ごとに実をならせ、その葉は薬用になる、という幻を報告しています（エゼキエル書四七章1―12節）。別の預言書には、エルサレムから「生命の水」が湧き出て、東西に大河となって流れ出る、と記されています（ゼカリヤ書一四章8節）。

次に、エデンの園は、東に入口があり、最初の二人はそこから園を追放されるのですが、エルサレム神殿も東に向き、東に主要な門がおかれていました。[*15] さらに、エデンの園の東の入口はケルビムによって守られ、人間が「生命の木」に近づかないようにした、と物語は締めくくられますが、エルサレム神殿の本殿にも、東を向いた扉を含めて、ナツメヤシとケルビムが彫られていました（列王記上六章23節以下）。そして、ナツメヤシこそは、次項で述べますように、古代西アジアにおいて、ひろく豊穣と生命力を象徴する「生命の木」とみなされた樹木でした[*16]。

　これらの点をふまえるならば、物語を聞いた古代イスラエルの人々がエデンの園をエルサレムの王宮や神殿と重ね合わせ、そこに後者に対する隠れた批判を聞き取ったとしても、不思議ではありません。エデンの園を最初の人類の舞台として物語った人たちは、エルサレムで政治的・宗教的権威を誇る者たちへの隠れた批判を物語に滑り込ませたのかもしれません。

一〇　生命の木

「善と悪を知る木」とともに、エデンの園の中央には「生命の木」がありました。古代オリエント世界において、ナツメヤシがひろく「生命」の象徴とみなされていたことは、すでに紹介しましたが、エデンの園の物語は、この「生命の木」の実を人間が食べて「永遠に生きる」ことのないように、神はエデンの園の入口を塞いだ、と最後を締めくくります。この「生命の木」の実を食べれば、神のように永遠に生きられたはずの人間は、エデンの園を追放されることにより、その機会を失ってしまったというのです。

　人間は永遠に生きる機会を逸した、という神話モティーフは古くから古代オリエント世界に知られていました。たとえば『ギルガメシュ叙事詩』は、「老人が若返る」という名の草をようやく手に入れた主人公ギルガメシュが、うかつにも、その草を水辺におき、一匹の蛇に持ち去られてしまう、という結末で終わっています。『アダパ物語』[*17]では、天上の神々の前にまかりでたアダパが、供された「生命のパン」を「死のパン」、「生命の水」を「死の水」と思い込み、永遠の生命をうる機会を逸します。また、『アクハト物語』[*18]と名づけられた物語によれば、すぐれた弓を「不死」と交換するように女神アナトから迫られた王子アクハトは、それを虚偽と思い込んで、拒絶したために、女神のもとから遣わされた戦士に殺害されてしまいます。ホメーロスの二大叙事詩の一つ『オデュッセイア』（第五歌２０３—２２２行）にも、オデュッセウスが女神カリュプソーから提示された不死を拒絶する場面が描かれています。

旧約聖書を残した人々は、永遠に生きる機会を逸するこのような文学モティーフをふまえつつ、人類最初の夫と妻が永遠の生命を約束する木の生えたエデンの園から追放された物語を紡いだにちがいありません。エデンの園を追放された人類は、その後、その限られた人生をどのように生き抜くのか、という試みの場におかれるのです。こうして、人類の歩みが始まることになります。

なお、新約聖書の最後におかれたヨハネ黙示録の末尾には、「最後の審判」の後の世界が描かれ、「新しいエルサレム」には「生命の木」が「生命の水の川」のほとりで月ごとに実をならせる、と記されています。これがエデンの園の物語と前述したエゼキエルの幻の記事をふまえていることはいうまでもありません。

注

＊1　エデン（'ēden）は旧約聖書において「歓喜」といった意味で用いられるが（詩篇三六篇9節ほか）、その語源は明らかではない。エデンは預言書で植生豊かな場所として言及され（イザヤ書五一章3節、エゼキエル書三六章35節、ヨエル書二章3節など）、エゼキエルはフェニキアの商業都市ツロ（テュロス）の滅亡について、神の聖なる山にある美しい神の園エデンにいたツロの王が神ヤハウェによって地上に追放された、という哀歌を残した（エゼキエル書二八章1―19節）。

＊2　『七十人訳聖書』という呼称は、七二人の訳者が、七二日で翻訳を完成させたという伝承による。

＊3　新井明『楽園の喪失』（大修館書店、一九七八年）、同『楽園の回復・闘技士サムソン』（大修館書店、一九八二年）。

＊4　「原初史」における神の表記は、天地創造物語においては「神」と表す一般名詞エロヒーム（'ĕlōhîm）が、エデンの園の物語では「神」とイスラエルの神の固有名詞ヤハウェ（yahweh）を並べた「神ヤハウェ」が、カインとアベルの物語とバベルの塔の物語ではヤハウェが単一で用いられ、洪水物語では「神」とヤハウェが混在する。後の父祖たちおよび「出エジプト」の物語でも「神」とヤハウェが混在するが、歴史書と預言書ではほぼヤハウェで統一される。現行邦訳聖書がヤハウェを「主」（ここでは「主なる神」）と訳すのは、「みだりにヤハウェの名を唱えてはならない」と定める十戒第三戒を重んじたユダヤ教において、旧約聖書で神名ヤハウェを「主、主人」を意味するアドーン（'ādôn）からの造語アドナーイ（'ădōnāy）と読み習わし、ギリシア語訳聖書で「主、主人」を表すキュリオス、ラテン語聖書で同じくドミヌスと訳されたことによる。

＊5　だが、「善悪を知る木」の実を食べても、人は死ななかった。そこで、神のこの発言は、「善悪を知る木」の実を食べると、人間は死ぬべき存在となる、と解されるが（ローマ人への手紙五章12節ほか）、ヘブライ語原文の前半を「食べるなら」などと条件節に解することも、後半の主文を「あなたは死ぬべき存在になる」と訳すことも言語的にほぼ無理である。物語はむしろ創世記三章4―5節の蛇の言葉が正しかったかのように進行する。そこで、これを禁止命令強化の「死の威嚇」とみて、蛇がそれを「偽り」として、見とおした点に、物語の民話風のユーモアを読み取る研究もある。もっとも、人間の死を生命機能の停止だけでなく、関係性の喪失ととらえる旧約聖書においては、神との関係断絶もまた「死ぬこと」と別ではなかった（詩篇八八篇5―6節ほか）。

＊6　現行邦訳聖書は「彼にふさわしい助け手」と訳すが、「ふさわしい」と訳されるヘブライ語ネグドーは「彼の前にある（＝向き合う）存在として」という含み。

＊7　「見棄てて」については本章五項を参照。

＊8　ケルビム（ケルブの複数形）は有翼人面獅子として描かれる古代西アジアの聖獣。スフィンクス。

＊9　神と同一の本質をもつ本来の自己（魂）が肉体に閉じ込められているとの人間論に基づき、認識（グノーシス）によって、本来の自己を取り戻せる、というヘレニズム・ローマ時代の宗教思想。

＊10　冥界くだりの神話はメソポタミアではシュメル語『イナンナの冥界くだり』、そのアッカド語版『イシュタルの冥界くだり』があり、ギリシアではオルペウス、オデュッセウスなどの、ローマではアエネーアスのそれがひろく知られる。古事記などでは「黄泉《よみ》の国」と表現される。

＊11　旧約聖書続編シラ書二五章24節「罪のはじめは女にあり、女によって、われわれはみな死ぬことになった」。新約聖書テモテへの手紙（一）二章14節「アダムはだまされませんでしたが、女はすっかりだまされて、道を踏み外しました」。

＊12　『バビロニア・タルムート』「ベラホート」四〇a・14によれば、ラビ・ネヘムヤはアダムが取って食べた木を無花果とみたが、ミケランジェロがこれを知っていたとは思われない。

＊13　サムエル記上一四章39節、同二二章16節ほか。

＊14　ヘブライ語ハゴラー（ḥagôrāh）。男性形「ハゴール」。帯を「締める」、剣を腰に「帯びる」ことを表す動詞ハーガルからの派生名詞。兵士が剣を身に着ける腰帯は列王記上二章5節ほか、祭司の正装はレビ記一六章4節ほか、女性の飾り帯はイザヤ書三章24節など参照。

＊15　預言者エゼキエルは、神ヤハウェが「東の門」から出てエルサレムを去り、後に同じく「東の門からエルサレムに帰還する幻を見た（エゼキエル書一〇章19節、四三章1節）。東の門は後に「黄金門」と呼ばれた。

＊16　古代西アジアでは、中央のナツメヤシを挟んで左右に鹿や羊・山羊、ときには王をあしらった図像が好まれた。こうした図像はナツメヤシが生命力を象徴する聖樹とみなされたことを示す。

＊17　メソポタミアの最南端の都市エリドゥの伝説的な支配者アダパが天に呼ばれるが、そこで永生をうる機会を自ら失ってしまうアッカド語の物語。

＊18　東地中海岸の都市国家ウガリトの遺跡から出土した紀元前一三〇〇年ころのウガリト語の物語。

第3章

カインの末裔

都市文明への批判的視座

エデンの園を追放されたアダムとエバに二人の息子、カインとアベルが授かりましたが、その二人の間で事件が起こってしまいます。兄カインが弟アベルを殺害するのです。そのため神からその地を追われたカインは、ノド（さすらい）の地で妻をえて、町を建てました。彼の三人の末裔《まつえい》は三種の職業の祖先となりました。

カインとアベルの物語は、短いながら、文学者の想像力をかき立ててきました。作家・有島武《たけ》郎《お》[*1]は北海道開拓時代の荒くれ男を描いた作品を『カインの末裔』（一九一七年）と名づけています。一九五〇年代に映画化され、世界的に有名になったスタインベックの小説『エデンの東』（一九五二年）もこの物語から題名が採られました。物語の舞台が「エデンの東」だったからです。

一　カインとアベル、カインの末裔

エデンの園を追放されたアダムとエバに授かった最初の男児を、母エバはカイン（Qayin）と名づけました。旧約聖書に母が産んだ子を名づける事例は珍しくありません。物語はこの名を「獲得した」という動詞カーナー（qānāh）から説明しますが、名前の正確な意味はわかっていません。続いてエバは弟アベルを産みます。アベルのヘブライ語ヘベル（Hebel）は「息」や「息づかい」を表し、そこから「空しさ」という意味も生まれました。[*2] アベルの運命がそこに暗示されています。長じて、弟アベルは牧夫に、兄カインは農夫になりました。日を経たのち、神ヤハウェのもとにカインは大地の実りを、アベルは肥えた羊の初子《ういご》を献げました。ヤハウェはアベルの献げ物には目をとめましたが、カインのそれには見向きもしません。憤慨するカインに向かって、ヤハウェは謎めいた言葉を発します。

> あなたはなぜ怒り、顔を伏せたのか。もしあなたが正しくふるまっているのなら、〔顔を〕上げたらどうだ。もしあなたが正しくふるまおうとしないのなら、戸口に罪が待ち伏せよう。彼（＝アベル）の想いはあなたに向かい、あなたは彼を治めなければならない。
>
> （創世記四章6―7節）

こう告げられたカインは弟アベルを誘って、畑に連れ出し、いきなりアベルを殺害します。ヤハウェに「アベルはどこか」と追及されると、カインは「知りません、私が弟の保護者でしょうか」と言ってのけます。そこで、ヤハウェによる宣告が語られます。

何ということをしてくれたのか。声がする、あなたの弟の血が大地から私に叫んでいる。口を開けて、あなたの手から弟の血を受けた大地によって、いまや、あなたは呪われる。あなたが大地に仕えても、もはや大地はあなたに産物をもたらさない。あなたは地上でさまよい、さすらう者となる。

（創世記10—12節）

それに対して、地上でさまよい、さすらう身になれば、危険にさらされてしまう、というカインの嘆願が発せられます。ヤハウェはカインの嘆願に応え、カインを殺害する者には七倍の処罰を加えることを約束したうえで、彼を見つける者が彼に危害を加えることのないようにと、彼に「しるし」をつけました。ここまでが前半部です。

なお、アダムとエバは人類最初の夫妻ですから、形式的に考えれば、カインを見つける者は彼の弟でなければなりませんが、物語にそのような形式論理は通じません。カインの妻の場合も同じです。

後半部は、カインの末裔の記事になります。息子エノシュは町を建て、世代が下って、カインから六代目のレメクは二人の妻をめとり、三人の息子が生まれます。

長男はヤバルといい、家畜をもって天幕に住む者たちの父祖に、次男のユバルは楽器を奏する

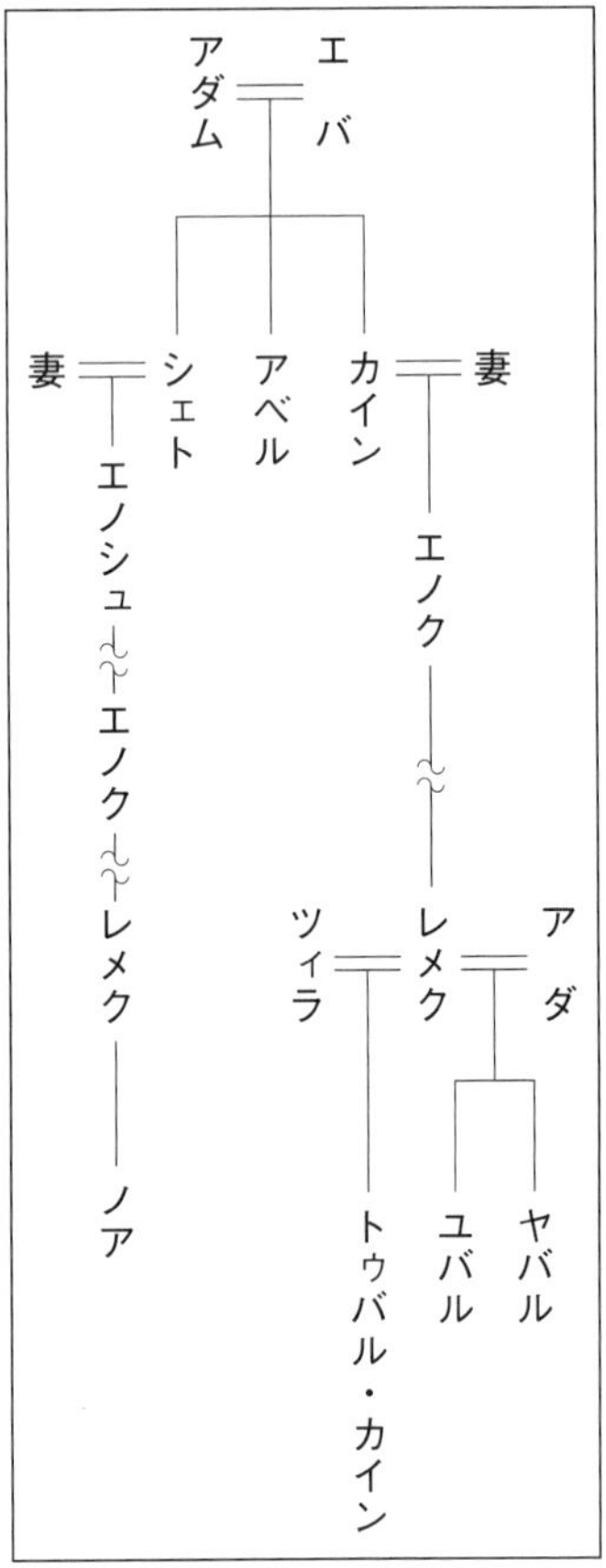

カインの末裔

者たちの父祖になります。三男のトゥバル・カインは青銅と鉄を扱う者となりました。父レメクは妻たちの前でおのれの膂力《りょりょく》を誇って、次のような歌を詠ったといいます。

わが声を聞け、アダとツィラ、
わが言葉に耳傾けよ、レメクの妻たち。
私はわが〔仕返し〕のために男を、
わが傷の〔仕返し〕のために若者を殺害した。
カインの復讐が七倍ならば、
レメクの復讐は七七倍。

（創世記四章23—24節）

カインの末裔の記事はここまでですが、最後に、二つのことが書き添えられました。一つは、殺害されたアベルに代わる息子シェトがアダムとエバに授かったこと、もう一つは、シェトの息子エノシュの時代、人々は神ヤハウェの名を呼びはじめたことです。この系譜は続く五章により詳しく記されます。アダムからノアまでが、何百歳にもおよぶ個々の年齢とともに、列挙されるのです。

二　不条理

カインによるアベル殺害が文学者の想像力をかき立てる理由は、おそらく、物語にある種の不条理を感じ取るからです。

その一つは、神ヤハウェがアベルの献げ物には目をとめても、カインのそれには目をとめなかったことです。農夫となったカインが地の実りを、牧夫になったアベルが肥えた羊を献げるのは、至極、当然です。しかし、カインの献げ物にヤハウェは、なぜか、見向きもしませんでした。

そこで、新約聖書のヘブライ人への手紙一一章4節には、「信仰によって、アベルはカインより多くの供犠《くぎ》を神に献げた」とそれが説明されます。しかし、物語自体にそうした記述はありません。アベルが携えてきた羊の「肥えた」初子は、カインが献げた単なる「大地の実り」よりすぐれていた、という説明にも無理があります。旧約聖書の時代、「大地の実り」すなわち穀物もまた、動物犠牲《ぎせい》と並んで、重要な献げ物だったからです（たとえば申命記二六章10節）。
同じく、ヨハネの手紙（一）三章12節には、カインは行いが悪く、アベルは正しかった、と説明されています。背景には「義人アベル」という言い伝えがありました。しかし、物語自体にそのような説明はありません。カインによるアベル殺害は、たしかに重大な罪悪ですが、そのような行為におよんだ理由は、神がカインの献げ物を一顧だにしなかったことにありました。なぜ、神はカインの献げ物を顧みなかったのか。物語は、ここでも、読者の想像力を試そうとしているかのように、説明を加えません。

もう一つの不条理は、神が顧みたアベルが殺害されてしまうことです。カインの献げ物でなく、アベルのそれに目をとめた神は、依怙贔屓《えこひいき》をしたようにみえます。キリスト教の神学的用語で、それを人間の理解をこえた神の「選び」などと言い表すことも可能でしょう。ところが、神に選ばれた弟のほうが殺害されてしまうのです。神の選びにあずかった者が抹殺されてしまう、というもう一つの不条理です。

加えて、カインが殺害されることのないようにと、神が与えた「カインのしるし」も謎のままです。「しるし」がどのようなものであったか、物語は詳《つまび》らかにしないからです[*3]。

このように、カインとアベルの物語には不条理や謎がつきまとっています。文学者はその不条理に引きつけられるのかもしれませんが、この物語を旧約聖書という文脈においてみると、別の二つの主題が浮かびあがります。兄弟間の確執がその一つ、もう一つは牧羊と農耕の関係です。

三　兄弟間の確執

神話や民話に好まれる兄弟間の確執は、旧約聖書にも繰り返し語られます。なかでも、アブラハムからイサクを経てヤコブとその息子たちにいたる三代ないし四代にわたる古代イスラエルの父祖たちの物語（創世記一二章以下）には、世代ごとに、親が深く関わる兄弟間の確執が描き出されています。

アブラハムの物語では、老いて息子イサクを授かった妻サラが、侍女ハガルに産ませたアブラハムの息子イシュマエルを、母ハガルとともに家から追放します（次ページ画像参照）。イサクとイシュマエルの間で起こるであろう相続問題を心配してのことでした（創世記二一章9―21節）。

イサクにエサウとヤコブという双子が授かると、イサクは兄エサウを、母リベカは弟ヤコブを愛しました。長じて、ヤコブは父イサクと兄エサウを欺き、長子権と父親からの祝福を騙し取ります。エサウの報復をおそれた母リベカは、ヤコブを彼女の実家のあるハラン[*4]に逃避行させました。ハランで一家をなしたヤコブは故郷に戻り、南方で一族をなしていた兄エサウとの和解を試みますが、兄エサウを信頼しきれないのです（創世記二七―三三章）。なお、ヤコブは別名をイスラエルといい、本書第6章八項で後述するように、その一二人の息子が後のイスラエル一二部族の父祖となった、と伝えられます。

エサウとヤコブの確執にもまして劇的なのが、ヨセフとその兄弟たちの物語でしょう。ヤコブは一二人の息子たちの下から二番目のヨセフを溺愛しました。死んだ最愛の妻ラケルの長子だったからです。ヨセフはそれを盾にして、兄弟たちを見下します。そのために、兄たちの嫉妬を買い、隊商に売り渡されてしまいます。エジプトに連れて行かれた彼は、浮き沈みの激しい数奇な運命をたどったあと、エジプトの宰相の地位までのぼりつめました。

「バガルの追放」を描いたタイル画

そこで飢《き》饉《きん》のために穀物を買いにエジプトにやって来た兄たちと再会するのです。ヨセフは、当初、それとは知らない兄たちを試しますが、最後には、募る懐かしさと涙を抑えることができず、兄たちにヨセフであることを明かすのです（創世記三七、三九―四五章）。

旧約聖書には、ダビデ王の宮廷で繰りひろげられた、兄弟間の血なまぐさい抗争も描かれています。ダビデ自身は末子でしたが、サウル王のもとで頭角をあらわし、サウルとその子ヨナタンが戦死すると、サウルにつぐ統一イスラエル第二代の王として即位しました。ところが、彼の息子たちが王位継承をめぐって争うのです。まず、異母姉妹を犯した長子アムノンを弟アブサロムが殺害します。そのアブサロムは、後に、謀反を起こし、事故で亡くなります。最後に、四男アドニヤと、ダビデが部下を殺害して奪い取った妻バトシェバの産んだソロモンとが対決しますが、勝利を収めたソロモン派がアドニヤ派を粛正し、異母兄アドニヤを殺害して、ダビデの王位を継承するのです。

兄弟間の確執や抗争を描くこれらの物語は、現代にも通ずる人間社会の悲しい一面を映し出しています[*5]。互いに支え合うべき兄弟の間にも、不均等な家族制度、複雑な心理的葛藤、親の偏愛など、さまざまな要因が作用し、不和・反目が起こります。ヨセフとその兄弟たちのように和解がそこに成立しなければ、不和・反目は争いに転じ、それが高じて悲劇的な結末にいたります。

カインとアベルの物語は、そうした要因のすべてを説明しがたい神の意思に帰して、その悲劇的な結末を描き出しました。そして、悲劇の奥底に兄弟の和合を願う無言の声を響かせました。

みよ、なんと美しく、なんと麗しいことよ、
兄弟たちがなお一つに座すということは。
（詩篇一三三篇1節）

四　農耕と牧羊

前述したように、アダムとエバの間に生まれたカインが畑を耕す農夫に、アベルが羊を飼う牧夫になりました。その背後には、農耕と牧羊という異なる生活形態がつよく意識されています。じつは、麦の栽培を基本とする農耕と、羊・山羊を飼育する牧羊とは、古代西アジアにおける基本的な二つの生産様式でした。

いまから一万年ほど前、十分な食糧を確保できる麦の栽培が西アジアにはじまり、人類の歴史は飛躍的な進歩を遂げました。人類文明史でいう「農業革命」です。[*6]紀元前四千年紀中ごろ、メソポタミアではティグリス・ユーフラテス両河から運河で水を引く灌漑《かんがい》農耕により、エジプトでは大河ナイルの「静かな氾濫」で潤された河岸平野の利用により、生産性の高い穀物栽培がはじまりました。そして、その余剰生産を基礎にして、都市が生まれ、古代西アジア文明が築かれてゆきました。農業を基盤に成立した文明地の周辺には、羊や山羊を飼育する牧羊民が集まり、羊毛、乳製品、肉などが都市に供給されました。

雨の少ない西アジア地域の場合、一年をとおして羊や山羊を同じ牧場で飼育することはできません。一〇月から三月末までの雨季には荒野にも草が芽生えますので、荒野へと群れを導きます。四月から九月までの乾季には、逆に、沃地《よくち》周辺に群れを移動させ、麦の刈り入れが済んだ畑などで群れを養うのです。季節ごとに移動するこのような牧羊を移牧と呼びます。西アジアの農耕地周辺には、このような牧羊民が存在していました。

楔形文字資料には、牧夫ドゥムジと農夫エンキムドゥがそれぞれの産物を自慢して、女神イナンナの好意を競い合うシュメル語の作品『ドゥムジとエンキムドゥ』が伝わっています。別のシュメル語作品『マルトゥの結婚』には、都市の女性たちが牧羊民について、彼らは家を建てず、墓を造らず、生肉を食べる、と蔑む文面がみられます。天幕に住み定住せず、文明地の周辺で移牧する牧羊民は、文化水準の低い民として都市生活者からは蔑視されていたのです。人類学調査によると、農耕民と牧羊民の比率は七対一ほどであったといわれ、力関係においても、牧羊民は農耕文明社会に対して劣勢の立場にありました。

古代イスラエルの民は、自分たちの先祖がこのような牧羊民であった、と伝えます。[*7] アブラハムにはじまるイスラエルの父祖たちはみな羊飼いとして描かれています。創世記の最後を飾るヨセフ物語には、エジプトに移住し、ファラオに謁見したヨセフの兄弟たちが、生業を問われて、「僕《しもべ》たちは羊飼いです、われらもわれらの父祖たちもそうでした」と語る場面があります（創世記四七章5節）。物語を伝え聞くイスラエルの民は、それによって、自分たちの出自が牧羊の民であったことを想い起こしたにちがいありません。

さらに、古代イスラエルの民をエジプトの奴隷から解放する指導者モーセも、いったんエジプトを逃れて、ミドヤン[*8]の地で羊飼いになりました。ダビデ王も少年時代は羊飼いであった、と伝えられます。これらの物語の史実性を確証することはできませんが、イスラエルの民にとって、偉大な指導者たちは羊飼いでなければならなかった、ということだけはたしかです。

五　牧羊から農耕へ

古代イスラエルの民は、このようにその出自を牧羊時代にさかのぼらせましたが、牧羊民であり続けたのではありません。旧約聖書は、エジプトの奴隷から解放された民が、荒野の四〇年を経て、約束の地に定住し、農耕生活に移行してゆく模様を書きとめています。ところが、定住農耕に移行したあとも、彼らは牧羊の伝統を定住農耕生活に生かそうとしました。[*9] その一例をいわゆる「落穂拾い」の規定にみることができます。

モーセの律法によれば、麦の収穫時、孤児や寡婦や寄留者は畑に入って麦の落穂を拾うことが認められていました。

> あなたがあなたの土地で刈り入れを行うとき、あなたの畑の隅を刈り尽くしてはならない。あなたの刈り入れの際の落穂を拾ってはならない。困窮者のために、また寄留者のために、それらを放棄しなければならない、わたしはあなたたちの神、ヤハウェである。
>
> （レビ記一九章9―10節）

これは「落穂拾い」の規定と呼ばれます。麦だけでなく、葡萄《ぶどう》やオリーブなどの主要な果樹の収穫の際にも、実を摘み尽くさずに、貧しい人々のために残しておかなければなりませんでした（申命記二四章20―21節）。この規定は、一般に、貧者救済の社会法とみなされますが、じつは、土地は神に属するがゆえに、土地を所有しない者も土地の実りを享受することができる、という考え方が背後にありました。作物を生み出す土地は、所有者が自由に処分できる不動産ではなく、究極的には神のものである、という思想です。このような土地所有観念は、じつは、牧羊の民のそれに由来するのです。

羊や山羊を連れて移牧する人々にとって、土地を所有することは不可能であり、意味もありませんでした。重要なことは、家畜に草を食ませるために土地を利用できることであり、土地を所有することではなかったのです。定住農耕へと移行した古代イスラエルの民は、牧羊民のそうした土地理解を「嗣業《しぎょう》の地」という独特の土地所有観念に生かしました[*10]。食糧を生産する基本手段としての土地は神のものであり、所有者はそれを神から預かっているにすぎない。したがって、これを勝手に売買することはゆるされない、と考えました。このような「嗣業の地」は、ヨシュア記によれば、エジプトを脱出したイスラエルの民がカナンの地を獲得した際に、部族ごと氏族ごとに、くじによって分配されたものでした（ヨシュア記一三―二一章）。

牧羊時代に由来する発想は土地観念だけではありません。神を牧者、民を羊の群れになぞらえる信仰表現にも、牧羊民の発想が生かされました。西アジアにおいては、古くから、王は牧者に、その民は羊の群れになぞらえられましたが、古代イスラエルにおいては、それが神と民との関係に用いられたのです。

ヤハウェはわが牧者、

私に欠けるものはない。
かれは若草の野に私を伏させ、
憩いの水辺に私を導かれる。
（詩篇二三篇1―2節）

知れ、ヤハウェこそは神、
かれがわれらを造られた。
われらはかれのもの、
その民、その牧の羊。
（同一〇〇篇3節）

はじめの引用は、同じ比喩が個人的信仰の表明に用いられたことを示しています。あとの引用では、イスラエルの民は牧者である神ヤハウェに養われる羊の群れである、と詠われます。はるか後代、イエス・キリストは「わたしはよき牧者である」と語り（ヨハネ福音書一〇章11節）、九九匹の羊を荒野に残して、失われた一匹の羊を探し出す牧者のたとえ話を残しました（ルカ福音書一五章3―7節）。こうした「羊」と「羊飼い」の比喩的用法は、キリスト教の「牧師」や「司牧」といった用語にも引き継がれています。

古代イスラエルにおける牧羊と農耕をこのように振り返ってみると、カインとアベルの物語には、牧羊生活を放棄し、農耕生活に移行しながら、なお牧羊を自らの出自として伝えたイスラエルの民の複雑な想いが織り込まれていることに気づかされます。物語のなかで神はカインに「声がする、あなたの弟の血が大地から私に叫んでいる」と告げていますが、抹殺されたアベルの血は、牧羊時代を忘れてはならない、と叫んでいるかのようです。

六　レメクの息子たち

エデンの東、ノドの地に住んだカインは、そこで妻をえて、息子エノクを授かり、町を建てました。そして、カインから六代目の子孫レメクがめとった二人の妻に三人の息子が生まれ、その三人の息子から三種類の職業がはじまった、と簡潔に綴ります。すなわち、長男ヤバルは「家畜をもって天幕に住む者の父祖」、次男のユバルは「竪琴と笛を奏する者すべての父祖」、三男のトゥバル・カインは「青銅と鉄を扱うすべての職人を訓育する者」となりました。

これらレメクの息子たちのなかに、欧米の研究者たちは非定住民の姿を見てとりました。ヤバルを遊牧民の、ユバルを旅する芸人の、トゥバル・カインを渡り職人の先祖とみなしたのです。それには二つの理由がありました。一つは、すでに引用したように（本章第一項）、彼らの父は「レメクの復讐は七七倍」と詠っていますが、このような復讐はアラビア遊牧民に受け継がれた、古代の遊牧民に特有の観念であった、とみたからです。もう一つは、旅する芸人や渡り職人をロマ人の姿と重ねたからです。ロマ人とは、ドイツ語で「ツィゴイナー」、英語で「ジプシー」と呼ばれていた人々です。

このような理解は、しかし、二重の意味で間違っています。なによりも、レメクによる復讐の強調と力の誇示を西アジア遊牧民の思考様式と結びつけようとする姿勢が正しくありません。そもそも復讐は、洋の東西を問わず、武力が物をいう社会においては一般的に認められており、遊牧社会に特有の観念ではありませんでした。私たちは、しばしば、よその国や異なる文化圏について、その実情を知ろうともせずに、一方的に「異質な他者」像を造りあげ、それとは異なる自分たちの姿をそこに映し出そうとしてきました。パレスティナ出身の文学批評家E・W・サイードは、西欧の人文学や文学にオリエント世界をそのような「異質な他者」とする伝統が潜むことを鋭く指摘し、これを「オリエンタリズム」と呼びました。[*11] レメクの復讐の歌をアラビア遊牧民の復讐観念と結びつける研究はそうした一例とみられます。

もう一つの間違いは「遊牧民」「旅する芸人」や「渡り職人」といった解釈です。ヤバルは「家畜をもって天幕に住む者の父祖となった」といわれますが、この場合の「家畜」が何かは明言されていません。羊と山羊のほかに、ロバやラクダでもありえます。しかも、すでにアベルが最初の牧夫となったといいますから、ロバやラクダの可能性のほうが高いでしょう。そうすると、ロバやラクダを使って、都市間の交易に携わった隊商が念頭におかれているのかもしれません。

竪琴や笛を演奏する楽士の父祖となったユバルはどうでしょうか。音楽を奏でて旅する芸人集団は、おそらく、古代西アジアに存在しませんでした。すぐれた楽士たちは、むしろ、神殿もしくは王宮に抱えられていたのです。アッシリアの石の浮彫には捕囚民のなかに楽士が描かれ、センナケリブ王（在位・紀元前七〇五―六八一）は紀元前八世紀末にエルサレムから数多くの男女の楽士を連れ去ったと碑文に刻ませています。古代イスラエルでも、詠唱者や楽士たちはエルサレム神殿に所属しました。歴代誌上二五章によれば、エルサレム神殿において楽器を奏で詠唱する楽士たちは組織化され、二四組に分けられていたといいます。[*12] 要するに、楽士たちは都市を中心とする社会体制にしっかりと組み込まれていたのです。

トゥバル・カインの場合も同様です。「青銅と鉄を扱うすべての職人を訓育する者」という句の原文はいささか混乱していますが、トゥバル・カインが青銅と鉄を扱う職人の祖先となったと理解できます。古代西アジアにおいて、銅と錫の合金である青銅は紀元前三〇〇〇年ころからひろく使われ、鉄は紀元前二千年紀になって精錬技術が発達しました。青銅はソロモンが建立したエルサレム神殿にふんだんに使われた、と伝えられていますが、技術者はフェニキア人でした（列王記上七章14節、45節）。青銅より硬くなる鉄は武器や戦車や農機具に用いられました。ヨシュア記や士師記には、カナン人が強力な「鉄の戦車」を所有していたと記されました（ヨシュア記一七章16節ほか）。王国時代初期、金属加工や研磨の技術はペリシテ人の都市国家が独占的に管理し、イスラエルには鍛冶《かじ》職人がまだいなかった、との記録がサムエル記上一三章19節などに残されています。古代西アジアにおいて、青銅や鉄といった金属の精錬、冶金《やきん》、加工は国家や都市の管理下におかれ、金属を扱う渡り職人が存在する余地などなかったのです。

いささか細かな議論になりましたが、要するに、レメクの息子たちの職業は非定住民のそれではなく、都市社会を前提にしているということです。

七　名前

レメクの第三子の名トゥバル・カインには、トゥバルという地名と区別するために、カインの末裔という意味で「カイン」が加えられました。したがって、三人の息子の名はヤバル、ユバル、トゥバルとなります。じつは、このような命名法は西アジアでは異例です。というのも、東アジアの漢字圏では兄弟の名前に共通の漢字を用いることがありますが、古代西アジアにおいて兄弟に類似の名前をつける習慣はなかったからです。

三人の兄弟の名はすべてバル（bal）の音で終わっています。この音を耳の片隅におきながら、原初史を読み進めますと、しばらくして、それが共鳴し出すことに気づかされます。創世記一一章1―9節に語られるバベルの塔の物語です。この物語は、人類が塔の頂きが天にも届く都市を建設しようとしたので、神ヤハウェは人類の言語を「混乱させた」、そこで、その場所はバベルと呼ばれた、と締めくくられています。「混乱させた」というヘブライ語バーラル（bālal）と地名バベル（Bābel）とが一種の語呂合わせになっているのです。どちらの語も子音はBとLから成り立っています。それがヤバル、ユバル、トゥバルのバル（bal）と響き合うことになります。言い換えると、都市社会を前提にした三人の兄弟の営みがバベルの塔の物語の前ぶれになっているということです。

じつは、原初史において、バベルの塔の物語は不自然な位置におかれています。というのも、創世記一〇章に記された諸国民の系譜によれば、洪水後、人類は世界にひろがってゆきましたが、その後に配置されたバベルの塔の物語は、人類が「いまだ一つの言語であったとき……」とはじまるからです。

カインの末裔の記事にも、不自然な点がうかがわれます。たとえばヤバルやユバルは「……の父祖となった」といわれますが、カインの末裔はすべて大洪水によって滅ぼされてしまうからです。であれば、「……の父祖となった」という説明は何の意味ももたないことになります。

これらの不自然さは原初史の成立過程で生じたものと思われます。レメクの息子たちの記事とバベルの塔の物語が続いていた伝承段階が存在していたと想定すれば、これらの不自然さは解消されます。ところが、そこに洪水物語（創世記六―九章）と洪水後の諸国民の系譜（同一〇章）が加えられることによって、両者は切り離され、不自然さが生じてしまったのではないか、と考えられるのです。しかし、原初史の成立過程をめぐる細かな議論には、これ以上は、ふみ込まないことにしましょう。

八　バベルの塔

人類がいまだ一つの言語であったとき、人々はシンアルの野に移動し、石材の代わりに煉瓦《れんが》を、漆喰《しっくい》の代わりにアスファルトを用いて、頂きが天にまで届く塔のある町を建設しはじめました。それを見て、彼らが一つの言語を話しているからこのようなことをする、と判断した神ヤハウェは、人類の言語を混乱させ、彼らを全地に散らしました。そこで彼らはその町の建設をやめ、その場所はバベルと呼ばれるようになった、というのです。

　このように語られるバベルの塔の物語には、エデンの園やカインとアベルの物語がそうであったように、複数の意味の次元が見てとれます。この物語は、一つには、同じ人類が地域や民族ごとに異なる言語を話すようになった理由を説明しています。加えて、バベルという町の名や塔をもつ都市の起源をも説明しています。事物や事象の起源を説明する点に神話の特性がありますが、原初史を締めくくるこの物語にもそうした性格がみられるのです。

　その一方で、この物語には、神話と呼ぶことを躊躇《ちゆうちょ》させるほどに、歴史的事実がふまえられています。シンアルは南メソポタミアを指す地名ですし、バベル（Bābel）はバビロニアの主都バビロンのことです。ギリシア語表記に由来するバビロンはバビロニア語ではバブ・イリ（Bāb-ilī）、「神々の門」という意味ですが、これをヘブライ語でバベルと表記したのです。また、石の代わりに煉瓦を、漆喰の代わりにアスファルトを用いた、というさりげない記述は、古代イスラエルの民が定住したパレスティナと古代西アジア文明の中心地メソポタミアにおける建材の違いをふまえています。石材が比較的豊富なパレスティナに比べ、沖積《ちゆうせき》平野のために石材に乏しいメソポタミアでは煉瓦を建材に用いました。また、石灰岩が採れるパレスティナでは防水に漆喰を用いましたが、今日でも原油を産するメソポタミアでは、古代には自然のアスファルトが採取できたのです。

　さらに、紀元前四千年紀末に都市文明がはじまったメソポタミアの主要な都市には、古くから、ジックラトゥ（Ziqqurratu）と呼ばれる階段状の塔が建てられており、各都市の主神を祀る神殿として機能していました。法典で有名なハンムラビ王時代以後、バビロニアの主都として重要な役割を果たすバビロンにもジックラトゥが建てられており、紀元前六八九年、アッシリアのセンナケリブ王がこれを破壊した、という記録が残されています。後に、バビロニア王ネブカドレツァル二世[13]（在位・紀元前六〇五―五六二年）は、父ナボポラサルが「頂きが天に並ぶように」バビロンに建立しはじめたジックラトゥを「アスファルトと焼成煉瓦をもって」完成させた、と碑文に刻ませました。バビロンの遺跡からは、その当時のジックラトゥの基礎が発見されています。ネブカドレツァルは、紀元前五九八年と前五八七年、二度にわたってエルサレムを攻撃し、主だった人々を捕囚民としてバビロニアに連行した王でした。バビロニア捕囚と呼ばれる出来事です。

では、このような歴史的事実をふまえたバベルの塔の物語は、メソポタミア文明にどのようなまなざしを向けているのでしょうか。

九　塔と大都市

バビロニアの主都バビロンの遺跡で発見されたジックラトゥは、礎石部分の一辺が九二メートルもある正方形の遺構でした[14]。煉瓦を積み上げた上部構造は失われていましたが、ジックラトゥの見取り図と寸法を記入した粘土板文書から、それが七階建て、高さも同じく九〇メートルほどある建造物であったことが判明しました。当時とすれば、文字どおり「頂きが天に届く」大建造物でした。「歴史の父」と呼ばれる紀元前五世紀のギリシアの歴史家ヘロドトスも『歴史』にバビロンの大塔に関わる記事を書きとめています。

このような高層建造物が多くの宗教施設にみられることに注目したのは、二〇世紀の宗教学者ミルチャ・エリアーデでした。彼は天と地を結ぶかのような高い塔に世界の中心を据えようとする人間の心性を読み取りました。[*15] たしかに、ジックラトゥは単なる宗教施設であるにとどまらず、そこを主都とする王国の豊かな財力と高度な技術をそなえた政治的権力の象徴でした。それは、ジックラトゥのそびえる都市バビロンの聖なる一角がエ・テメン・アンキ（「天地の基礎の家」の意）と呼ばれたことにも表れています。

それに対して、バベルの塔の物語は大都市と高層建造物に代表される古代西アジアの中央集権国家の営みを人類太古の出来事に仕立て直し、そこに神と等しくなろうとする人間の傲慢を見据えました。「頂きが天に届く塔」のある都市の造営に、周辺諸民族を一元的支配のもとに併合し、これを統制しようとする強大国の営みを映し出しました。そこでは、強大国の言語があたかも人類の唯一の言語であるかのような様相を呈していました。じっさい、この物語を伝えた古代イスラエルの民は、そのような強大国の脅威にさらされ続け、紀元前六世紀はじめには、ついに国を失い、半世紀余にわたって、バビロニアで捕囚民の悲哀を味わわされたのです。物語にはそうした歴史体験がふまえられています。

バベルの塔に象徴される大都市文明と中央集権国家体制は、諸民族を一つに統合するかにみえます。しかし、それは人間が自ら神になろうとする試みにほかならない。その結果として、言語が分かれ、人間相互の意思疎通さえも難しくなってしまう。そうした洞察がこの物語には埋め込まれています。その洞察は、大国に翻弄されながら、目に見えない神を信じた弱小の民ならではの、たしかな視座に裏づけられています。一六世紀のオランダの画家ブリューゲル一世が専制君主を描き込んだ「バベルの塔」（一五六三年）は、物語のそうした面を読み取っていたのかもしれません。

頂きが天に届く塔のある都市を建てようとして、人類が全地に散らされてしまったとすれば、人類の再統合はどのようにして可能なのか。バベルの塔の物語は、時代をこえて、読者にそう問いかけているかのようです。

一〇　強大国への審判

エデンの園の物語では、最初の男女が蛇にそそのかされて、「善と悪を知る木」の実を食し、園から追放されました。バベルの塔の物語では、頂きが天に届く塔のある町を建てようとした人類が全地に散らされました。原初史は、最初と最後に、神の領域に踏み込もうとした人間の物語を配置したのです。エデンの園の物語が神のような知恵と知識を求めてやまない人間の性《さが》を批判的に描き出すとすれば、バベルの塔の物語は、大都市を擁する強大国にあらわな人間のあくなき権力志向が挫折するであろうことを告げています。

　そのような強大国批判とその滅亡預言は、じつは、古代イスラエルの預言者たちによって、より直接的な表現で繰り返し告知されていました。たとえば、紀元前八世紀の預言者イザヤは、神ヤハウェを無視するイスラエルの民に対する「怒りの鞭」であるべきアッシリアが、思いのままに弱小諸国を蹂躙《じゅうりん》し、掠奪《りゃくだつ》し尽くすにおよんで、次のような神の審判を告げました。

わたしはアッシリア王のおごった心の結ぶ実と彼の高ぶった目の驕りとを罰する。

（イザヤ書一〇章12節）

同じイザヤ書に伝わる、バビロニアに対する神の審判を詠う詩では、神のようになろうとしたバビロニアの凋落と滅亡を次のように描いています。

あゝ、お前は天から落ちた輝ける星[*16]、曙の子よ。
お前は地に切り落とされた、諸国民を倒した者よ。
お前は自分の心に言ったものだ、
天に上り、玉座を神の星々よりも高くし、
北の果てにある〔神々の〕集う山に座し、
雲の高みに上り、いと高き方に似せよう、と。
だが、お前は冥界に、穴の底に落とされる。

（イザヤ書一四章12―15節）

バベルの塔の物語は人類太古の出来事として綴られていますが、その意味するところはこのような預言と響き合っているのです。

注

＊1　一八七六―一九二三。若き日にキリスト教に入信して内村鑑三のもとで信仰生活を送るが、米国留学から帰国して棄教。白樺派の作家として活動後、人妻・波多野秋子と心中死。

＊2　本書第12章五項でふれる「空」に同じ。

＊3　研究者は、独特の髪型か、入れ墨か、イヌを連れ歩くことか、などさまざまに想像してきた。二〇世紀ドイツの作家ヘルマン・ヘッセは『デミアン』においてデミアンに、この「しるし」をさまざまな強さの表れである、と語らせている。

＊4　パダン・アラムないしアラムウ・ナハライムと呼ばれる北シリアのアラム人の町。本書第5章一項を参照。なお、アラム・ナハライム（「二つの川のアラム」）はギリシア語聖書でメソポタミアと訳され、近代になって、ティグリス・ユーフラテス両河の間の地に転用されるようになった。

＊5　イエスもたとえにおいて対照的な兄弟の姿を語る。マタイ福音書二一章28―32節、ルカ福音書一五章11―32節など。

＊6　人類の文明は人類革命、農業革命、都市革命、精神革命、科学革命の五つの「革命」を経て発展したという。伊東俊太郎『文明の誕生』（講談社、一九八八年）。

＊7　『アッシリアの王名表』には、アッシリアの最初の王十七名は「天幕に住んでいた」と注記されている。ここにはシャムシ・アダド（サムシ・アッドゥ）一世（在位・紀元前一八一三―一七八一年ころ）がアモリ系遊牧部族出身であったことが反映されたといわれるが、それは王朝の伝承に留まる。

＊8　ミドヤンはシナイ半島を含むアラビア半島北西部の遊牧の民。

＊9　古代イスラエルには、少数ながら、定住農耕への移行を拒否し、天幕に住み続けて、禁欲的な生活を続けたレカブの一族がいた。エレミヤ書三五章を参照。

＊10　新改訳、協会共同訳などは「相続地」と訳す。「嗣業の地」については、本書第8章四項以下を参照。

＊11　E・W・サイード（今沢紀子訳）『オリエンタリズム』（平凡社、一九八六年）。

＊12　詩篇には、もともとエルサレム神殿で詠われた作品が少なくない。さまざまな楽器が奏でられたことは詩篇八一篇2―4節、一五〇篇3―5節などに見ることができる。バビロンの流れのほとりで捕囚民に労働を強いるバビロニア人から、「シオン（エルサレム）の歌」を歌ってみよ、といわれて、それを断り、竪琴を木の枝にかけた、と詠う一三七篇の作者はエルサレムからバビロニアに連行された楽士であったろう。

＊13　旧約聖書ではネブカドネツァルとも表記される。バビロニア名ナブー・クドゥリ・ウツル。本書ではネブカドレツァルで統一する。

＊14　バビロンの遺跡は一八九九―二〇一七年にドイツ調査団によって発掘調査が実施された。

＊15　「《中心》シンボリズム」、M・エリアーデ（前田耕作訳）『イメージとシンボル』エリアーデ著作集第四巻（せりか書房、一九八八年）所収。

＊16　ここではバビロニア王を念頭におくが、「天から落ちた輝ける星」は後のキリスト教において堕天使と解され、「輝ける星」のラテン語ルキフェル（lucifer）はサタンの別名とされた（英語読みルシファー）。

第4章

大洪水

物語の現代的意味

水がなくては、生物は生きてゆけません。とくに乾燥地帯の西アジアでは、水の確保が生命線となりました。旧約聖書には、井戸をめぐる争いの物語が伝えられ、岩から水がほとばしり出る奇蹟が語られています。エデンの園から流れ出る川も、預言者エゼキエルが幻に見た神殿から湧き出る水も、そこが生命の源であることを象徴的に表しています。

その一方で、豪雨によって引き起こされる洪水や、地震によって引き起こされる津波は、水のすさまじい破壊力を見せつけます。「水を治める者は国を治める」といわれますが、現在でも、毎年のように、地球上のどこかで、大きな被害をもたらす洪水が発生しています。世界各地に残る洪水伝説（後述）には、そうした体験がふまえられているのでしょうか。原初史のなかでもっとも詳しく語られる物語がノアの大洪水です。

一　大洪水

地上に人間の悪がはびこっているのを見て、神ヤハウェは人間を造ったことを後悔した、と物語ははじまります。地上に人間による暴虐が満ちたのです。そこで、地上に洪水を送り、人間と動物たちを拭い去ろう、とヤハウェは考えました。しかし、義人ノアだけにはそのことを伝え、家族とあらゆる生き物の種《しゅ》を存続させるために、箱船を造ることを命じました。

ヤハウェの命令に従って、ノアは箱船を完成させ、彼の家族と動物たちをそれに乗せます。はたして、天の窓が開き、地下の混沌の海が裂け、四〇日四〇夜、雨が降り続きます。洪水の開始は二月一七日でした。[*1]洪水がはじまり、箱船は水に浮かびますが、地上に残された人類と生き物はことごとく死に絶えました。箱船は、洪水がはじまってから半年後、アララトの山々に漂着します（次ページ写真参照）。

漂着してからさらに数か月後、地上から水が引いたかどうかを知ろうとして、ノアは箱船から烏を放つも、烏はすぐに戻ってきました。次に鳩を放つのですが、鳩も戻ってきました。さらに七日後、ふたたび鳩を放つと、戻ってきた鳩のくちばしにはオリーブの若葉がくわえられており、ノアは地上から水が引いたことを知りました。さらに七日後、鳩を放ってみると、鳩はもはやノアのもとに戻りません。地上に生命が戻ったのです。それは年が明けた一月一日のことでした。

ノアが家族および生き物たちとともに箱船を出たのは、完全に地が乾いた二月二七日でした。[*2]箱船から出たノアは、祭壇を築き、清い家畜と鳥を全焼の供犠[*3]としてヤハウェに献げました。す

アララト山。右が標高5137mの大アララト山、左が小アララト山

ると、ヤハウェは「人のゆえに大地を呪うことは二度とすまい」と自らに言い聞かせ、「地の続くかぎり、もはやふたたび、種まきと刈り入れは、寒さと暑さは、夏と冬は、昼と夜は、やむことがない」（創世記八章22節）と語りました。

以上が洪水物語の概要です。

もっとも、物語の記述を丹念に追ってゆくと、そこにある重複や不一致に気づかされます。たとえば、人類を滅ぼす神の決断（創世記六章7、13節）、ノアへの乗船命令（同六章18―21節、七章1―3節）などが重複して語られます。神の呼称は「ヤハウェ」と「エロヒーム（＝神）」が混在し、乗船させる生き物は「一つがいで」と命ぜられるかと思うと（同六章19―20節）、「清い動物は七匹、清くない動物は一つがいずつ」と告げられます（同七章2―3節）。洪水は、四〇日四〇夜の雨によると語られる一方で、おおいなる混沌の海が裂けたとも記されます（同七章4、11―12節）。

これらの重複や不一致から、現在の洪水物語は二つの異なる資料が組み合わさってできあがった、と多くの研究者たちは考えてきました。しかし、それらがいつ、どのように組み合わされたのか、という点になると、研究者の意見はまちまちです。二つの資料の一方は、独立して伝えられていた資料であるというよりは、物語の編集段階での補足や増補を示すのではないか、といった見方もあります。この点については、しかし、仮説に仮説を重ねる議論になりかねないので、これ以上深く立ち入らないことにしましょう。

二　洪水前夜

洪水物語に先立って、創世記六章1―4節には、次のような神話風のごく短い、じつに奇妙な物語が配置されています。

> 人間が地上に増えはじめると、「神の子ら」が美しい娘たちをえり好んで「妻」にした。そこでヤハウェは「わが霊」は人間の内に永遠にとどまることはなく、人間の寿命も一二〇年と定められたが、その当時、「神の子ら」が人間の娘に産ませたネフィリムと呼ばれる勇士たちが地上にいた。

この謎めいた物語は読む者を戸惑わせ、研究者を悩ませずにはおきません。これによって、「原初史」はいったい何を伝えようとしたのでしょうか。研究者たちは、「神の子ら」が人間の娘に子を産ませる、といった記述の背後に、ギリシア神話などにみられる、神ないし天使と人間の結婚といった神話を想定します。しかし、旧約聖書において、そのような物語はきわめて異質です。ネフィリム（nəpilêm）についても、後に、カナン[*4]の先住民で巨人族として言及されはしますが（民数記一三章32―33節）、それがなぜ洪水前の物語に登場するのかは不明のままです。

たしかなことは、この短い物語が洪水物語の直前におかれていることです。洪水物語は、地上に「人間の悪」がはびこっていることを見た神が洪水をもって地を滅ぼそうとした、とはじまりますが、「暴虐」「地の破壊」などと言い換えられる「人間の悪」が具体的にどのような事態を指すのかは明示されません。そのために、この物語に地上にはびこった「人間の悪」が人間界の堕落として暗示されている、と読まれることになります。

これを原初史という文脈におきますと、次のことが観察されましょう。原初史は一人の夫と一人の妻を人間の社会の基本単位として語りはじめましたが、カインの末裔レメクは二人の妻をめとり、洪水前夜には、「神の子」と呼ばれる者たちが自分のえり好みによって人間の娘たちをめとる、ということです。それに対して、そうした時代に登場する「義人」ノアについて、彼と彼の三人の息子たちがそれぞれ一人の女性を妻にしていた[*5]、と物語は明言するのです（創世記七章13節）。そのほかに、彼がどのような意味で「義人」であったのか、物語には記されません。このようにみると、洪水物語に先立って語られる奇妙な物語は、地上における男女関係の乱れこそが洪水を招きかねない事態であった、と告げようとしたのではないか、と思われます。

これと関連して、エデンの園の物語がそうであったように（本書第2章九項参照）、この短い物語にも、エルサレムの王宮を暗示する表現がみられる事実を指摘しておかねばなりません。

　この物語が言及する「神の子ら」について、旧約聖書には三とおりの用法が認められます。天使のような天的存在（ヨブ記一章6節ほか）、比喩的にイスラエルの民（申命記一四章1節ほか）、それに地上の王（詩篇二篇7節ほか）です。彼らが人間の娘に産ませ、ネフィリムと呼ばれた「勇士」もまた、王に用いられた称号でした（詩篇四五篇4節ほか）。さらに、人間の美しい娘たちをえり好んで妻にした、という記事は、ダビデが部下の妻バトシェバを奪って王宮に召し抱える逸話（サムエル記下一一章2節以下）、ソロモンが七〇〇人の妻と三〇〇人の側妻を抱えていたという記事（列王記上一一章3節）などを想起させずにはおきません。

　こうした背景に照らすと、洪水前におかれた奇妙な物語は、一種の隠し絵のようにして、「神の子」とみなされた地上の王たちの横暴なふるまいをそこに織り込んでいるかのようです。肉にすぎない人間のうちに神の「霊」が永遠にとどまることはない、という表現などにも、地上の王が念頭におかれている可能性があります。「永遠に生きながらえたまえ」（列王記上一章31節）といった王への挨拶が示すように、永生希求は王と結びついていたのです（詩篇二一篇5節ほか）。ヘレニズム期以前には、人間ならば誰しも「霊」をもつ、とは考えられていませんでした。神の「霊」は、むしろ、士師《しし》たち、預言者たち、そして王に注がれる特別な力の源泉でした。それに対して、この物語は「神の子ら」も肉なる存在にすぎず、彼らに神の「霊」が永続的にとどまるわけではない、というのです。

　ネフィリム（nəpilêm）の詳細はわかりません。しかし、この名称は「落ちる、倒れる」を意味するヘブライ語動詞ナーファル（nāpal）を連想させます。

三　祝福と契約

大洪水のあと、箱船によって難を逃れたノアとその家族と生き物たちによって、新たに地上世界がはじまりました。その際、神はノアとその息子たちを「産めよ、増えよ、地に満ちよ」と言って祝福します（創世記九章1、7節）。この祝福の言葉は、天地創造物語において人間を祝福した言葉と同じです（同一章28節）。それは、洪水後の世界が新たに創造された世界であったことを示唆します。

新しさの一つは、人類および生き物に肉食がゆるされたことです。天地創造物語には、人間と生き物の食糧として植物（「青草」）が与えられた、と記されましたが（創世記一章30節）、洪水後には、動物の肉を食することが認められました。しかし、血を含んだままの肉を食してはならない、と神は命じました。血は生命そのものだから、というのです（同九章3—4節）。血を含んだままの肉を食べることは、モーセの律法でも同じ理由で禁じられ（レビ記一七章10—12節ほか）、敬虔なユダヤ教徒はいまなおこの禁令を守っています。

それに続いて、神から約束の言葉がノアとその息子たちに伝えられます。もはや二度と洪水をもって地を滅ぼすことはない、との約束です。それが「契約」と表現されます。いわゆるノアの契約です。その契約のしるしが虹でした。

さあ、わたしはわが契約を立てよう、あなたがたおよびあなたがたの後の子孫との間、また箱船から出たものから地のすべての獣にいたるまで、あなたがたとともにいるあらゆる生き物、すなわち鳥、家畜、あなたがたとともにいる地のすべての獣との間に。……すべて肉なるものは、もはや、大洪水の水によって絶たれることはなく、大洪水が地を破滅させることもない。（中略）

わたしは雲のなかに虹をおいた。それがわたしと地との間の契約のしるしである。わたしが地の上に雲を起こすとき、雲のなかに虹があらわれよう。わたしは、わたしとあなたがた、およびすべての肉なるあらゆる生き物との間に立てたわが契約を想い起こすであろう。もはや、大洪水の水が起こって、すべての肉なるものを破滅させることはない。

（創世記九章9―15節）

旧約聖書における契約については、本書第5章四項、第7章五項などでも取り上げますが、ここで指摘しておかなければならないことは、ノアの契約の当事者がノアの子孫すなわち後の人類だけでなく、すべての生き物たちを含んでいることです。「わたし（＝神）と地との間の契約」とも言い換えられています。なにゆえ神はこの契約を人間以外の生き物ひいては地とも結んだのでしょうか。

それは、人間の悪のゆえに大洪水が起こされ、地が呪われ、生き物が滅ぼされたからでした。

大洪水は、本書第1章でもふれたように、人間の悪のゆえに自然が滅びに瀕した出来事でした。神の言葉を引用すれば、人間のゆえに大地が呪われたのです。[*6] それゆえ、もはや大洪水を起こさない、という神の約束は、人間だけでなく、すべての生き物にも、大地にも、告げられねばならなかったのです。

四　メソポタミアの洪水伝承

旧約聖書の洪水物語とよく似た物語が楔形文字粘土書板中にはじめて発見されたのは一八七二年のことでした。古代アッシリア帝国の主都であったニネヴェの図書館跡から発見され、ロンドンの大英博物館に収められた、断片を含めて三万点におよぶアッカド語粘土板文書のなかに、若き研究者G・スミス（一八四〇―七六）が旧約聖書の洪水物語とよく似た作品があることを突きとめたのです。この洪水物語は、のちに、古代メソポタミアを代表する文学『ギルガメシュ叙事詩』の一部であったことが判明します。

その後、シリア・メソポタミアの諸遺跡から膨大な量の粘土板文書が出土しますが、そのなかに別の洪水伝承が発見されました。『アトラ・ハシース』と呼ばれるアッカド語の神話、シュメル語の洪水物語などがそれです。さらに、『シュメル王名表』[*7]と呼ばれる文書も洪水に言及し、洪水以前に五つの都市を支配した八名の王たちの名が伝えられています。

これらメソポタミアの洪水伝承のすべてをここに詳しく紹介することはできませんが、『アトラ・ハシース』だけはかいつまんで紹介しておきましょう。その物語の後半部分は欠損部分が目立ちますが、それが『ギルガメシュ叙事詩』の洪水物語に取り込まれたことも判明しました。『ギルガメシュ叙事詩』に収められた洪水物語の主人公の名はウタナピシュティム（「生命を見た者」の意）ですが、『アトラ・ハシース』において洪水を生き延びる人物はアトラ・ハシース（「最高の賢者」の意）と呼ばれます。この神話はおよそ次のような物語です。

人間が創造される以前、さまざまな労働を課せられていた下級の神々が抗議の声をあげた。そこで、神々に仕え、その労働を担うために、一柱の神の血と粘土をもって人間が創造された。彼らは神々のために、神殿を建立し、運河を掘削し、食糧を確保した。ところが、人間が地上に増え過ぎたために、神々は安眠を妨げる人間の騒音に耐えられなくなった。そこで、神々の第一人者エンリルは、疫病《えきびょう》、旱魃《かんばつ》・飢饉などを一二〇〇年後に地上にもたらすが、そのたびに、知恵の神エアがそのことを密かにアトラ・ハシースに知らせ、神殿奉納や献げ物によって疫病の神、降雨の神などを懐柔して、人間はそれらの災いを乗り切った。

神エンリルは、最後に、大洪水を地上に送ることを決定する。ところが、このたびも、神エアから密かに洪水到来の秘密を知らされ、箱船建造[*8]を命ぜられたアトラ・ハシースは、それに従い、家族と動物たちを乗船させる。はたして、七日七夜、嵐と洪水が地上を襲い、人類は滅びてしまった。箱船はニムシュの山に漂着した。アトラ・ハシースは箱船から鳩と燕と烏を順次放ち、ついに、地上から水が引いたことを知った。下船した彼は、神々に動物犠牲と薫香を献げると、神々が集まってきた。一度は箱船に憤慨したエンリルも、エアの仲介によって気を取り直し、アトラ・ハシースとその妻を神々に列した。

古代イスラエルの民の間でも、このようなメソポタミアの洪水伝承はよく知られていたはずです。洪水物語が刻まれた粘土書板はイスラエルに近いシリアの諸遺跡からも発見されているだけでなく、『ギルガメシュ叙事詩』の断片はイスラエルの重要都市の一つメギドの遺跡からも発見されています。バビロニア捕囚期には、イスラエルの人々がメソポタミアの諸伝承にじかにふれる機会もあったでしょう。時代はくだりますが、死海文書にも、ギルガメシュの名を記した文書の断片が知られます。

これらのことから、原初史に伝わる洪水物語がメソポタミアの洪水伝承を下敷きにしていたとしても、不思議ではありません。じっさい、両者の共通性は一目瞭然です。神が洪水による人類の絶滅を決定したこと、一人の人物がその決定を知らされ、箱船を建造して、絶滅を免れることなど、物語の大枠が共通しています。細かな点では、洪水後、山上に漂着した箱船から鳥が放たれ、地上から水が引いたかどうかを知ろうとすること、同じく洪水後、神に犠牲が献げられることなどが酷似しています。要するに、原初史の洪水物語は、メソポタミアの洪水伝承に旧約聖書ならではの色あいを加えて成立した、と考えられるのです。

五　洪水神話の背景

バビロニアの洪水物語は、古代ギリシア世界にも知られていました。紀元前三世紀、バビロニアの神官ベロッソスがギリシア語で著した『バビロニア誌』という書物に洪水伝説が紹介されていたのです。この書物は散逸してしまいましたが、洪水物語の部分は、紀元後三世紀末に成立したエウセビオス『年代記』に孫引きされて、後世に残りました。いまでは、物語の大筋が粘土板文書に残るそれとほぼ一致すること、主人公の名クシストロスがシュメル語の洪水物語のジウスドラに由来することなどが判明しています。

ギリシア語圏には、これとは別の洪水神話も知られていました。紀元後一―二世紀の著作家アポロドーロスの『ギリシア神話』に伝わる次のような物語です[*9]。

> ギリシアの神ゼウスは青銅時代の人間を滅ぼそうとして、大雨を降らせ、洪水を起こした。洪水はギリシアの地を覆い、高い山に登った少数の者たちを除いて、すべて死に絶えた。ところが、プロメテウスの息子デウカリオンは、父の言葉に従って箱船を造り、妻ピュラーとともに乗船した。箱船は、九日九夜、海上を漂った後、パルナッソスに漂着した。下船した二人は、デウスに犠牲を献げ、人間を生み出すことを願った。ゼウスの言葉に従って、デウカリオンが石を後ろに投げると、男に、ピュラーが同じようにすると、女になった。

この物語を伝える『ギリシア神話』は後一世紀ころに成立した作品ですから、旧約聖書やメソポタミアの洪水物語からの影響をここに想定することも可能です。ギリシアには、しかし、すでに紀元前五世紀、洪水伝承が流布していたといいます。したがって、そうした影響関係を断言することはできません。そもそも洪水神話は、さまざまなかたちでひろく世界に分布しています。二〇世紀はじめ、それらを集めて刊行してみせたのは、英国の人類学者J・G・フレーザー（一八五四―一九四一）でした[*10]。それによれば、南アジア一帯、オセアニア、南北アメリカ、アフリカなどの、じっさいには洪水が起こらないような地域にも、洪水神話が伝わっていたのです。

　それらのなかには、豪雨や津波などによる洪水体験を神話にしたものもあれば、キリスト教の宣教師をとおして伝えられた旧約聖書の洪水物語の影響もみられます。また、いまから一万年ほど前、氷河期が終わる時期に、世界中で起こったであろう洪水の記憶が、そうした神話群を生み出した、と想定する研究者もいます。しかし、個々の洪水神話の背景を一義的に見定めることは困難です。

　メソポタミアの場合、南部の複数の遺跡において、洪水によってもたらされた厚い粘土層が検出されました。しかし、遺跡ごとに、粘土層の時代や規模もそれぞれで、必ずしも一定しませんでした。したがって、メソポタミア全域を覆うような一回限りの大洪水の出来事が発生し、それが物語の背景になったのではなさそうです。むしろ、ティグリス・ユーフラテスの二大河から灌漑農耕用に掘削した運河の浚渫《しゅんせつ》を怠ることによって起こされる局地的な洪水体験が洪水伝承を生み出したものと思われます。そうした伝承が最初に記されたのは、おそらく、シュルッパクというシュメル時代の都市国家でした[*11]。

六　唯一の神

古代メソポタミアの洪水諸伝承と旧約聖書のそれとを比較し、誰しも気づく違いの一つは、前者には神々が登場するのに対して、旧約聖書における神は唯一であるということでしょう。古代メソポタミアの洪水伝承群では、人類を滅ぼすために洪水を決断する神がおり、洪水の到来を特定の人物に洩らす神がいます。嵐と洪水を地上にもたらす神もいれば、あまりにも激しい嵐に身をすくめる神々もいました。旧約聖書の物語では、洪水を決断する神も、洪水の到来を義人ノアに知らせる神も同一です。

多くの神々を信奉する宗教形態を多神教、唯一の神を崇拝する宗教を一神教と呼びますが、古代西アジアの諸民族が奉じた宗教は多神教でした。バビロニアやアッシリアの人々が残した「神名表」と呼ばれる粘土書板には、数にして二千をくだらない神々の名が列挙されていたはずです。人々は天体から動植物まで、河川から火や煉瓦まで、さまざまな現象に異なる神々の姿を見てとったのです。神像が造られ、礼拝の対象となった神々は限られていましたが、それらの主要な神々だけでも数十にのぼります。

ところが、そのような古代西アジアの多神教風土のなかで、古代イスラエルにおいては一神教信仰が育まれました。もっとも、イスラエルの民がつねに唯一の神ヤハウェのみを崇拝していたわけではありません。旧約聖書の歴史書や預言書には、周囲の民が奉じる神々の崇拝へと傾いてゆくイスラエルの王や民の姿勢が厳しく批判されています。預言者エゼキエルは、神ヤハウェを崇拝するために建立されたエルサレム神殿においてさえ、異教の神々が祀られ、崇拝されている様子を批判的に描き出しました（エギゼエル書八章）。じっさい、王国時代のヘブライ語碑文からは、イスラエルの民間において、神ヤハウェはアシェラという名の配偶女神とともに崇拝されていたらしいことがうかがわれます。

　そのようななかで、自覚的な少数の信仰者たちは、神ヤハウェのほかに神は存在しないことを鮮明にしてゆきました。旧約聖書において、そのような唯一神信仰が明確に表明されるのは申命記であり、第二イザヤと呼びならわされるバビロニア捕囚末期の匿名の預言者です。

あなたは、今日、上は天において、下は地において、ヤハウェが神であり、ほかに神はいない、ということを知って、心にとめなければならない。

（申命記四章39節）

イスラエルの王ヤハウェ、その贖い主、
万軍のヤハウェはこう言った、
わたしは初めであり、終わりである、
わたしをおいて、ほかに神はいない。

（イザヤ書四四章6節）

天地創造にはじまる原初史の物語群は、いずれも、このような唯一神観をふまえて物語られています。そして、古代イスラエルで成立した唯一神観は、後のユダヤ教、キリスト教、そしてイスラム教へと引き継がれてゆきました。

七　神の後悔

古代メソポタミアの洪水伝承と旧約聖書のそれの間にある、もう一つの大きな違いは、神が地上に洪水をもたらす理由です。

メソポタミアの洪水伝承によれば、神エンリルが洪水を送る決断をした理由は、地上に増えた人間の騒々しさが神々の安眠を妨げたからでした。旧約聖書は、それに対して、地上にはびこった「人間の悪」のゆえに、地上に洪水がくだされることになった、と語ります。「その（＝人間の）心が図るあらゆる企ては、終日、悪であった」からでした。また、前者において、箱船の建造を命じられる人物がアトラ・ハシース「最高の賢者」だとすれば、後者におけるノアは「義人」と呼ばれています。つまり、旧約聖書は洪水物語を倫理的な観点から語り直したのです。しかし、「人間の悪」について、物語はこれを具体的に描き出すことはしません。むしろ、「わたしは人間を造ったことを後悔した」という神の発言（創世記六章6節）によって、その「人間の悪」ゆえに地上に洪水をくだそうとする神の決断がごく自然のなりゆきであったかのように語られるのです。

それにしても、「後悔する」とは、神らしくない表現です。じっさい、旧約聖書には、神は人間と異なり、「後悔することはない」と明言されています（民数記二三章19節ほか）。ところが、後悔しないはずの神がここでは「後悔する」[*12]のです。それほど「人間の悪」は神にとって重大な意味をもった、ということです。そして、そのことを物語は二つの面から描き出してみせます。

その一つは、大洪水が神の創造した世界秩序の転覆として描かれることです。古代メソポタミアの洪水神話では「七日七夜」雨が降り続き、デウカリオンの物語によれば、箱船は「九日九夜」漂流します。ところが、旧約聖書では「四〇日四〇夜」の降雨があるだけでなく、「大いなる混沌の海の源がすべて裂け、天の窓が開け放たれた」（創世記七章11節）と記されます。「混沌の海（テホーム）」とは、天地創造のはじめに、神の霊がはたらきかけ、秩序世界に組み込まれた原始の混沌の海のことです（本書第1章二項参照）。「天の窓」の「天」とは、これも天地創造物語において、「上の水」を貯えた場所でした（同一章7節）。それらが開け放たれ、世界は創造以前の混沌に戻ってしまうのです。ほかの洪水伝承と異なり、ここでは洪水がちょうど一年間続きます[*13]。それもまた、洪水によって、時間の秩序がいったん創造以前の混沌の世界に戻ってしまったことを意味します。

こうした記述は、「人間の悪」が世界の秩序を転覆しかねないことを示唆しています。それは、天と地に呼びかけて、イスラエルの民の「背き」を糾弾する預言者の糾弾の言葉（イザヤ書一章2節、ミカ書一章2節）を想い起こさせましょう。

八　同時代への警告

「人間の悪」は世界の秩序を転覆しかねない。そう語るとき、洪水物語のもつもう一つの局面があらわになります。大洪水は太古の神話上の出来事にとどまらず、この物語を読む人々の同時代への警告という性格を帯びるからです。物語においては、はじめに、それを示す典型的な言葉が神の口から発せられます。

神はノアに言った、「すべて肉なるものの終わりがわが前にやって来た。彼らによって暴虐が地に満ちたからだ。よいか、わたしは彼らを地もろとも破滅させよう」。

（創世記六章13節）

この神の発言のなかで、「終わりがわが前にやって来た」という表現に注目してみましょう。というのも、「終わりがやって来た」とは、神による審判の到来を語る預言者の言葉と響き合っているからです。

社会的弱者を抑圧し、これを搾取する上層部を厳しく批判した前八世紀前半の預言者アモスは、この民の不義不正を厳しく糾弾し、神の審判到来が不可避であることを語りました。そのアモスは、籠に盛られた夏の収穫物（カイツ）を幻に見て、「わが民イスラエルに終わり（ケーツ）がやって来た」という神の言葉を耳にするのです（アモス書八章2節）。

アモスから二世紀ほど後、預言者エゼキエルは、異教崇拝という「姦淫[*14]」に身をやつしながら、なおエルサレムの存続に安易な期待を寄せる同胞に、同じように、「終わりがやって来た」という神ヤハウェの言葉を繰り返しました。

災いに次ぐ災いが、みよ、やって来た。
終わりがやって来た、終わりがやって来た。
お前に、みよ、終わりがやって来た。
この地に住む者よ、
転覆がお前にやって来た。

（エゼキエル書七章5―7節）

洪水物語の冒頭で、神が「終わりがやって来た」とノアに告げるとき、古代イスラエルの人々は、預言者によって語られたこのような審判到来の言葉を想い起こしたにちがいありません。そして、「人間の悪」によってもたらされる世界の破局が、太古の物語にとどまらず、現代への警告の物語であることを思わされたことでしょう。洪水物語の冒頭部分に、「終わりがやって来た」という神の言葉を付した意図もそこにあったものと思われます。

九　箱船とエルサレム神殿

旧約聖書の洪水物語には数字が多用されています。洪水の期間が丸一年であったことを示すための暦や日数、ノアに建造が命じられた箱船の大きさが主なものです。前者についてはすでに述べましたが、後者にもふれてみましょう。

メソポタミアの洪水物語『アトラ・ハシース』で建造される船は、最近の研究によりますと、古くは箱型ではなく、円形の船であったといいます。[15]『ギルガメシュ叙事詩』においては、それが一辺六〇メートルの立方体で七階建て、各階は九つの部屋に区切られていました。ベロッソスが伝える洪水物語では、箱船は長さが五スタディオン（約一〇〇〇メートル）、幅が二スタディオン（約四〇〇メートル）もある巨大な船であった、と伝えられています。

それに対して、旧約聖書の箱船の場合、長さ三〇〇アンマ、幅五〇アンマ、高さ三〇アンマで、三階建てでした（創世記六章15―16）。アンマとは肘から指先までの長さで、時代により多少の前後がありましたが、およそ四五～五〇センチメートルでした。計算上の便宜さから、仮に五〇センチメートルとしますと、長さ一五〇メートル、幅二五メートル、高さ一五メートルの船であったことになります。

素材を考慮すると、このような巨大な船を古代の人々がじっさいに建造できたかどうか、疑問が残ります。また、あまりに細長い形態ですから、強い横波を受ければ、折れてしまうような構造でした。しかし、これらの数字には、エゼキエルが幻に見たエルサレム神殿の本殿と不思議な対応関係がみられます（エゼキエル書四〇章47節―四一章12節）。まず、東を向く本殿の奥行きは一〇〇アンマですが、その西側奥の「別殿」の奥行きと壁の厚さを総計すると一〇〇アンマ、本殿の前の庭も東西一〇〇アンマでしたから（同四一章13―14節）、本殿部分全体の長さは三〇〇アンマです。次に、本殿の幅は、間口が二〇アンマ、その両側に設けられた壁がそれぞれ六アンマ、脇間が四アンマ、脇間の外壁が五アンマでしたから（同四一章1―5節）、これらを積算すれば、五〇（二〇＋六×2＋四×2＋五×2）アンマになります。本殿の高さの記述はありませんが、ソロモンの神殿にならえば三〇アンマでした（列王記上六章2節）。

箱船とエルサレム神殿の間にみられる、このような寸法の一致が偶然ではなかったとすれば、物語がそこに込めた意図は何であったでしょうか。箱船にエルサレム神殿を暗示させることによって物語は、エルサレム神殿に象徴される神への信仰こそは「人間の悪」によって起こりうる世界の破局から人々と自然を救う力になりうる、と告げようとしたのでしょうか。

一〇　後日譚

洪水後、ノアの三人の息子たち、セム、ハム、ヤフェトから新しい世界がはじまります。葡萄を栽培しはじめたノアは、あるとき、葡萄酒に酔い、天幕で素裸の醜態をさらしていました（創世記九章21節）。それを見た息子ハムは、そのことを別の兄弟たちに伝えます。すると二人は父の裸を見ないように近づき、父の裸を上着で覆いました。酔いから醒めたノアは、「末の息子」すなわちハムが彼に「行ったこと」を知って、ハムの息子カナンには呪いの言葉を浴びせ、もう二人の息子セムとヤフェトには祝福の言葉を告げました。

彼（＝ノア）は言った、カナンは呪われよ、
兄弟たちの奴隷となるがよい。
また言った、セムの神ヤハウェはたたえられよ、
カナンは彼の奴隷となるがよい。
神がヤフェトをひろげてくださるように、
彼はセムの天幕に住み、
カナンは彼の奴隷となるがよい。
（創世記九章25―27節）

この後日譚は、洪水前夜のエピソードと同様、謎めいています。なによりも、父の裸を見たハムが父に何を行ったのか、物語は明言しません。彼は「末の息子」でもありませんでした。また、ノアの呪いが、なぜハムでなく、息子のカナンに浴びせられるのか、という点も説明されません。物語は、このような謎を残しますが、メソポタミアの洪水諸伝承とは異なり、洪水を生き延びたノアを神格化しないのです。それどころか、ノアは息子たちの前に醜態をさらすのです。旧約聖書においては、特定の人物を神格化したり、安易に理想化することはありません。

カナンに対する呪いには、後のイスラエルの民とカナン人との間の微妙な関係が投影されてい

ます。カナン人とはパレスティナ先住民の総称です。王国成立以前のイスラエルの民は、彼らを制圧し（ヨシュア記一一―一二章）、彼らを強制労働に服させますが（ヨシュア記一六章10節ほか）、その一方で、鉄の戦車をもつ彼らのほうがイスラエルの民よりも優勢であった、とも伝えられます（士師記四章3節）。

王国時代には、カナン人のバアル神崇拝がイスラエル社会に浸潤《しんじゅん》してゆきます。律法には、それゆえ、エジプトとカナンの風習に染まってはならない、と定められました（レビ記一八章3節ほか）。預言者たちもバアルに傾斜する民を糾弾し（エレミヤ書一一章13節ほか）、歴史書はその実態を暴きます（列王記上一六章31―33節ほか）。

このように見ると、「セムの神ヤハウェはたたえられよ」との表現にも、カナンの神々に仕えるようなことがあってはならない、との警告が込められているのかもしれません。カナンへの呪いは、そうした反カナン的立場をふまえている、とみられます。

ところが、カナンに向けられた「兄弟たちの奴隷となるがよい」という呪いの言葉は、近代になって、一部のキリスト教徒の間で、アメリカにおける奴隷制や南アフリカにおけるアパルトヘイト政策の正当化に用いられました。はじまりは、一八世紀末から、ノアの三人の息子の名前が人類の言語の分類に便宜的に用いられたことでした[*16]。セム語はヘブライ、アラム、アラビア語など西アジア諸語を、ハム語はアフリカ諸語を、そしてヤフェト語は地中海諸語を指す学術用語とされたのです。ところが、それらが人種概念（「セム族」）に転用され、聖書の言葉をもって、アフリカ系の人々を奴隷として酷使し、彼らを差別することが正当化されることになりました。それが物語と直接的な関係がないことは、いうまでもありません。「セム語」という表現は今日なお語族を表す術語として用いられています。

注

＊1　古代イスラエルが王国時代に導入したバビロニア暦では、現暦三月に新年がはじまるので、二月は乾季となる現暦四／五月にあたる。

＊2　洪水物語には原初史では珍しく、ここそこに日付が付され、四〇と七という数字が繰り返される。四〇日四〇夜の降雨（七章4節）、四〇日の洪水継続（七章17節）、洪水後の四〇日（八章6節）、七日は七章4節、八章10節。箱船の洪水開始二月一七日（七章11節）は新年から四〇日と七日後。地が完全に乾いたのは翌年の二月二七日（八章14節）。洪水の期間が丸一年より一〇日多いのは、バビロニア起源の太陰暦が一年三五四日であり、物語の最終編集段階でヨベル暦と呼ばれる当時の太陽暦の一年三六四日との間を調整するためであった。つまり、洪水期間はヨベル暦で丸一年であったことを示している。

＊3　全焼の供犠については本書第7章の注＊18を参照。

＊4　パレスティナ全域の古い呼称。

＊5　原文「この息子たちの三人の妻」という箇所を共同訳聖書は不用意にも「この三人の息子たちの嫁」と訳し、「妻」を「嫁」と言い換え、「三人」が息子なのか、妻なのかも曖昧にしてしまったが、協会共同訳で修正された。

＊6　創世記八章21節「人のゆえに地を呪うことはもう二度としない」（協会共同訳）。新共同訳はここでも「人に対して大地を呪うことは二度とすまい」と訳し、洪水が人間に「対する」処罰の手段であったかのような訳文にしてしまった。原語の意味からしても。洪水理解としても正しくない。

＊7　「王権が天からくだってきたとき」ではじまり、シュメル諸都市の王名と統治年などを記したシュメル語の楔形文字文書。

＊8　最近発見された楔形文字資料によれば、物語の古い段階では、「箱船」ではなく、丸い「網代船」であったと

いう。アーヴィング・フィンケル（宮崎修二訳）『ノアの箱舟の真実』（明石書店、二〇一八年）。

＊9　アポロドーロス『ギリシア神話』（高津春繁訳、岩波文庫 巻一）

＊10　J・G・フレーザー（星野徹訳）『洪水伝説』（国文社、一九七三年）。

＊11　『ギルガメシュ叙事詩』では、洪水を乗り切るウトナピシュティムはシュルッパク出身であった。

＊12　ヘブライ語はニッハム。過去の行為については「後悔する」と訳すが、将来の計画などに用いると、「思い直す」という意味になる。神ヤハウェを主語とするニッハムは、アモス書七章3節などのように、多くの用例は後者であり、過去の行為に用いられる事例は、ここ以外には、サウルを王として立てたことに限られる（サムエル記上一五章11節、35節）。

＊13　本章の注＊2を参照。

＊14　神ヤハウェとイスラエルの民との関係を夫と妻になぞらえるエゼキエルは、イスラエルの民が異教の神を崇拝することを「姦淫」として断罪した。こうした考え方はエゼキエル以前の預言者ホセア、エレミヤなどにもうかがわれる。ホセア書四章11―14節，エレミヤ書三章8―10節ほか。

＊15　本章注＊8を参照。

＊16　ドイツの歴史学者であったA・L・フォン・シュレーツァー（von Schlözer）（一七三五―一八〇九）による。

第5章
アブラハム
おそれとおののきのなかで

創世記一二章から古代イスラエルの父祖たちの物語がはじまります。物語は、アブラハム、イサク、ヤコブと三世代にわたり、最後はヤコブの最愛の息子ヨセフを主人公とする物語です。ヨセフが数奇な運命を経て、エジプトの宰相の地位までのぼりつめますと、ヤコブの一族はヨセフを頼ってエジプトに移住しますが、それが続く「出エジプト」への布石となります。

これらは、基本的に、羊の群れを連れて移動する、天幕住まいの家族を単位とした物語です。すでに本書第3章でふれたように、イスラエルの民は自らの出自を牧羊民と理解していましたが、そのことが父祖たちの物語に示されます。

古代西アジアにおいて、移動を繰り返す牧羊生活は寄留者のそれであり、平和的でも、牧歌的でもありませんでした。行く先々で種々の困難に遭遇します。父祖たちは、あるときは策略を用いて、あるときは目に見えない神の約束を信じて、そうした困難を乗り越えてゆくのです。こうした父祖たちの生きざまは、イスラエルの民がそこに自らの姿を重ね合わせることができるように編まれています。以下、まずは、主としてアブラハムとイサクの物語にふれてみましょう。

一　弱さと醜さ

あなたはあなたの地、あなたの親族、あなたの父の家から出て、わたしが示す地に行きなさい。
（創世記一二章1節）

アブラハムの物語は、神がこのように彼に命じるところからはじまります。後にアブラハムと呼ばれるアブラムは（以下、アブラハムで統一します）、このような神の声を聞き、カナンの地にやって来ます。それまでは、父テラハとともにカルデア（南バビロニア）のウルを出て、北シリアのハランにとどまっていましたが、「父の家から出よ」という神の声に聞き従ったのです。そのときにアブラハム七五歳。二〇五歳まで生きたという父テラハは、この時、一四五歳ですから*1、アブラハムは文字どおり「父の家」を出たことになります。

旧約聖書は、ノアとの関連で述べたように、特定の人物を理想化することはありません。アブラハム、イサク、ヤコブというイスラエルの民の父祖たちもまた例外ではありませんでした。それどころか、彼らはしばしば策略を弄するだけでなく、偽ることさえ厭《いと》いませんでした。たとえば、アブラハム物語のはじめ、創世記一二章10―20節には、次のような内容の話が語られています。

アブラハムは、カナンの地を襲った飢饉を逃れて、エジプトに移住した。その際、後にサラと呼ばれる妻サライ（以下、サラで統一）の美しさゆえに、エジプト人に殺され、妻を奪われてしまわないか、と危惧したアブラハムは、サラを説得して、妹である、と言わせた。そこで、サラはエジプトの宮廷に召し抱えられ、サラの「兄」アブラハムにも大層な贈物が与えられた。ところが、神ヤハウェがエジプトのファラオと宮廷の人々に「重い病」をくだしたので、サラがアブラハムの妻であることが判明し、アブラハムとサラはエジプトから追放された。

ここには、自分の身の安全のためには、妻を犠牲にすることも厭わない人物が描き出されています。妻を妹と偽るモティーフはイスラエルの人々に好まれたのでしょうか、アブラハムは、ゲラル[*2]に滞在した際にも、同様に、サラに「妹である」と語らせました（創世記二〇章1―18節[*3]）。イサクも同じ動機から、妻リベカを「妹」と偽っています（同二六章1―14節）。

ヤコブの場合は、生まれ出るときに、双子の兄エサウのかかとを摑んだといいます。「かかとを摑む」という動詞は「欺く」という意味にもなりました。じじつ、ヤコブは長じて、兄エサウを出し抜くのです。彼は腹をすかせたエサウにレンズ豆の煮物を与える代わりに、「長子権」を譲らせます（創世記二五章27―34節）。また、毛深い兄エサウを装って、老いた父イサクの祝福までも自分のものにしてしまいます（同二七章1―29節）。

このような父祖たちの行動は、彼らの人間的な弱さや醜さをあらわにすることはあっても、けっしてイスラエルの民がとるべき行動の模範にはならなかったはずです。しかし、そのような彼らを内から支えたものがありました。神の約束と導きです。父祖たちは、人間的な弱さや醜さをひきずりながらも、なお神の約束と導きに支えられてその生涯を生きぬくのです。

二　約束

アブラハムに神が告げた「父の家を出よ」との命令には、約束の言葉が伴っていました。アブラハムとその子孫を祝福して、これに土地を与え、その子孫を増やし、地上のあらゆる民の祝福のもとにする、との約束です。これと同じ約束の告知はイサクにも、ヤコブにも繰り返されます。三代目の父祖ヤコブに与えられた約束を引用してみましょう。

> わたしはあなたの父アブラハムの神、イサクの神ヤハウェである。あなたがいま身を横たえているこの地を、わたしはあなたとあなたの子孫に与えよう。あなたの子孫は地の塵のように多くなろう。あなたは西に東に、北に南にひろがってゆくであろう。そして大地のあらゆる種族があなたとあなたの子孫によって祝福されるであろう。
> （創世記二八章13―14節）

ここには三つのことが約束されています。土地の授与、子孫の増加、そして地上のあらゆる民族の祝福、という約束です。

土地の授与については、「カナンの全地を永遠の所有として」（創世記一七章8節）などとも表現されました。ところがです。物語によれば、父祖たちが手に入れた土地は、アブラハムが妻を葬るために購入したヘブロン郊外の、マクペラの洞穴とその周辺、それにヤコブが買い入れたシケム郊外の一画のほかにはありませんでした。古代イスラエルの歴史のなかで、この民がカナンの土地を「約束の地」として取得するのはエジプト脱出後のことです。ヨシュア記にその経緯が物語られています。しかし、現実の歴史において、イスラエルの民がカナンの全地を所有し続けることはありませんでした。*4

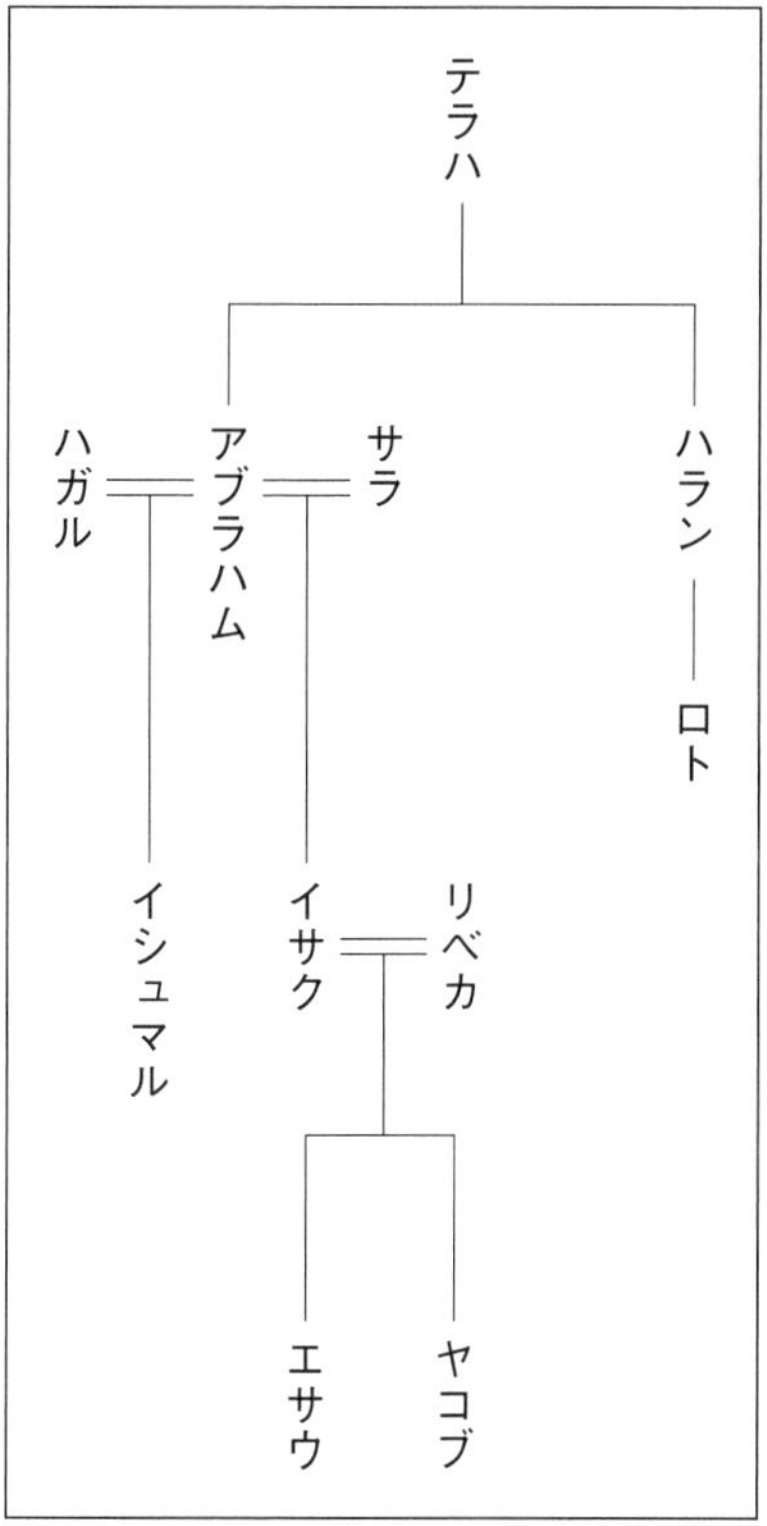

アブラハム家系図

子孫増加の約束は「天の星のように増やす」などとも表現されますが、この約束はどうなったでしょうか。三代目の父祖ヤコブは、一族総勢七〇人を連れて、エジプトに移住したと伝えられます。彼らはエジプトで増え、奴隷から解放されるときには、壮年男子だけで六〇万人であった、といいます（出エジプト記一二章37節）。女性、子供、老人を含めれば、総勢二〇〇万人ほどになりましょうか。もっとも、古代の食糧生産性を考慮しますと、歴史的にみて、この数字はあまりにも非現実的です[*5]。後代、バビロニア捕囚から帰還した民の数は四万余名と伝えられていますが（エズラ記二章64節）、この数でさえ歴史的事実をこえる可能性があります。イスラエルの民は古代西アジアの辺境の一弱小民族にすぎなかったのです[*6]。

いずれにしても、父祖たちは土地授与と子孫増加の約束を与えられながら、その実現に立ち会うことはありませんでした。逆説的ですが、であればこそ、イスラエルの民はこれら父祖たちに与えられた神の約束を自分たちへの約束として保持し続けることができた、ともいえましょう。バビロニア捕囚帰還後に献げたという民の祈りのなかでも、これら父祖たちへの約束が想い起こされています（ネヘミヤ記九章8節）。

後に、ユダヤ教からたもとを分かったキリスト教徒は、父祖たちについて、彼らは約束されたものを地上では手に入れることがなかったけれども、天にある故郷を目指して地上の生涯を歩んだ信仰者であった、と解釈しました（ヘブライ人への手紙一一章13―16節）。

三　諸国民の祝福

もう一つの約束、「地上のあらゆる種族はあなたとあなたの子孫によって祝福される」という約束は、どう考えればよいでしょう。古代西アジア文明圏の辺境に歴史を刻んだイスラエルの民が地上の全民族の祝福の基礎になるなどとは、一弱小民族の誇大妄想のようにも聞こえます。しかし、まさにその点に、旧約聖書を残した民ならではの自己理解が表明されています。

彼らは、自らは弱小民族でありながら、天地万物を創造し、全地を支配する唯一の神を信じました。そして、自らをその神から選ばれた「宝の民」と理解しました。しかし、自分たちが神に選ばれたのは、強いすぐれた民族であったからではない。逆に、諸民族のなかでもっとも貧弱であった。それゆえ、神は自分たちを選ばれたのだ、と受けとめました（申命記七章7節）。父祖たちの物語は、そのような選民思想をふまえ、この民の人類史的役割をそこに見てとりました。この弱小の民が神によって選ばれたのは、彼らをとおして地上のあらゆる民族が祝福されるためである。物語はそれを自分たちに与えられた人類史的な使命として伝えたのです。原初史が人類という視点から語られた理由もそこにありました（本書第1章四項を参照）。

当時の強大国は、アッシリア帝国がそうであったように、周辺諸国に対して、神々が定めた世界の支配者としてふるまいました。文明の進んだ民族は、ギリシア人が他民族をバルバロイと呼んだように、自分たちの優秀さを誇り、ほかを野蛮の民として蔑みました。しかし、全地の王である唯一の神を信じた民は、自分たちが地上の諸民族のなかにあることを自覚し、弱小ながら、自らに与えられた人類史的な役割に思いを馳せたのです。それを「地上のあらゆる種族はあなたとあなたの子孫によって祝福される」という神からの約束として語り伝えました。

明治時代、日本という国の人類史的使命を考えた人物がいました。内村鑑三(一八六一―一九三〇)です。彼は『地理学考』(後に『地人論』と改題)という書物において、世界中のさまざまな風土と地形の上に人類の文明の歴史を重ねながら、日本が人類史において果たすべき「天職」を見きわめようとしました。キリスト教思想家であった彼はこうした発想を旧約聖書から学び取ったのかもしれません。[*7]

四　割礼

本書第4章で述べたように、大洪水後にノアとその子孫に与えた神の約束はノアの「契約」と表現されました。それと同様、前述した土地授与と子孫増加の約束も「契約」として伝えられました。物語上、その「契約」はアブラハムと結ばれますので、「アブラハムの契約」と呼ばれます。しかし、旧約聖書では「アブラハム、イサク、ヤコブとの契約」などとも表現されています(出エジプト記二章24節、レビ記二六章42節ほか)。

「ノアの契約」の場合、空にかかる虹がその契約のしるしとされました。「アブラハムの契約」の場合、割礼《かつれい》が契約のしるしとなりました。割礼とは、男性器の包皮を切除することです。イスラエルの民および彼らのもとに生まれた者は、生後八日目に割礼を受けなければならない、と神から命じられています（創世記一七章10―14節）。割礼を受けることによって、父祖たちに与えられた約束を引き継ぎ、神ヤハウェの民に連なる、と彼らは信じたのです。モーセの祭儀律法にも、妊婦が男児を出産したときには、八日目に男児の包皮に割礼を施さねばならない、と定められています（レビ記一二章3節）。

割礼自体は、じつは、古代エジプト人の間でも行われていました。割礼の習慣をもたないギリシア人の歴史家ヘロドトスは、「世界中でコルキス人とエジプト人とエチオピア人だけが昔から割礼を行っている。フェニキア人およびパレスティナのシリア人は、その風習をエジプト人から学んだことを自ら認めている」と書き残しています（ヘロドトス『歴史』第二巻104節）。じっさい、少年に割礼を施す場面を描いたエジプトの図像資料がいまに残されています。また、パレスティナの遺跡メギドで発見された象牙細工には、征服され、裸で連行される領主たちが描かれていますが、そこからイスラエル以前のカナン人の間でも割礼が行われていたらしいことがうかがわれます。

イスラエルにおいては、こうした割礼が生後八日目に実施する儀礼として定められ、アブラハムとの契約の「しるし」として、これに宗教的な意味が付与されました。もっとも、それが民の間に広く定着するのは、安息日規定（本書第1章一項参照）や食物規定（レビ記一一章2―22節）と同じく、バビロニア捕囚期のことでした。これら三つの定めは、モーセの律法のなかでもっとも重視され、今日のユダヤ教にまで引き継がれることになります。

ユダヤ教からたもとを分かつキリスト教においては、形式化した律法からの解放が説かれますが、じつは、すでに旧約聖書において、形式化した儀礼を嫌い、人間の内面にまなざしを向ける姿勢がみられます。申命記やエレミヤ書は、頑迷な態度を断ち、神の前に素直になることを「心の割礼」と表現し、そちらに重きをおきました（申命記一〇章16節、エレミヤ書四章4節ほか）。こうした思想は使徒パウロにも引き継がれてゆくことになります（ローマの信徒への手紙二章29節）。

五　ソドムとゴモラ

アブラハム物語は、父祖の生涯を時間の流れを追って述べてゆくヤコブ物語とは異なり、一種の逸話集としての性格がきわだちます。そのなかでとくに印象深く語られるのは「ソドムとゴモラ」および「イサク献供《けんく》」の逸話でしょうか。まず、「ソドムとゴモラ」からみてゆきましょう。

アブラハムは「父の家」を出たとき、若くして死んだ弟の息子である甥のロトを連れていました。カナンの地で、それぞれに家畜や財産が増えたので、アブラハムはロトと別れることとし、ロトは潤いのあるヨルダンの低地に移住しました。[*8] そこには悪徳の町ソドムとゴモラがありました。しばらくして、ソドムとゴモラを滅ぼそうとしている神の計画がアブラハムに告げられます。彼は甥のロトを慮《おもんぱか》って、義人と悪人をともに滅ぼすようなことがあってよいものか、と神に詰め寄ります。それは、災禍に見舞われた人類が発し続けてきた問いでもありました。ところが、そこに義人は一〇人もいませんでした。

こうして、ソドムとゴモラは硫黄の火によって滅ぼされますが、それに先立って、二人の神の使いがアブラハムのもとからソドムに定住したロトのもとを訪れます。ソドムの男たちは彼らをなぶりものにしようと迫ります。二人を客人として守りぬいたロトに、二人はソドムから脱出するように促します。ロトは妻と二人の娘とともにソドムから逃れましたが、逃れる途中、妻は後ろを振り向いたので、塩の柱になってしまいました。破滅を逃れたロトと二人の娘は、洞穴に身を潜め、娘たちは父ロトによって身ごもります。姉がもうけた息子がモアブ人の、妹がもうけた息子がアンモン人の祖先になった、と物語は締めくくられます（創世記一九章37―38節）。

この逸話には、豊かな沃地の都市社会に潜む不道徳性とその末路が描き出されます。沃地の都市社会に対する古代イスラエルの民の警戒心がそこに滲み出ています。豊かな都市社会の危険性、それはバベルの塔の物語にも洞察されていました。イスラエルの民が父祖を牧羊の民として伝える意味の一端がそこにありました。

それと同時に、この逸話は、アブラハムの甥ロトを登場させ、ヨルダン川東岸の二つの民族モアブ人とアンモン人の出自を物語ります。彼らは、一方で、イスラエルと近親関係にありながら、他方で、近親相姦による宗教的に「汚れた」民族である、と決めつけました。旧約聖書には、しばしば、このように他民族を蔑視する、偏狭で鼻持ちならない自民族中心主義が顔をのぞかせます。しかし、もう一方で、忌避すべきモアブ人女性ルツがダビデの曾祖母となった、と物語る一書もそこに収められています。預言書や詩篇には、地上のあらゆる民族が神ヤハウェの民となる時代を将来に展望した言葉も少なくありません。[*9] 旧約聖書は、このように、偏狭な自民族中心主義と普遍主義を併存させています。それは事態を複眼的に見つめる旧約聖書の特色でもありましょう。

六　愛児献供

アブラハムの妻サラには、ながらく、子供が授かりませんでした。そこで、サラは自分の待女ハガルをとおしてアブラハムの後継ぎをえようとします。当時の西アジアにこの種の社会慣習があったことは、楔形文字で粘土板に刻まれた結婚契約文書が教えてくれます。ところが、ハガルが身ごもると、サラとの間に穏やかならぬ軋轢《あつれき》が生じます。授かった息子はイシュマエルと名づけられました。十数年後、神のみ使いが約束したとおり、老いたサラにも男児が生まれ、イサクと名づけられました。そこで、ハガルとイシュマエルは荒野に追放されてしまいます。読者の多くは、ここでハガルとイシュマエルのほうに同情を寄せるにちがいありません。追放されたイシュマエルの子孫は、アラビア・シリア砂漠に住む諸部族になった、と伝えられます（創世記二五章12―18節）。

なお、アラブ人をイスマイール（＝イシュマエル）の子孫とみなすイスラム教の伝承は、メッカのカアバ神殿のすぐ脇にあるザムザムの泉が、元来、イブラヒム（＝アブラハム）に置き去りにされたハジャル（＝ハガル）とイスマイールのための泉であった、と伝えます。イスラム教では、イサクではなく、イスマイールをアブラハムの嫡男と位置づけました。それゆえ、しばしば、ユダヤ教とキリスト教とイスラム教は、あわせて、「アブラハムの宗教」と呼ばれます。

アブラハムは、正妻サラの子イサクを授かってから、しばらくして、イサクを犠牲に献げよ、と神から命じられます。神はアブラハムに息子イサクを与えながら、モリヤの山でその息子を「全焼の供犠」として献げよ、というのです。アブラハムは無言でそれに従いました。

アブラハムは三日路《みっかじ》を経て、イサクに供犠を焼くための薪を背負わせ、モリヤの山に登ります。途中、愛児が父に、火と薪はありますが、供犠に献げる羊がいません、と尋ねますが、アブラハムはそれに正面から答えません。二人が示された場所に着きますと、父は祭壇を築き、薪を並べ、愛児を縛ってその上にのせました。そして、刃物をもって愛児に手をかけようとしたとき、天からみ使いの声が響きます。


少年に手をのばすな。……いま、わかった、あなたがほんとうに神を畏れる者である、と。あなたはわたしのために息子さえ、あなたの独り子でさえ、惜しまなかった。

（創世記二二章12節）


この場面は西洋絵画に数多く描かれました。ところが、このときイサクが何歳の少年であったのか、物語は明示しません。それを読者の想像に委ねるのです。そこで、絵画に描かれるイサクにも、画家によって、五歳前後から青年期までの幅がみられます。

年齢はともあれ、こうしてアブラハムは振りかざした手をとめ、たまたま、近くの藪に角を取られていた雄羊を、イサクの代わりに、全焼の供犠として献げました。

この物語は、愛児イサクを「縛る」ことから、ヘブライ語で「アケダー」（縛り）と呼ばれていますが、この呼び名に、物語の理解しがたさが表れています。神が自ら授けた愛児を犠牲に献

レンブラント「アブラハムの犠牲」

げよ、と命ずるなどとは、じつに不条理です。それに無言で従うアブラハムの態度にも、人間的にみれば、理解しがたいものがあります。そのため、この物語に関して、古くから、じつにさまざまな議論が交わされてきました。

　ユダヤ教の学者たちは、総じて、神がそのような命令をじっさいにくだしたのかどうか、くだしたのだとすれば、それはなぜであったのか、またアブラハムは本当にイサクを殺そうとしたのか、などといった疑問と取り組みました。キリスト教会には、十字架の道を歩む神の子イエス・キリストの姿をこの物語に重ねあわせる伝統が生まれました。愛児イサクをイスマイールと読み替えるイスラム教では、けなげにも神の命令に同意するイスマイールを伝えています。近世以降は、哲学者や文学者のさまざまな解釈や、聖書学者たちによる諸考察が加わります[*10]。それらをここに詳しく紹介することはできませんが、旧約聖書の理解と関わるいくつかの点を次に紹介しましょう。

七　「おそれとおののき」

旧約聖書には、おぞましいことですが、人々が息子・娘に火をくぐらせ、小児を焼いて献げていた、という王国時代の記録が散見します。もちろん、そうした宗教儀礼は批判され、律法もこれを異教的な慣習として禁じています（列王記下一七章17節、エレミヤ書七章31節、レビ記一八章21節ほか）。フェニキア人の小児供犠については、資料的に議論の余地がありますが、[*11]旧約聖書は、モアブ王メシャがじっさいに自分の息子を全焼の供犠としてモアブの神に献げた、と伝えています（列王記下三章27節）。士師記に伝えられる、自分の娘を犠牲に献げることになるエフタの物語（士師記一一章）は、娘イピゲーニアを犠牲に献げるアガメムノーンを思い起こさせます。後者はギリシア悲劇の格好の題材になりました。[*12]

愛児イサクを献げる物語の背後には、東地中海地域にひろく伝えられる、このような小児供犠の慣習がありました。そうした背景に照らして物語を読みますと、イスラエルの民の間では、もはや、小児を供犠として献げる必要はない、という秘められた告知が聞こえてくるようです。イスラエルの民は、父祖アブラハムが献げたように、小児の代わりに、羊などの家畜を献げればよいのだ、と。

愛児を献げる場所はモリヤの山と呼ばれますが、モリヤの山がどこにあったのかを物語は明示しません。アブラハムとイサクが南のベエル・シェバ（本書12ページの地図参照）から出立したとすると、モリヤの山はそこから三日路でしたが、物語からは、それ以上のことはわかりません。ところが、旧約聖書のなかでも比較的後代に成立した歴代誌には、ソロモンが神殿を建立したエルサレムの一画がモリヤの山であった、と明記されました（歴代誌下三章1節）。今日、イスラム教の岩のドームが建つ「神殿の丘」がその場所です。

もし、エルサレムの神殿の丘とモリヤの山との同一視が古くからの言い伝えであったとすると、イサク献供の物語は、もともと、エルサレムの神殿祭儀の起源を伝える物語であった可能性が出てきます。エルサレム神殿では、時代を通じて、羊や山羊などの家畜が全焼の供犠として献げられました。ですから、アブラハムがモリヤの山でイサクの代わりに、藪に角を取られた雄羊を全焼の供犠として献げた物語は、もともと、エルサレム神殿で献げる供犠の起源伝説であった可能性があるのです。

その一方で、愛児献供は、アブラハム物語という文脈でみますと、彼が父の家を出てきたこととの間に物語上の均衡をとった、とみることができます。「父の家を出よ」との神の命令に従ったアブラハムは、長子でありながら、父（と母）を見棄てました（本章第一項参照）。であればこそ、彼自身もまた自らの愛児をいったん手放さざるをえなかった、ということです。「父母を見棄てる」「愛児を手放す」とは、今日的に表現すれば、「親離れ」「子離れ」ということになるでしょうか。

この物語に母サラは登場しません。彼女は長子イシュマエルと侍女ハガルの追放を夫アブラハムに迫ってまでして、愛児イサクを守ろうとした母でした。そのようなサラがなぜ登場しないのでしょうか。この点に気づいたユダヤの古代作家は、アブラハムが神の命令をサラに話さなかったのであろう、と想像してみせましたが、本当のところはわかりません。物語を伝えた人々は、年老いてようやく授かった愛児をいけにえとして献げなければならない、と聞いたサラの動顛《どうてん》を描けなかったのかもしれません。したがって、レンブラントを（一六〇六―六九）はじめ、「イサク献供」を描いた名だたる画家たちもサラを描くことはありませんでした。私が知るかぎり、母サラに思いを寄せたただ一人の画家がいました。帝政ロシア（現ベラルーシ）出身のユダヤ人画家マルク・シャガール（一八八七―一九八五）です。彼は「イサク献供」の場面を描く作品をいくつも残しましたが、のちに十字架を背負うことになるイエスを右奥にうっすら描くとともに、木陰で手を胸にして愛児が捧げられようとする場面を遠くから見つめるサラの上半身を左奥に描き入れました。

この物語について、最後に、哲学者の解釈を一つ紹介しておきましょう。神がこのような不条理で非倫理的な命令をくだすであろうか、と問い返したのはインマヌエル・カント（一七二四―一八〇四）でした。それに対して、デンマークの哲学者キルケゴール（一八一三―五五）は『おそれとおののき』という著作[*13]のなかで、もっとも大切なものを放棄せよ、と迫る神の命令に従ったアブラハムの信仰に人は立つことができるのか、と問い、この物語から旧約聖書の神信仰の真髄を、大筋、次のように読み取ってみせました。

> アブラハムは、地上における信仰の歩みにおいて、約束にもとづいて与えられた一人子イサクを献げよ、と命ぜられ、それに従った。自分の子供を犠牲に献げる物語自体はほかにもある。旧約聖書には自分の娘を献げるエフタの物語があり、ギリシアでは、アガメムノーンが娘イピゲーニアを犠牲にする。それらの物語には、それがいかに不条理に見えようとも、わ

が子を犠牲にしなければならない理由があり、目的があった。ところが、アブラハムの物語において、神は自らが与えた約束の子を放棄せよ、と命ずるだけである。その目的は神による「試み」と記されるが、その内実は明らかではない。平和、自由、民族、他者の生命などといったより高尚なもののために、最も大切なものを犠牲にせよ、というのではない。そこには、損得勘定もなければ、正義の倫理や普遍的真理といった価値が入る余地もない。ただ不条理だけが残る。アブラハムはその不条理を「おそれとおののき」をもって受けとめるほかになかった。だが、そのように不条理を「おそれとおののき」をもって受けとめること、そこにこそ神信仰の本質がある。

八　埋葬

アブラハムの物語は、イサク献供の物語のあと、二つの話題がとりあげられて、締めくくられます。その一つは、先立たれた妻サラを埋葬するために、ヘブロンにおいて、ヘト人から郊外マクペラの洞穴とその周辺の土地を購入する話（創世記二三章）、もう一つは、親族の住むハランの地に家の執事を派遣し、イサクの妻となるべき女性を探し出して、彼女を連れてくる「イサクの嫁探し」（同二四章）です。アブラハム物語をイサク物語へとつなぐ後者において、妻となるリベカをイサクに迎えるくだりに、もはやアブラハムは姿を現しません。

アブラハムは一七五歳でその生涯を閉じました。イサクが誕生したとき、彼はちょうど一〇〇歳、そのイサクは四〇歳でリベカを妻に迎えたといいますから、アブラハムのその後三五年間にわたる晩年に起こった出来事は、物語として伝えられていません。ただ、サラの死後、妻に迎えたケトラの子孫が列挙され、彼の死について、次のように記されるばかりです。

アブラハムは老いて満ち足り、やすらかな老年を迎え、息を引き取って、死んだ。そして、先祖のもとに加えられた。彼の息子イサクとイシュマエルは、マムレの向かい、……マクペラの畑の洞穴に彼を葬った。それは、かつてアブラハムがヘト人から購入した畑であり、そこにアブラハムと妻サラは葬られた。

（創世記二五章8―10節）

アブラハムの死と埋葬に関する短い記事です。ここには、しかし、見逃してはならない情報が含まれています。

その一つは、彼が妻サラと同じマクペラの洞穴に葬られた、ということです。後に、同じ洞穴にイサクもヤコブも葬られました。つまり、マクペラの洞穴は一族の墓として機能していたのです。じつは、パレスティナの山間部および丘陵地帯に住んだ古代イスラエルの人々は岩をくりぬいた家族墓に死者を葬っていたことが、考古学的に明らかにされています。その典型例は、地下の岩盤をくりぬき、中央の部屋と死体を安置する玄室をその周囲に設けた家族墓であり、世代をこえて使用されたことがわかっています。それとは対照的に、海岸平野では、一時期、土製の人型棺が用いられ、ペリシテ人やフェニキア系住民の間では町の外に共同墓地が設けられ、死者は土坑墓のほかに、甕棺《かめかん》や石棺に個人単位で埋葬されていました。したがって、「先祖のもとに加えられた」という一文は、単なる比喩ではなく、家族墓という古代イスラエルの墓制を前提にした表現であったことがわかります。

もう一つは、次の世代、母ハガルとともに家から追放されたイシュマエルが嫡子となった弟イサクと一緒に、アブラハムを葬っていることです。イサクを埋葬する際にも、対立していた兄弟エサウとヤコブがともにイサクを葬った、と記されます（創世記三五章29節）。こうした記事は、父の死を契機に、それまで対立していた兄弟が和解したことをさりげなく示しています。

九　イサク

三代にわたる父祖たちの物語のなかで、もっとも短いのがイサクの物語です。イサク誕生やイサク献供はアブラハム物語に組み込まれています。老いたイサクがヤコブに欺かれるくだりは、むしろ、ヤコブ物語の一部です。狭い意味でイサク物語といえるのは、パレスティナ南方のゲラルの地でイサクが妻リベカを「妹」と偽る逸話のほかには、同じくゲラルでの水争いとゲラルの王アビメレクと平和の契約を結ぶ記事だけです。しかも、これらとほぼ同じ内容の逸話がアブラハム物語にも伝わっています。ゲラルという地名も王の名アビメレクも一致しています。ですから、どちらかが元来の伝承であった、と考えられます。もし、イサク物語がアブラハム伝承から採られたとしますと、イサク物語に特有の伝承はほとんど存在しないことになります。

イサクは、このように、三代の父祖のなかではもっとも影の薄い存在ですが、それでも、特筆すべき点がいくつか見てとれます。

まず、イサクは妻リベカを愛し抜いたことです。リベカとはじめて出会ったイサクについて、物語は「イサクはリベカを迎え、彼女は彼の妻となり、彼は彼女を愛した」と淡々と記します。ときにイサクは四〇歳、双子の子供エサウとヤコブを授かるまでは、さらに二〇年も待たねばなりませんでした。イサクは父祖たちのなかでもっとも長く、一八〇年生きたと伝えられます。しかし、その間、アブラハムやヤコブとは異なり、彼は複数の妻をもちませんでした。

ゲラル滞在中のイサクは「その地で種を蒔き、その年、一〇〇倍（の収穫）をえた」と記されます（創世記二六章12節）。一時的な麦の栽培です。父祖たちの物語のなかで、これが作物を栽培する唯一の記事ですが、農耕を経済基盤とする後のイスラエルにおいて、豊かな収穫は神ヤハウェによる祝福の象徴でした（申命記二八章11―12節）。ですから、物語はこの短い一文を添えて、神によるイサクの祝福に実感をもたせたのでしょう。父祖たちのなかで、飢饉のためにエジプトに赴くことがなかったのはイサクだけでした。

イサクの生涯は、したがって、比較的穏やかに描かれますが、最後に、母リベカにけしかけられた弟息子ヤコブに欺かれて、エサウのための祝福をヤコブに与えてしまう、という失態を演じます。それが兄弟間に不和をもたらします。物語は「イサクは……エサウを愛し、リベカはヤコブを愛した」と記して、その遠因を父母それぞれの偏愛にみています。

一〇　聖所伝説

イサクの物語はゲラルの地、すなわち南パレスティナの荒野ネゲブを舞台にしています。神ヤハウェがイサクに顕現したベエル・シェバもネゲブの一画です。彼はそこにヤハウェのために祭壇を築きました（創世記二六章25節）。ベエル・シェバでは、アブラハムがタマリスク（ギョリュウ）の木を植え、「永遠の神ヤハウェ」の名を呼んだ、とも伝えられます（同二一章33節）。後に、ヤコブも、エジプトにくだる途中、ベエル・シェバで「父イサクの神」に犠牲を献げ、神の顕現に接しています（同四六章1―4節）。

これらの記事は、ベエル・シェバに聖所があったことを示唆しています。ベエル・シェバは、王国時代、巡礼地の一つでした（アモス書五章5節ほか）。これを逆にいえば、ベエル・シェバにおいて神がイサクに顕現したという記事は、ベエル・シェバ聖所の起源を説明する伝承であった、ということです。

父祖たちの物語には、ほかにも、聖所の起源伝説に由来すると思われる話が少なくありません。アブラハムの場合、イサク献供がエルサレムの神殿供犠の起源を説明している可能性があった、と前述しました。それと並んで、アブラハムはヘブロンでも祭壇を築いています（創世記一三章18節）。彼が動物を二つに裂くと、その間を「煙を吐く炉と松明の火」が通った、という古風な儀礼を思わせる記事（同一五章17節）も、元来は、ヘブロンでの出来事として伝えられていたはずです。ヘブロンの郊外マクペラの洞穴をアブラハムは妻サラの墓地として購入し、彼もイサクもヤコブもそこに葬られたと伝えられ、後代、ヘブロンにはマクペラの洞穴と伝わる場所にモスクや教会が建てられました。そこがマクペラの洞穴であったかどうか、確証はできませんが、すでに旧約聖書の時代、父祖たちの墓と言い伝えられる場所があったにちがいありません。ダビデもまた、エルサレムを占領するまで、ヘブロンを王都としていました。そうした点をふまえると、ヘブロンにまつわるアブラハムの記事は古くはヘブロンに伝わっていた伝承がもとになっていた、と思われます。

聖所伝承の典型は、ヤコブがエサウの殺意から逃れるために母リベカの故郷に赴く途中、石を枕に夢を見た逸話です（創世記二八章10―22節）。ヤコブが見たのは天と地をつなぐ梯子《はしご》を神の使いが上り下りする夢でした。芥川龍之介の最後の作品の一つ『西方の人』のなかに、「天上から地上へ登る為に無残にも折れた梯子」という不思議な表現がありますが、ヤコブが夢で見た梯子も天から地上に向かってかけられていました。その時、神から彼に前述した約束が告げられるのです（本章二項参照）。目覚めたヤコブは、枕としていた石を立て、それに油を注ぎ、その場所をベテル（「神の家」）と呼んで、彼を守ってくれるなら、自分が手にしたものの一〇分の一を献げる、と神に誓いました[*14]。そして、母の故郷で二人の妻をえて、家族を連れてカナンの地に戻ったヤコブは、ベテルに祭壇を築いています（同三五章7節）。

ベテルは、ソロモンの死後、王国を分裂させ、北王国イスラエルを樹立させたヤロブアムが、北方のダンとともに、エルサレムに対抗する国家聖所と定めた場所でした（列王記上一二章29節）。それからほぼ二世紀後、預言者アモスは、ベテルで収穫の一〇分の一を献げながら、貧しい者た

ウィリアム・ブレイク「ヤコブの梯子（天使の階段）」

ちを搾取する北イスラエルの富める者たちを糾弾しましたが、ベテルの祭司アマツィヤはアモスの預言を禁じて「ベテルでは二度と預言をしてはならない、ここは王の聖所、王国の神殿なのだ」と告げています（アモス書七章13節）。

ヤコブの夢からはじまるベテルの逸話は、元来、このような北イスラエルの国家聖所の起源を説明する伝承でした。ヤコブ物語では、ペヌエルにおける神のみ使いとの格闘（創世記三二章23―33節）、シケムにおける偶像廃棄（同三五章4節）なども、それぞれの場所にあった聖所の起源物語を背景にしていたにちがいありません。

このようにみますと、父祖たちの物語には、イスラエル各地の聖所などに語り伝えられていた物語が数多く組み込まれていることが確認できましょう。さらに、イスラエルの民が語り伝えていた、周辺民族の起源説話も用いられています。ハガルの子供イシュマエルは隊商を組むイシュマエル人の名《な》祖《おや》となります。ロトの娘が生んだ二人の息子が、イスラエルとほぼ同じ時期、ヨルダン川東岸に国家を築いたモアブ人とアンモン人の祖先となったことは、すでに本章の五項で述べました。ヤコブの双子の兄エサウは南方のエドム人の祖先です。これらの物語は、もともと、イスラエルの側に立って、近隣民族の起源を物語る民間伝承であったにちがいありません。これらもまた、父祖たちの物語に取り込まれました。

父祖たちの物語が成立した経緯を詳しくあとづけることはできません。アブラハム、イサク、ヤコブといったイスラエルの父祖たちが実在の人物であったのかどうか、という問いも、歴史的に答えることはできません。しかし、古い伝承の数々がそこに組み込まれていることだけはたしかです。そして、それらを伝え、それらをまとめた人たちの自己理解と、人間と人生を見つめたまなざしとが、そこに織り込まれています。

注

＊1　父祖たちの生涯はいずれも一〇〇歳をこえる。原初史ではアダムが九三〇歳、ノアが九五〇歳まで生きた。本書第4章注＊7の『シュメル王名表』は伝説上の王の統治年数を万単位で伝える。こうした不自然な長命は太古の人物伝承に広く観察される現象であり、人々はそれによって伝説と現実とを区別した。

＊2　パレスティナ南西部、ガザの南あたりの古代都市。

＊3　アブラハムはこの物語ではサラを異母姉妹であると弁解する（創世記二〇章12節）。そうであれば、彼はイスラエルにおける近親結婚禁止（レビ記一八章11節）を犯したことになる。

＊4　ダビデ・ソロモンの統一王朝時代は「ダンからベエル・シェバまで」パレスティナ全域を版図としたと伝わる（サムエル記下二四章2節、列王記上五章5節）。だが、今日の考古学はダビデ王国の範囲はより限定的であったと

みる。その後の南北王国時代を通じ、海岸平野南西部はペリシテの領土であり続け、北のガリラヤ、ヨルダン川東岸のギルアドはダマスコ・アラムの支配下におかれることも多く、紀元前八世紀末葉に北イスラエル王国はアッシリアに属州化された。バビロニア捕囚から帰還後のユダヤもまた政治的にはペルシアの属州であった。

＊5　古代の人口統計を正確に把握することは容易ではないが、紀元前二千年紀中葉からはじまるエジプト新王国時代の総人口でさえ二一〇万人前後であったろう、という。F.A. Hassan, The Dynamics of a Riverine Civilization: A Geoarchaeological Perspective on the Nile Valley, Egypt, *World Archaeology* 29.1(1997), pp. 51-74.

＊6　イスラエルの王国時代の人口は正確にはわからないが、遺跡の数と面積からある程度の推定は可能であり、それによれば、南北王国時代の総人口でさえ一五万人程度であった。

＊7　内村は「猶太民族」の普遍的思考に関して、バビロニア捕囚の結果、「狭隘なる地方的観念は撲滅せられ、……人類的博愛の念を生ぜしめたり」と述べている（『地人論』一九四二年、岩波文庫）。

＊8　アブラハムはそれとは対照的にパレスティナ中央山地を南北に移動する。考古学は、鉄器時代Ⅰ期（紀元前一二〇〇～一〇〇〇年ころ）のパレスティナ山地と丘陵地帯に急激に増加する、人口にして数十人から数百人ほどの小さな居住址をイスラエルの成立と結びつけるが、それと軌を一にする。詳しくは月本昭男「考古学はイスラエルの起源を解明できるか」池田裕他編『新版 総説・旧約聖書』（日本キリスト教団出版局、二〇〇七年）、二七〇―二八二頁参照。

＊9　たとえば、イザヤ書二章2―5節の「万国平和預言」、エジプトやアッシリアで神ヤハウェが崇拝される日の到来を告げる同一九章19節以下など。

＊10　古代から現代までの代表的な見解を集めたアンソロジーに関根清三編『アブラハムのイサク献供物語』（日本キリスト教団出版局、二〇一二年）。

＊11　フェニキア人の小児供犠については、ローマの作家たちの記述があり、カルタゴで発見された子供の墓地がそれらと関連づけて解釈されてきたが、近年、そうした理解に対する疑義も提示されている。

＊12　ギリシアの悲劇作家エウリピデスの『アウリスのイピゲネイア』ほか。

＊13　『キルケゴール著作集』第五巻（白水社、一九六二年）に所収。

＊14　北イスラエル王国時代、ベテルの神殿に収入の十分の一を献げていたことはアモス書四章4節にみられる。エルサレム神殿でも十分の一の献物があり（申命記一二章6節ほか）、のちにそれは神殿税となった（ネヘミヤ記一三章12節、ルカ福音書一八章12節ほか）。それが中世の什一教会税に引き継がれた。

第6章 ヤコブとその子ら

目に見えない神の摂理

ヤコブの物語は、逸話集といった性格が強いアブラハム物語とは異なり、ヤコブの生涯をなぞるようにして綴られてゆきます。晩年、一族を伴ってエジプトにくだり、ファラオに謁見したヤコブは、年齢を聞かれて、次のように答えています。

わが寄留の年月は一三〇年です。生きた年月はわずかで、苦難に満ちておりました。（同じく）
寄留の日々を過ごした父祖たちの生きた年月にはおよびません。
（創世記四七章9節）

一三〇年はけっしてわずかな年月ではありませんが、ここでは、アブラハムの一七五年の生涯、イサクの一八〇年の生涯が意識されています。しかも、それらすべてが「寄留者」として過ごした年月であった、というのです。ヤコブはその後、エジプトで一七年ほど生きながらえますので、ヤコブの生涯は一四七年でした（創世記四七章28節）。ヤコブ晩年の出来事はヨセフ物語のなかに組み込まれています。

ヨセフ物語はなかなか読み応えのある古代の物語文学です。ヨセフは兄弟たちによって隊商に売り渡され、数奇な運命をたどって、エジプトの宰相の地位にのぼりつめます。そこで、穀物を求めてエジプトにやって来た兄弟たちと再会し、最後に、和解を果たすのです。そこには、最愛の息子を失った（と信じ込まされた）父ヤコブの深い悲しみ、その息子が生きていると知ったときの驚きと歓喜なども印象的に書き込まれています。

このような旧約聖書の物語をドイツの文豪トーマス・マン（一八七五―一九五五）は『ヨセフとその兄弟』という長編小説に仕立てあげました。アーリア人種という「二〇世紀の神話」を喧伝し、ユダヤ人を強制収容所に送り込み、人々を戦争へと駆り立てたナチスの時代に、マンはユダヤ教徒が残した旧約聖書の物語に人間にとって普遍的なるものを読み取ろうとしました。彼はその第一部を『ヤコブ物語』と題し、「過去という井戸は深い」と書きはじめました。以下、ヤコブとヨセフの物語のもつ魅力の一端でも紹介できれば、うれしい限りです。

一　ラバンのもとで

前述したように、兄エサウを出し抜いて長子権を手にし、兄になりすまして父イサクの祝福を奪ったヤコブは、エサウの怒りを買ってしまいました。母リベカの示唆を受け、彼は母の故郷パダン・アラム[*1]に逃れます。その途次、ベテルにおいて、神の使いが天地を結ぶ梯子を行き来する夢を見たこと、そのとき神から約束の言葉が告げられたこと、などはすでに紹介したとおりです（本書第5章一〇項参照）。

パダン・アラムに着いたヤコブは、とある井戸の傍らで、たまたま、母の兄にあたるラバンの娘ラケルに出会います。彼女は父ラバンの羊に水を飲ませるためにやって来たのです。乾燥地帯である西アジアの牧羊民にとって、羊や山羊に水を飲ませる井戸の権利は重要な意味をもちました。そこで、井戸は争いの種ともなりますが、もう一方で、男女の出会いの場でもありました。イサクの嫁探しに派遣されたアブラハムの執事がリベカと出会ったのも、モーセが妻になるツィッポラと遭遇するのも、井戸の傍らでした。旧約聖書には「井戸よ、湧き上がれ」とはじまる井戸掘りの歌も伝えられています（民数記二一章17―18節）。

ラケルに出会ったヤコブは、七年間、伯父ラバンに仕えました。ラバンはヤコブに、七年間仕えれば、ラケルと結婚させよう、と約束したのです。ところが、いざ結婚となりますと、ラバンはラケルではなく、姉のレアをヤコブの寝所に送り込みました。彼らの間では、妹を姉より先に嫁がせることはない、というのがその理由でした。父イサクを欺いたヤコブが、今度は、義父ラバンに欺かれるのです。ラケルを愛したヤコブは、さらに七年間、義父に仕えなければなりませんでした。

こうして妻二人をえたヤコブに子供が授かります。まず、レアが四人の男児を産みました。ヤコブがラケルを愛し、レアを疎んだので、神はレアに子供を授け、ラケルの胎《たい》を閉ざした、と物語には説明されています。子供が授からないラケルは、かつて、サラが夫アブラハムに侍女ハガ

ヤコブの息子たち　誕生順（カッコ内は母）	
ルベン	（レア）
シメオン	（レア）
レビ	（レア）
ユダ	（レア）
ダン	（ビルハ）
ナフタリ	（ビルハ）
ガド	（ジルパ）
アシェル	（ジルパ）
イッサカル	（レア）
ゼブルン	（レア）
ヨセフ	（ラケル）
ベンヤミン	（ラケル）

民数記一章によるイスラエル一二部族（レビは祭儀に関わる特別部族）
ルベン
シメオン
ユダ
イッサカル
ゼブルン
エフライム
マナセ
ベンヤミン
ダン
アシェル
ガド
ナフタリ
（レビ）

＊エフライムとマナセはヨセフの息子

ヤコブの12人の息子たちとイスラエル12部族

ルを与えたように、侍女ビルハを「妻として」ヤコブに与え、彼女は二人の男児をもうけました。レアの侍女ジルパも男児二人を出産し、レア自身もさらに男児二人と女児一人を出産しました。最後に、ラケルに悲願の息子が誕生します。神がわたしの恥辱を取り去り、一人の男児を「加えてくださる（ヨーセフ）」と言って、ラケルはこの子をヨセフと名づけました（創世記三〇章24節）。ラケルは、後に、カナンで難産のために亡くなりますが、そのとき生まれたのがヨセフの弟のベンヤミンでした（同三五章16―20節）。

　これらヤコブの一二人の息子たちは、後のイスラエル一二部族の名祖となりました。ヤコブの別名がイスラエル、その息子たちがイスラエルの民を構成する一二部族の祖先となりました。ただし、第三子レビは祭司の部族として特別に扱われますので、代わって、ヨセフの二人の息子エフライムとマナセがそれぞれ独立した二つの部族とみなされます。これら一二部族の一覧は旧約聖書に幾度となく提示されますが、なぜか、部族名の順序は提示されるたびに変わり、同一の一覧はありません。部族間の力関係が時代によって変化したことがそこに反映する、などともいわれますが、詳細はいまなお謎のままです。

二　和解

　ラバンのもとで一家をなしたヤコブがカナン帰郷を望むと、義父ラバンはそれを阻止しようと画策します。こうして、二人の間で駆け引きが繰りひろげられるのですが、最後は、ラバンのもとから家族を伴って逃亡したヤコブと、これを追跡してきたラバンとの間で、契約が結ばれました（創世記三一章36―54節）。

契約の内容は、ヤコブがラバンの娘以外の女性と結婚しないこと、そしてラバンとヤコブの間は相互不可侵とすることの二点でした。契約の証拠として石塚が築かれ、そこで食事をともにします。石を立て、それを契約の証拠とする事例はほかにもみられます（ヨシュア記二四章27節）。ここでは、石塚はガル・エド（「証拠の石塚」）と呼ばれ、ヨルダン川東岸の地名ギルアドの起源説明ともなっています。共同の食事もまた、契約締結を互いに確認する当時の慣習でした。イサクがペリシテ人の王アビメレクと契約を交わしたときにも、共同の食事をとっています（創世記二六章30節）。契約を結ぶ際に食事をともにする、という慣習は、「最後の晩餐」をイエス・キリストによる「新しい契約」と結びつけた初代キリスト教の伝承にまで引き継がれています（コリント信徒への第一の手紙一一章23―26節）。

ヤコブの次の課題は、若き日に彼が欺いた兄エサウとの和解でした。彼は事前に使者を遣わし、贈物を届けて、エサウの懐柔を試みました。それでもなお、不安をぬぐい切れない彼は、妻子を先に行かせ、自分はヤボクの渡しの手前に残ります。すると、そこに神の使いが現れ、ヤコブとの組み討ちとなります（創世記三二章23―33節）。神の使いは、祝福してくれるまでは手を放さない、とすがりつくヤコブに、「イスラエル」という新しい名前を与えました。「あなたが神とまた人々と闘って勝ったからだ」とその名が説明されます。イスラエルのイスラはヘブライ語の動詞サーラー（「闘う」）の変化形、エルは「神」を表すからです[*2]。「わたしは顔と顔を合わせて神を見た」と語ったヤコブは、その場所をペヌエル「神の顔」と名づけました。み使いと格闘するという、この不思議な逸話は、すでに述べたように（本書第5章一〇項参照）、古くはペヌエルの聖所の起源譚であったと思われます。ペヌエルは、一時期、北イスラエル王国の主都でした（列王記上一二章25節）。

　贈物を届けさせ、一家にヤボクの渡しを先に渡らせ、自分はなお手前に残るといったヤコブの行動には、猜疑心の強い彼の性格が表れています。エサウと対面する際には、レアとラケルの侍女とその子ら、レアとその子ら、ラケルとその子ヨセフという順でエサウに向かわせるのですが、ヤコブは自分にとってより大切な者の安全に心を配ったのです。それに対してエサウは、若き日に弟ヤコブに欺かれたことなどすっかり忘れたかのように、ヤコブと妻子たちを迎え入れ、ヤコブを自分たちが住むセイルの地に招待します。しかし、ヤコブがセイルに向かうことはありませんでした。

　ヤコブ物語を伝えた人たちは、いうまでもなく、自分たちはヤコブ＝イスラエルの子孫であるとの理解に立っています。ところが、物語は父祖ヤコブを猜疑心に凝り固まり、策略を弄する人物として描き出しました。エサウのほうは、それとは対照的に、じつに純朴な人物として登場させます。アブラハム物語において、読者の多くは侍女ハガルに同情を抱きますが、ここでもまた、ヤコブでなく、エサウに共感を寄せる読者は少なくないはずです。旧約聖書を残した人々は、自分たちの父祖をこのように造形化するなかで、彼ら自身を冷静に批判しうるまなざしを培ったといえるでしょうか。

なお、セイルの地に住んだ兄エサウは、イスラエルの南で境を接するエドムの民の父祖となった、と旧約聖書は伝えます。双子の兄弟ヤコブとエサウの物語には、後のイスラエルとエドムとの複雑な関係史が投映されている、とみられます。

三　夢見るヨセフ

ヤコブはカナンに帰郷しても、父母のもとには戻りませんでした。アブラハムやイサクがそうであったように、父母から自立し、寄留《きりゆう》の生活を続けます。しかし、そこで最愛の妻ラケルに先立たれます。彼女は難産のため、ヨセフの弟となる末子ベンヤミンを出産してすぐに亡くなるのです。最愛の妻を失ったヤコブは、彼女の最初の息子ヨセフを溺愛《できあい》します。そこからヨセフ物語がはじまります。

父ヤコブから溺愛されるのをよいことに、ヨセフは兄たちを見くびるようになりました。兄たちが自分にひれ伏す、と解釈できる夢を臆面もなく、兄たちに語って聞かせます。それが兄たちの憎しみや嫉妬を増幅させました。ヨセフは一七歳になっていました。

あるとき、父ヤコブは彼の羊を移牧する兄たちのもとにヨセフを遣わしました。やって来るヨセフに気づいた兄たちは言います。

　あそこに夢見るご仁《じん》がやって来る。さあ、いまこそ、あいつを殺害し、水溜の穴の一つにでも投げ込んでしまおう。悪い野獣があいつを食い殺しました、とでも言っておけば、よいではないか。あいつの夢がどうなるか、それでわかろうというものだ。

（創世記三七章19―20節）

これを聞いた長兄ルベンが血をわけた弟ヨセフの殺害に反対します。そこで、ヨセフは衣服をはぎ取られ、生きたまま水溜の穴に投げ込まれました。おりしも、ミドヤン人とも呼ばれるイシュマエル人の隊商がそこを通りかかりました。上から四番目の兄ユダの提案によって、ヨセフは銀二〇シェケル*3で隊商に売り渡されてしまいました。それは当時の男性奴隷の平均的な値段でした。兄たちはヨセフからはぎ取った衣服を雄山羊の血に浸して、父親のところに送り届けました。それを見たヤコブは、ヨセフは野獣にかみ殺されてしまった、と信じ込まされ、「わしは悲嘆にくれ、わが子のもとなら冥界にでもくだって行こう」（創世記三七章12節）と言って嘆きました。

四　ポティファルの妻

隊商に売り渡されたヨセフは、エジプトに連れて行かれ、ファラオの侍従長ポティファルに買い取られました。ポティファルは、ヨセフのすることがことごとく首尾よくゆくことを知り、ヨセフに家の全財産を任せるようになります。そこに誘惑が待ち受けていました。ポティファルの妻が若くて美しいヨセフを寝所に誘うのです（本書151ページ参照）。しかし、ヨセフはそれをきっぱりと拒絶して、言います。

ご主人は全財産を私の手にお委ねです。ご自身、家の中では、私の上に立とうとはされませんし、私から何一つ取り上げられません。ただ、あなたはご主人の妻ですから、あなただけは別です。いったい、私がそのような大それた悪事をはたらいて、神に対して罪を犯せるでしょうか。（創世記三九章8―9節）

主人の妻の誘惑に乗ることは、主人の信頼を裏切り、神に対する罪を犯すことにほかならない。それがヨセフの固い信念でした。言い寄るたびごとに拒絶されたポティファルの妻は、ついに、ヨセフの上着をつかみ、力ずくで寝所に連れ込もうとします。ヨセフは上着を打ち棄てたまま、彼女の手から逃れ出ました。すると、彼女は家の男たちを呼び寄せ、残された上着を示して、ヨセフが自分に迫ろうとして部屋に入り込んだので、大声をあげると、彼は逃げ去った、と言いふらしました。帰宅した主人のポティファルにも、「証拠」となる上着を見せ、同じように讒訴《ざんそ》しました。こうして、ヨセフは王の囚人が収監される牢獄に投げ込まれてしまいます。

多くの翻訳聖書では、ポティファルはファラオの「廷臣」あるいは「宮廷役人」と紹介されます。しかし、そう訳されるヘブライ語サリースは、アッカド語からの借用語で、「宦官」を表します。トーマス・マンはそこに注目し、それがポティファルの妻がヨセフを誘惑する誘因になったことを彼女自身に語らせています。物語は、しかし、その点を明言しません[*4]。背景には、むしろ、当時の東地中海世界に流布していた、上位にある女性による若者の誘惑という文学モティーフが指摘できるでしょう。

『二人兄弟の物語[*5]』と題される古代エジプトの文学作品では、兄の不在中、兄嫁が義理の弟を誘惑します。弟が、兄を裏切る罪は犯せない、と拒絶すると、帰宅した夫に兄嫁は、弟が自分を誘惑した、と言いつのるのです。

ホメーロス『イーリアス』第六歌には、武将グラウコスの祖父ベレロポンテースにまつわる次のような逸話が語られます。ベレロポンテースは身を寄せたアルゴスの王のもとで、王妃アンテイアに言い寄られますが、一向に動じませんでした。すると、王妃は夫である王に、ベレロポンテースが無理やり自分と情を交わそうとした、と讒言します。そこで、ベレロポンテースは追放されてしまうのです。

クイド・レーニ「ヨセフとポティファルの妻」

ヒッポリュトスの物語もひろく知られていました。アテナイの王テーセウスの後妻となったパイドラーは、禁じられた恋に迷いながらも、先妻アンティオペーの息子ヒッポリュトスに情交を迫って拒絶されます。すると、自らの寝所を乱して、ヒッポリュトスの「暴行」を夫テーセウスに讒訴するのです。ヒッポリュトスは父の呪いを受け、追放される途中、海から姿を現した牛に驚いた馬の手綱によって首を絡まれて縊死します。パイドラーもまた絶望のなかで首を括りました。この物語は悲劇作家エウリピデスによって『ヒッポリュトス』と題する作品に仕上げられました。ギリシアには、このほかにも、同工異曲の伝承が少なからず伝わっています。

これらはいずれも、女性の大胆な自己主張が拒絶される物語です。と同時に、それぞれの社会の人間観もそこにたたみ込まれています。エジプトの『二人兄弟の物語』では、弟を誘惑した兄嫁は、最終的にその不実のゆえに、夫に殺されます。ギリシアの物語群は、そこに一方的な倫理観や価値判断を持ち込むことはしません。むしろ、「運命」という抗いがたい力の前に、いかにして人間は自由と尊厳を保ちうるのか、と問いかけるのです。ヨセフ物語は、それに対して、ポティファルの妻の誘惑に乗ることを主従間に培われた信頼への裏切り、神に対する罪ととらえています。そして、そのような誘惑を退けたがゆえに、讒言され、投獄されたヨセフのその後の生き方に関心を集中させます。ポティファルの妻のその後の運命にふれることはありません。

五　夢解き

投獄されたヨセフは、監獄でも働き者でした。監獄長から信頼され、囚人たちの世話係となりました。そこに二人の王の側近が収監されてきます。一人は献酌官《けんしゃくかん》、もう一人は調理官でした。[*6]ある夜、この二人がそれぞれ夢を見て、それをヨセフに話しました。

献酌官の夢は、三本の葡萄の蔓が芽吹いて、実がなり、熟したので、彼がその実を摘み、杯に搾って、それをファラオに渡した、という内容でした。兄弟たちに「夢見るご仁」と呼ばれたヨセフは、その夢を聞き、三日目にファラオが献酌官をもとの地位に復帰させてくれるだろう、と告げました。調理官の夢は、彼の頭の上に乗っていた三つのパン籠の最も上の籠に入っていた食べ物を鳥がついばむ、という内容でした。ヨセフは、同じように、ファラオが三日目に調理官を木にかけて処刑するだろう、とその夢を解きました。

それから三日目はファラオの誕生日でした。ファラオは献酌官に恩赦を与え、もとの地位に復帰させました。しかし、調理官のほうは、木にかけて死刑に処しました。ヨセフが夢を解いて見せたとおりのことが起こったのです。

ヨセフは献酌官に、復帰後は、自分のことを想い起こし、それをファラオに話して、牢獄からの釈放を要請してほしい、と頼んでいました。しかし、献酌官はもとの地位に復帰すると、ヨセフのことなどすっかり忘れてしまいました。

その二年後、ファラオは二つの奇妙な夢を見ました。一つは牛の夢です。ナイル川のほとりに肥え太った七頭の雌牛が草を食んでいますと、痩せ細って醜い七頭の雌牛がナイル川から上がって来て、肥え太った七頭を食べ尽くしてしまった、というのです。もう一つは麦の穂の夢でした。一本の茎から七本の穂が出ており、豊かに実っていた。ところが、東から吹く熱風で干からびた七つの穂が生え出てきて、豊かに実っていた七本の穂を呑み込んでしまったのです。

この夢に胸騒ぎを覚えたファラオは、エジプトの賢者や占い師に夢を語って聞かせますが、その夢を解釈できる者はいませんでした。献酌官がヨセフのことを思い出したのはそのときです。こうして、ファラオの前に連れ出されたヨセフは、その夢によって神がこれから起こることをファラオに示そうとしておられるのだ、と言って、おおよそ次のようにファラオの夢を解き、その対応策まで伝えました。

> 肥え太った七頭の雌牛も実った七本の麦の穂も、今後七年の間、大豊作が続くことを表している。しかし、その後には、七年間の激しい凶作が続き、それまでの大豊作であった国を飢饉に陥れてしまうだろう。神がそのことを夢でファラオに告げようとされたのである。それゆえ、エジプトの王としてなすべきことは、七年の豊作後に訪れる七年の凶作に対処できる賢明な人物を立てて、豊作時に収穫の五分の一を徴収させ、彼に国の管理を任せることである。
> （創世記四一章26―35節参照）

これを聞いたファラオと臣下たちはおおいに感心し、ヨセフをエジプト全土の宰相に任じました。はたして、豊作の七年がやって来ました。

六　夢占い

目覚めているときに経験する時間と空間の原理をこえた夢のなかに、古代人は神意や神託を読み取りました。その最古の記録は、シュメルの都市国家ラガシュの君主グデア（在位・紀元前二一四〇—二一二〇年ころ）の神殿建立碑文でしょう。

グデアは夢のなかで、両脇にライオンを従える有翼の巨人に神殿建立を命じられ、続いて、さまざまな事物や人間や動物の姿を見ました。それを聞いた女神ナンシェはグデアに夢の意味を伝えました。ラガシュの都市神ニンギルスが彼に神殿建立を望んでおり、夢に登場した、前脚で大地を掻くロバは神殿を建立するグデア自身を表している、と。グデアは、私はそれに従って神殿を建立した、と碑文に刻ませました。

楔形文字資料には、グデア以後も、神意を伝える夢の記録が数多く残されました。それには、解釈を必要としない「託宣夢《たくせんむ》」もあれば、解釈を必要とする「象徴夢」もあります。「託宣夢」は、預言者が告げる神託と同じような機能を果たしました。「象徴夢」は、『ギルガメシュ叙事詩』のような文学作品において、登場人物が夢を見ることによって、将来に起こることをあらかじめ読者や聞き手に予想させる一種の文学技法として用いられました。民間においてそれは、夢占いとして流布しました。ヒッタイトでも、夢は神からのお告げとみなされ、悪夢を祓う儀礼も知られていました。アッシリアでは、夢の神の名にちなんで『ザキークの書』と呼ばれる文書が編纂され、じつに多岐にわたる人間の行為に関わる夢とその解釈がまとめられています。

ヨセフが夢を語り、夢を解く背景には、このような古代西アジアの夢と夢解釈の伝統がありました。旧約聖書のなかでは、ダニエルの物語がこれとよく似ています。ユダ出身の若者ダニエルは、バビロニアにおいて、現地の賢者や占い師たちが解けなかったネブカドレツァル王の夢を、二度にわたって、解いてみせるのです。

その一度目は、頭が純金、胸と腕が銀、腹と腿が青銅、脛が鉄、足が鉄と粘土でできている巨大な像が一つの石によって打ち砕かれる、という夢でした。ダニエルは、この巨大な像の金の頭はネブカドレツァルを表し、胸から下はこれから起こる国々の興亡を告げている、とこれを解いてみせました。それを聞いた王はダニエルをバビロニアの長官に任じています（ダニエル書二章）。このようなダニエルの物語は、明らかに、ヨセフ物語をふまえています。

二度目の夢は、ネブカドレツァル自身が体験する将来の出来事の予告でした。王は人間社会から追放されて、獣のような生活をする。しかし、神がこの世界の支配者であると知って、罪を悔い改め、貧しい人々に施しをすれば、もとの繁栄に戻るであろう。夢はこのように解釈され、そのとおりになった、という物語です[*7]（ダニエル書四章）。

旧約聖書には、このほかにも、夢を用いた物語が散見します。ヤコブがベテルで見た、天地を結ぶ梯子の夢もその一つです。旧約聖書においても、夢が神意を伝える一手段として受けとめられているのです。「わたしは幻によって自らを示し、夢によって彼（＝預言者）に語る」という神ヤハウェの言葉も伝わっています（民数記一二章6節）。

しかし、その一方で、奇蹟を行う預言者や夢占いをする者は異教徒であって、彼らの言葉に耳を貸してはならない、と申命記には命じられています（申命記一三章2―6節）。紀元前七世紀から六世紀にかけて活動した預言者エレミヤもまた、夢を預言の手段とする偽りの預言者を厳しく批判しました（エレミヤ書二三章25―28節ほか）。ここには、夢による神意伝達を認めつつも、夢解釈を技術化し、これを預言や占いの手段とすることには強く警戒する旧約聖書の特色が見てとれます。そもそも卜占《ぼくせん》や呪術に対して、旧約聖書は否定的です（申命記一八章9―14節ほか）。神の意思を原理や法則に移し替えて、人間の観察や判断の対象とする卜占知は、人知をこえる神を信じ、神に信頼をおく旧約聖書の信仰と相いれないからです。

七　兄弟再会

ヨセフ物語に戻ると、宰相に任じられたヨセフは、豊作の七年間、国中に穀物を備蓄しました。夢のお告げのとおり、豊作の七年が終わると、飢饉の七年がはじまります。飢饉はあらゆる国におよび、穀物を買い入れるために、エジプト人はもとより、諸外国から人々はヨセフのもとにやって来ます。カナンの地に住むヤコブも穀物の買い付けに息子たちを遣わしました。ただし、ヨセフを失ってから、ただ一人残されたラケルの息子ベンヤミンだけは、手放しませんでした。

ヨセフの前にひれ伏す兄たちにヨセフはすぐ気づきました。しかし、素知らぬふりをして、あなたがたはこの国のすきをうかがう偵察ではないのか、と問いただします。兄たちは答えます。「われらは一二人兄弟、カナンにいる一人の男の息子たちで、末の弟は父のもとにおり、もう一人はいなくなりました」（創世記四二章13節）。しかし、ヨセフは偵察の嫌疑で彼らを監禁し、上から二番目の兄シメオンを人質にして、末の弟をエジプトに連れてくるように兄たちに迫ります。しかし、持ち帰る穀物の袋には、部下たちに命じて、兄たちが支払った銀をそっと戻させるのです。

ヤコブは息子たちの報告を聞くと、「お前たちはわしから子を奪った。ヨセフはいなくなり、シメオンはいなくなった。そのうえ、ベンヤミンまでも連れてゆこうとするのか」と嘆きます（同四二章36節）。しかし、激しい飢饉が迫るなか、長兄ルベンの説得を受けいれざるをえませんでした。ヤコブはベンヤミンを連れて行くことを認め、二重の代金とカナンの名産品を持たせて、息子たちをエジプトに向かわせました。名産品には樹脂や蜜、ピスタチオやアーモンドが含まれていました。

ヨセフは、命じたとおり、ベンヤミンを連れてきた兄弟たちを邸宅に招き、食卓を調えさせました。彼は彼らの父の安否を問い、ベンヤミンをじっと見つめます。そのときのヨセフを物語は次のように記しています。

> すると、泣き出したいほどに弟への懐かしさがこみ上げてきた。ヨセフは部屋にこもり、そこで泣いた。（創世記四三章30節）

それでも、ヨセフは兄弟たちに身を明かそうとしません。彼は運べる限りの穀物を持たせて、兄弟たちをカナンに送り返しますが、ベンヤミンの荷袋に銀の杯を忍ばせておきました。そして、部下に一行のあとを追わせ、ベンヤミンに盗みの嫌疑をかけて、彼を連れ戻すと、末の弟の身を案じた兄たちも一緒に、ヨセフのもとに引き返してきました。そして、兄ユダがヨセフの前に進み出て、末弟ベンヤミンを大切にしている老いた父のことを詳しく語り、ベンヤミンのことは自分たちに責任がある、と伝えました。それを聞いたヨセフは、湧き上がる感情を抑えることができなくなり、声をあげて泣きながら、身を明かします。そして、父ヤコブを連れて、エジプトに移住することを兄弟たちに進言しました。物語はヨセフと兄弟たちが再会する場面を次のように締めくくりました。

> ヨセフは弟ベンヤミンの首を抱いて泣いた。ベンヤミンもヨセフの首にもたれて泣いた。彼はさらに兄弟一人ひとりに口づけし、彼らに寄り添って泣いた。
>
> （同四五章14―15節）

八　ヤコブの感懐

カナンに戻った兄弟たちからヨセフのことを聞いたヤコブは、信じることができず、呆然とするばかりでした。しかし、しばらくして、「死ぬ前に、彼（＝ヨセフ）に会いたい」とつぶやき、一族のエジプト移住を決断しました。彼はファラオから贈られた車に乗り、息子と娘、孫と孫娘など六六名とともに、エジプトに赴きました。エジプトにいたヨセフとシメオンそれに二人のヨセフの息子四名を含めると、ヤコブの一族は総勢七〇名でした。ただし、息子の妻たちはこの数に入っていませんでした。

ヨセフはエジプトで、オンの祭司の娘アセナトを妻に与えられ、二人の息子マナセとエフライムを授かっています（創世記四六章20節）。この二人がヨセフと祭司の部族レビに代わって後のイスラエル一二部族の名祖になったことは、すでに述べました。ヤコブのそのほかの息子の妻たちについては、二男シメオンの妻の一人がカナン女性であったこと（同四六章10節）、四男ユダが死んだ息子の妻でカナン女性タマルによって双子を授かったこと（同三八章27―30節）を除けば、名前も素性も伝えられていません。しかし、物語を注意深く読むと、ヤコブの幼い息子たちがハランで親族の女性を娶るということはあり得ないので、彼らの妻たちはカナン女性のほかにありえなかったことが容易に推察できるでしょう[*8]。

エジプトに着き、思いもしなかったヨセフと再会したヤコブは、すがって泣くヨセフに思いを吐露します。「これでもう、わしは死んでもよい。お前がまだ生きており、そのお前の顔を見たのだから」と。その後、ファラオに謁見しますが、そのときのヤコブの言葉は、本章冒頭に紹介したとおりです。

こうしてエジプトに移住したヤコブ一族は、ゴシェンの地に住むことになります。ゴシェンはナイル・デルタの東端といわれ、ファラオが与えた「ラメセスの地」とも呼ばれますが、これらの地名がエジプトの文書に言及されることはなく、正確な位置はわかっていません。

ヤコブもついに死期を迎えます。彼はヨセフに、死後は、エジプトではなく、カナンの地、アブラハムが妻を葬るためにヘト人から買い取り、祖父アブラハムと父イサクが葬られているマクペラの洞穴墓に葬ることを誓わせました。また、ヨセフとエジプトの祭司の娘との間に生まれた二人の息子、マナセとエフライムを自分の子とみなす、と明言しました。そして、祝福の手を交差させ、弟エフライムの頭に右手を、長子マナセに左手をおいて、ヨセフとその二人の息子に祝福を与えました。[*9] ここには、それぞれイスラエル一二部族の一つに数えられたマナセとエフライムのうち、後者が北方の最有力部族になった歴史が映し出されています。分裂王国時代、北イスラエルはエフライムとも呼ばれていました。

ヤコブの祝福の言葉は次のようにはじまります。

わが父祖アブラハムとイサクがその前を歩んだ神よ、
今日まで、わが人生をとおしてわが牧者であった神よ、
あらゆる災いから私を贖《あがな》い出してくれたみ使いよ、
どうか、この若者たちを祝福してくださるように。

（創世記四八章15―16節）

ここには、生涯は苦難に満ちてはいたが、それもまた神の導きのもとにあった、というヤコブの感懐が吐露されています。それと同時に、次の世代を担う若者への祝福の願いです。ヤコブ物語を伝え聞いた人たちもまた、老いて自らの来し方を振り返ったとき、自らの人生の感懐をこれに重ね合わせ、ヤコブと同じように若者たちへの祝福を祈ったにちがいありません。

九　葬送儀礼

エジプトで一四七年の生涯を閉じたヤコブの遺体は、現地の慣習にならって、ミイラにされました。ミイラにされたヤコブの遺骸は、彼がヨセフに誓わせたように、一族全員によってカナンの地に運ばれ、盛大な葬儀が催されたあと、マクペラの洞穴墓に葬られました（創世記五〇章1―14節）。

死体をミイラにする慣習をもたないカナン人は、ミイラにされたヤコブの葬礼を見て、「エジプト風の荘重な哀悼の儀だ」と言ったと伝えられます。しかし、葬儀自体はエジプト風ではなかったでしょう。エジプトでは、死者は七〇日かけてミイラにされ、「口開け」[10]の儀式を行い、木製の柩《ひつぎ》、ときに人型の柩に納められるのがふつうでした。ヤコブがミイラにされた理由は、おそらく、亡骸《なきがら》をカナンの地まで移送しなければならなかったからであり、「口開け」の儀式が行われ、人型の柩が用いられた、といった記述はみられません。

カナンの地で催されたヤコブの葬儀は七日ほど続きました。サウル王を葬ったヤベシュの住民も七日間断食をした、と伝えられます（サムエル記上三一章13節）。七日間の葬送儀礼は、楔形文字資料から知られますように、メソポタミアの古い慣習です。儀礼の詳細な次第は不明ですが、人々にとって重要なことは、哀悼の儀を行い、死者を冥界に無事に届けることでした。そのために、死者には旅支度をさせて冥界に送り、死者がそこで死霊として穏やかな後生を送るために必要な品々を副葬品として供えました。副葬品には水やパンなどの飲食糧のほかに、冥界の神々[11]に贈物とする貴金属類も含まれました。そして、正義の神シャマシュ（太陽神）と参列者の前に、それらの副葬品が死者の生前の社会的地位にふさわしく調えられたことを開示しました。埋葬後は、原則として月末ごとに、死者供養を行っていたのです[12]。

　ヤコブの場合、「盛大で荘重な葬儀」であったと記され、「哀悼の儀」が行われたのですが、そうした儀式の詳細はわかりません。古代イスラエルの人々が、埋葬の際、副葬品を添えていたことは、「ここには銀と金はない」とヘブライ語で刻まれ墓碑文から知られます。この碑文はエルサレムの岩盤を刳り抜いた洞穴墓の入口に据えられていました[13]。エルサレムの東のオリーブ山の斜面の岩盤を掘削した洞穴墓からは、紀元一世紀の骨櫃が数多く発見されています。死者を亜麻布で包み、墓に安置し、しばらくの時を経て、あらためて白骨化した亡骸を骨櫃に納めたのです。この二次埋葬には、死者の枯骨が生き返るさまを幻想的に描いた預言者エゼキエルの幻の記事（エゼキエル書三七章1―10節）が影響をおよぼしたと思われます。このような二次埋葬は時代も地域も限定されていました。

　人類は古くから死者を手厚く葬ってきました。考古学は、四、五万年ほど前のネアンデルタール人たちが埋葬習慣を伝えていたことを明らかにしてきました。死者を手厚く葬ることは、ほかの動物には見られない、人間らしいならわしの一つです。

一〇　摂理

創世記冒頭の「原初史」に集められた物語においては、神がじかに人間と関わりをもちます。父祖たちの物語でも、ときに神が父祖たちに顕現して、約束を与えます。しかし、全体としてみますと、神による介入の記述は抑制されています。それに対して、ヨセフ物語では、神は出来事の背後に退き、人間的な判断や行動によって事態が進行してゆくのです。そのために、ヨセフ物語はもともと世俗的な作品であったが、それがヤコブの愛児《いとしご》ヨセフとその兄弟たちの物語として編集し直された、という見解が研究者の間ではひろく支持されてきました。

そうであれば、この物語が編集し直され、創世記に組み込まれるなかで、どのような信仰と思想がそこにたたみ込まれたのでしょうか。

> 私はあなたがたがエジプトに売り渡したヨセフです。でも、いまは、私をここに売り渡したことで、悔やんだり、気持ちを高ぶらせたりしないでください。（あなたがたの）生命を保つために、神があなたがたより先に、私をここにお遣わしになったのです。……いまとなってみれば、私をここに遣わしたのは、あなたがたではなく、神だったのです。
>
> （創世記四五章4―5節）

自分を隠しきれなくなったヨセフは、兄弟たちにこのように語りかけました。ヨセフをエジプトに売り渡したのは、ヨセフに嫉妬し、彼に憎悪を抱いた兄たちでした。それは、しかし、一族を飢饉から救うために、神があらかじめヨセフをエジプトに遣わしたことにほかならない、というのです。

ここには、人間的な感情や行動をこえてはたらく神の計画と導きが洞察されています。目に見える出来事の背後には、人間の悪しき企てでさえも良い結果にいたる道筋となるように、目に見えない神の摂理《せつり》がはたらいている、という信仰です。ヨセフ物語が語られた眼目がそこにありました。ヨセフ物語が、人間的な弱さや醜さをこえてはたらく神の導きを伝える父祖たちの物語に続けられた意味がそこにあります。

注

*1　本書第3章注*4を参照。

*2　ただし、イスラエル（’iśrā’ēl）のより正確な意味は「神は闘われる」であって、「神と闘う」ではない。

*3　シェケルは重さの単位。時代と地域によって一シェケルは八～一四グラムを上下する。

*4　ヘブライ語「宦官」はサリース（sārîs）。アッカド語シャ・レーシ（ša rēši）からの借用語。シャ・レーシは紀元前二千年紀中葉以降の文献資料、紀元前一千年紀の図像資料に出る。エジプトには、通説によれば、宦官はいなかった。ただし、ベルギーの医師でエジプト学者のジョンキルはエジプトにおける宦官の存在を主張。F. Jonckheere, L’Eunuque dans l’Egypte pharaonique, *Revue d’histoire des sciences et de leurs applications*, 7/2 (1954), pp. 139-155.

*5　杉勇他編『古代オリエント集』筑摩世界文学体系1（筑摩書房、一九七九年）所収。

*6　献酌官は「酌をする人」、調理官は「パンを焼く人」が字義であるが、いずれも王の側近の官職名。

*7　ネブカドレツァルのこの夢は、バビロニア王国最後の王ナボニドゥスが息子のベルシャツァル（ダニエル書五章1節以下）に統治を委ね、主都バビロンを離れてアラビア半島のテマで10年ほど過ごしたことが背景になった、といわれる。一九四七年から五六年にかけて死海北西岸の洞窟などで発見された死海文書のなかの『ナボニドゥスの祈り』によれば、ナボニドゥスはテマで七年間、悪性の病に撃たれたが、高き神に祈って、赦しを得たという。

*8　旧約聖書にみられる排他的な民族主義と民族の垣根をこえる普遍主義については、本書第12章九項を参照。

*9　多くの地域文化でみられるように、古代イスラエルでも左手に対する右手優越が通念であった。

*10　神官がミイラの口、目、鼻を開ける儀式。それによってミイラにされた死者はあの世で生き続けると信じられた。

*11　メソポタミアの人々にとって冥界は、女王エレシュキガルとその配偶男神ネルガルが治め、門番ビドゥ（ネドゥ）、使者ナムタルをはじめとする神々がこれに仕え、エテンム（eṭemmu）と呼ばれる死者の霊のほかに、地上に現れて災厄をもたらす種々の悪霊・悪鬼が住む地下世界であった。

*12　死者供養を怠ると、死者の霊（eṭemmu）は地上にのぼって来て、残した親族に災厄をもたらす、と信じられた。

*13　碑文を残したのはダビデ王宮の執事の墓であり、イザヤ書二二章16節を思わせる。また、「ここに銀も金もない」との文面は、墓泥棒が文字を読めることを前提にしており、古代イスラエル王国時代の識字率が高かったことを物語る。

第7章

出エジプト　苦境からの解放

かつて、チャールトン・ヘストン主演の長大スペクタクル映画『十戒《じっかい》』をご覧になり、半世紀を過ぎてもなお、海が二つに割れて、両側に壁となった水の間にできた海底《うなぞこ》の道を通って、イスラエルの民がエジプトを脱出する場面などを思い起こされる方もおられましょう。この映画は『十戒』と題されていましたが、古代イスラエルの民をエジプトの奴隷から解放し、約束の地へと率いてゆく指導者モーセの生涯を中心に据えた作品でした。旧約聖書の出エジプト記から申命記に綴られる古代イスラエルの民の物語にもとづくものの、随所に、映画ならではの潤色が施されていました。

本章では、その「出《しゅつ》エジプト」の物語を取り上げ、その意義を考えてみましょう。

一　物語

古代イスラエルの民がモーセに率いられて、奴隷であったエジプトから脱出する「出エジプト」の物語は、モーセの出生譚からはじまります。

　奴隷でありながら数を増やしてゆくヘブライ[*1]の民におそれをなしたファラオは、ヘブライの民に男児が生まれたら、これを殺せ、と助産婦たちに命じます。それが思い通りにゆかないことを知ると、次に、ヘブライの男児はナイル川に投げ込め、と全国民に命じます。そのようななかで、後に祭司部族となるレビ部族の家に男の子が授かりました。母親は三か月の間、乳児を隠し続けたのですが、ついに隠しきれなくなり、パピュルスで編んだ籠に防水を施し、そこに乳児を寝かせて、ナイル河畔の葦の茂みに置きました。下流で水を浴びていたエジプトの王女がそれを見つけて、取って来させると、籠のなかには乳児が寝かされていました。そこで、王女は乳児をモーセと名づけました[*2]。こうして、モーセはエジプトの王宮で育てられるのです。

　しかし、成人となり、自分の出自を知ったモーセは、同胞のヘブライ人奴隷を打ちすえるエジプト人を殺害してしまいます。それが発覚することをおそれ、ミドヤン[*3]の土地に逃れた彼は、その地で、羊を飼うミドヤンの祭司の娘と出会い、結婚して、羊飼いになりました。ところが、ある日、ホレブ（＝シナイ）の山麓でモーセは神の顕現《けんげん》に接し、奴隷の民イスラエルをエジプトから解放し、「乳と蜜の流れる地」に導き上れ、との召命を神から受けるのです。尻込みするモーセでしたが、杖が蛇になり、懐に入れた手が白くなるという奇蹟を見せられ、エジプトに戻ってゆきます。

エジプトに戻ったモーセは、彼の兄アロンとともにファラオとの直談判に臨むのですが、はじめは、埒《らち》が明かないどころか、奴隷の労働強化という結果を招いてしまいました。窮地に立たされたモーセは、神の指示を受け、杖をもってエジプトの地に災いの奇蹟を次々と起こしてゆきます。しかし、ファラオは「心を頑なにして」、イスラエルの奴隷の民を去らせようとはしません。そこで最後に、神ヤハウェから遣わされた「滅ぼす者」[*4]による初子《ういご》殺害という、一〇番目の災厄が起こります。その際、イスラエルの民は小羊を屠り、その血を家の鴨居と柱に塗ったので、神の使いはそこを過ぎ越しました。こうして、さしものファラオもイスラエルの民の退去を認めざるをえませんでした。

ところが、イスラエルの民がエジプトを出立したのち、奴隷に逃げられたと告げられたファラオは、奴隷を連れ戻すべく、軍隊を率いてイスラエルの民を追跡します。背後からエジプトの軍隊が迫り、民の前には海が立ちはだかります。われわれを荒野で死なせるためにエジプトから連れ出したのか、と民はモーセに向かって詰め寄ります。そこでモーセが杖を高くかかげ、海に手を伸ばすと、はたして海が二つに割れ、水は両側に壁となりました。イスラエルの民はその間の乾いた海底を渡りますが、エジプト軍がこれを追って海底に入ると、二つに割れた水がもとに戻り、全軍が溺死してしまうのです。

このような「海の奇蹟」の物語には、「私はヤハウェに向かって歌おう、かれはいと高きことを示し、馬と乗り手を海に投げ込まれた」とはじまるモーセによる「海の歌」が添えられ、モーセの姉ミルヤム[*5]も女たちとともに、同じように神ヤハウェを讃えた、と伝えられます（出エジプト記一五章1—18、20—21節）。このようにして、イスラエルの民は奴隷であったエジプトから解放されました。しかしその後、難なく「乳と蜜の流れる」約束の地に足を踏み入れた、というわけではありません。約束の地に入るまで、厳しい「荒野の四〇年」が待っていました。その間、この民はシナイ山で神ヤハウェと契約を結び、守るべき律法が彼らに授けられることになります。

二　史実と伝承

ところで、このように物語られる「出エジプト」の出来事は歴史的事実にもとづくのでしょうか。常識からすれば、海が二つに割れて、水が両側に壁のようにそそり立ったことは、物語として理解することはできても、じっさいに起こった出来事と考えることはできません。ならば、この物語の背後には、なにがあったのでしょうか。

「出エジプト」の物語の基本は史実にもとづくと考える研究者たちは、時代的に、二つの可能性を想定してきました。一つは紀元前一五世紀の半ば、もう一つは紀元前一三世紀の末です。前者の根拠は、ソロモン王がエルサレム神殿の建立に着手したのは「イスラエルの子らがエジプトの地を出てから四八〇年目であった」と記す列王記上六章1節です。ソロモンによる神殿建立は前九六〇年ころとみられ、この記述にもとづけば、「出エジプト」は前一五世紀半ばと計算されるのです。後者の根拠は、エジプトの奴隷となったイスラエルの民が建てた町の名ラメセスです。

エジプト出立もこのラメセスからであった、と記されています（出エジプト記一章11節、一二章37節）。そして、この町はラメセス二世（在位・紀元前一二七九―一二一三年）の名にちなむはずだ、と考えるのです。

紀元前一五世紀半ばといえば、エジプトを治めていたファラオはトトメス三世（在位・紀元前一四七九―一四二五年）でした。この王は治世二二年目からほぼ毎年、アジア方面に軍事遠征を繰り返しました。その模様は『トトメス三世年代記』などに詳しく記録されています。しかし、そこに「出エジプト」を示唆する記述はみられません。同時代のほかの記録にもイスラエルへの言及はありません。その点では、前一三世紀のラメセス二世時代の記録も同様です。この王の治世は六六年に及び、アブ・シンベル神殿（次ページ写真）をはじめとする大建造物がつくられ、ヒッタイト王国との戦争や平和条約を含め、数々の記録文書が残されました。しかし、そこにもイスラエルという名はでてきません。[*6]

要するに、「出エジプト」の出来事はエジプト側の資料からはいっさい確認されないのです。イスラエルの民のエジプト脱出が現実に起こったとしても、それはエジプト人にとって、記録に残すほどではない規模であったにちがいありません。[*7]

その一方で、物語には民間説話を思わせる要素も少なくありません。モーセの出生譚はその典型です。乳児期に籠にいれられて川に捨てられた人物が偉大な指導者になる、という物語は、メソポタミアの『サルゴン王伝説』にみられます。アケメネス朝ペルシア帝国の基礎を築いたキュロス王（キュロス二世）は、乳幼児のときにメディア王に殺害を命じられ、遺棄されそうになっ

アブ・シンベルの大神殿

た、とヘロドトスの『歴史』が伝えています。こうした民話は「捨て子伝説」[*8]などと称されます。また、一〇回繰り返される災いの奇蹟物語が民間伝承風に語られていることも明らかです。さらに、海を二つに割く「海の奇蹟」の物語には、神が原始の海を切り分け、渾沌を象徴する海の怪物あるいは神話化された海自体を制圧して世界に秩序をもたらした創世神話（詩篇七四篇13―16節、イザヤ書五一章9―10節ほか）の影響がある、と指摘されるようになりました。

　このようにみると、「出エジプト」の物語は、歴史的に起こった出来事の報告というよりは、イスラエルの民の歴史の起点を語り、その信仰の原点を伝える民族伝承であった、というべきでしょう。そこには、物語を伝えたイスラエルの民の信仰にもとづく自己理解がたたみ込まれています。であれば、「出エジプト」物語の不確かな史実性を探るよりも、そこにたたみ込まれた思想や信仰を読み取ることのほうが、物語の性格に則した読み方である、といえましょう。

三　過越祭

創世記にはイスラエルの父祖三代（アブラハム、イサク、ヤコブ）の物語が伝えられていますが、それらは、基本的に、家族を単位とする物語でした。それに対して、出エジプト記から後は、家族物語ではなく、イスラエルの民の歩みを語る民族の物語となります。そういう意味で、「出エジプト」の物語はイスラエルの歴史の起点となる民族伝承でした。イスラエルの民は「出エジプト」の出来事をもっとも大切な民族伝承として伝え、年ごとに繰り返しこれを想起したのです。なによりも過越祭《すぎこし》において、「出エジプト」の出来事が想起されました。

過越はイスラエルの祖先たちがエジプトの奴隷から解放されたことを記念する祭として、春からはじまる太陰暦の最初の月・ニサン一四日の夕（一五日）に行われることになっていました。[*9]出エジプト記一二章2節以下には、この日、家族ごとに小羊を屠り、家の柱と鴨居にその血を塗り、肉は焼いて食べなければならない、と定められています。それが前述した一〇番目の災厄を逃れた、「出エジプト」前夜の出来事の再現であることはいうまでもありません。その定めに続いて、子供たちがこの祭の意味を尋ねるときには、「ヤハウェがエジプト人を撃たれたとき、エジプトにいたイスラエルの子らの家を過ぎ越し、わたしたちの家を救われたのだ、と答えなさい」と命じられています（出エジプト記一二章27節）。さらに、過越祭に続く七日間は、酵母を入れないで焼いたパン[*10]を食べることが定められました。「出エジプト」の際には、練り粉酵母を入れ、寝かせてからパンを焼くことなどできなかったからです。こちらは除酵《じょこう》祭と呼ばれます。

過越祭は牧羊民の、除酵祭は農耕民の季節祭に起源をもつといわれますが、それらが「出エジプト」伝承と結びつけられたのです。王国時代には、紀元前六二二年にはじまるヨシヤ王の改革に伴って、過越祭はエルサレム神殿で行われた、と記されています（列王記下二三章21―23節）。第二神殿時代にも[*11]、過越祭はエルサレム神殿で行われ、年ごとに催される三大巡礼祭の一つとされました（申命記一六章5―6、16節ほか）。

ちなみに、イエスは捕縛される夜、弟子たちと「最後の晩餐」に臨みます。共観福音書[*12]はそれを「過越の食事」であったと伝えています（マルコ福音書一四章12節以下ほか）。ヨハネ福音書は、それに対して、イエスの処刑を過越の当日とみますから「最後の晩餐」はその一日前ということになります。イエスの死を過越に屠られる小羊と重ねたのです。

過越祭と並ぶもう一つの重要な祭は、秋口に催される仮庵《かりいお》祭でした。バビロニア太陰暦の第七の月（現暦九～一〇月）一五日からの七日間です。この期間は木の枝やナツメヤシの葉などで作った粗末な仮庵に住むことが定められました。「出エジプト」をはたしたイスラエルの先祖たちが家を建てることができず、仮庵にしか住めなかったことを想起するためでした（レビ記二三章42―43節）。後に、この仮庵祭もエルサレム巡礼祭とされました（申命記一六章16節）[*13]。

三大巡礼祭のもう一つは「七週祭」です。七週とは過越祭から七週の後という意味です。旧約聖書はこれを麦の収穫と結びつけ、「出エジプト」の出来事との関係を明示しません（同一六章10

節ほか）。ところが、エジプトを脱出した民はその三か月後、シナイの山麓に逗留するのですが、その間、モーセを介して律法が与えられます。後のユダヤ教では、七週祭はその律法が授与されたことを記念する祭と解されました。この祭は過越祭から七週、つまり四九日を経て祝われますから、ギリシア語ではペンテコステ「五旬節」と訳されます。新約聖書は、イエスの弟子たちに「聖霊」がくだり、キリスト教の宣教がはじまったのは、このペンテコステの祭のときであった、と伝えています（使徒言行録二章1節以下）。

「出エジプト」の伝承は、イスラエルが民族として歩みはじめたもっとも重要な歴史伝承でしたから、民は、春の過越祭で、また秋の仮庵祭で、年ごとにこれを想起したのです。

四　信仰の原点

イスラエルの民にとって、民族の歴史の起点であった「出エジプト」の出来事は、彼らの信仰の原点でもありました。その一つは、モーセにイスラエルの神の名が啓示されたことに示されています。

先述のように、奴隷であるイスラエルの民をエジプトから解放せよ、との召命を受けたとき、モーセは尻込みました。イスラエルの民に「あなたがたの先祖の神が私をあなたがたに遣わされた」と告げたら、「その名は何というのか」と聞かれるかもしれない。その場合、何と答えたらよいものか、とモーセは神に問いかけます。それに対して、神は「エヒイェ・アシェル・エヒイェ

（ʼehyeh ʼᵃšer ʼehyeh）[*14]」と答えています（出エジプト記三章14節）。

この神の応答はいたって単純なヘブライ語文ですが、それだけに、「わたしはあってある者」「わたしはあるべくしてある者」「わたしはなろうとするものになる者」など、さまざまに訳され、解釈されてきました。したがって、定説もなく、その意味は一義的に断言できません。しかし、これによって、イスラエルの神名ヤハウェ（yahweh）が、存在（「ある」）や生成（「なる」）を表す動詞ハーヤー（hāyāh=hāwāh）に由来することだけは間違いありません。つまり、エヒイェ（ʼehyeh）はハーヤーの一人称単数未完了形ですが、神名ヤハウェはその三人称単数イフイェ（yihyeh）に由来するとみられるのです。また後に、モーセは神から次のように告げられています。

> わたしはヤハウェ、わたしはアブラハム、イサク、ヤコブに「全能の神[*15]」という名で自らを現したが、ヤハウェというわが名は彼らに知らせなかった。（同六章2―3節）

ヤハウェは唯一の神と信じられており、すでに原初史においても、父祖たちの物語においても、その名は唱えられています（創世記四章26節、一二章8節ほか）。ところが、出エジプト記では、神名ヤハウェはモーセにはじめて告知された、といいます。神名の啓示が「出エジプト」というイスラエルの民の歴史のはじまりと結びつけられたのです。

イスラエルの民が自分たちを「神の民」と理解していたことは、ひろく知られています。旧約聖書の随所に、そのような選民思想がうかがえます。その選民思想もまた、「出エジプト」の出来事によって基礎づけられました。

じつに、あなたは、あなたの神、ヤハウェの聖なる民である。あなたの神ヤハウェは大地の面にいるあらゆる民のなかからあなたを選び、かれの宝の民とされた。ヤハウェがあなたたちに関心を寄せ、あなたたちを選ばれたのは、あなたたちがほかのどの民よりも数が多かったからではない。じつに、あなたたちはどの民よりも弱小であった。じつに、あなたたちへのヤハウェの愛のゆえに、あなたたちの父祖たちに誓った誓いを守るために、ヤハウェは力強い手をもってあなたたちを導き出し、奴隷の家から、エジプトの王ファラオの手から、あなたを贖《あがな》い出されたのである。

（申命記七章6―8節）

自らを「聖なる民」、神の「宝の民」と理解するなどとは、鼻持ちならない選民意識です。しかし、この民が神ヤハウェに選ばれたのは、偉大な民族であったからではなく、彼らはむしろ弱小の民であったからこそ、神はこの民を愛し、エジプトの奴隷から解放して、父祖たちへの約束を果たしてくださったのだ、というのです。イスラエルは神ヤハウェに選ばれた民である、という思想がエジプトの奴隷からの解放という出来事と結びつけられ、「出エジプト」は、この弱小の民が「神の民」とされたことを証しとする出来事として理解されました[*16]。旧約聖書はそのことを、神ヤハウェがシナイ山の麓《ふもと》でエジプトを脱出した民と契約を結ぶ、という物語によって伝えています。

五　十戒とシナイ契約

エジプトを脱出して三か月目、イスラエルの民はシナイ山の麓に到着し、そこにしばらく逗留します。その間、モーセはシナイ山に登り、神からこの民が守るべき律法を授かります。これが「モーセの律法」です。それらは出エジプト記、レビ記、民数記にまとめられました。そして、その律法の基本となるものが二枚の石の板に刻まれたという「一〇の言葉」でした。

この「一〇の言葉」は「契約の言葉」とも言い換えられ、古くは、出エジプト記三四章10—26節を指していたようです。しかし、後には、出エジプト記二〇章2—17節に記され、申命記五章6—21節に繰り返される戒めが「一〇の言葉」とみなされ、「十戒」と呼ばれるようになりました。研究者は前者を「祭儀的十戒」、後者を「倫理的十戒」と呼び分けますが、いつしか、十戒といえば後者を指すようになりました。しかし、聖書自体には一〇の戒めについて番号が付されているわけではありません。そのために、十戒といっても、ユダヤ教、サマリア教団[*17]、キリスト教諸教派の間で、一〇の戒めの数え方の伝統に多少の異同が生じました（本章末の表を参照）。しかし、いずれの場合にも、「わたしは主（＝ヤハウェ）、あなたをエジプトの地、奴隷の家からあなたを導き出したあなたの神」という神ヤハウェの宣言がはじめにおかれています。十戒、ひいては律法全体が、ほかならぬ、イスラエルの民をエジプトの奴隷から解放してくれた神ヤハウェの命令として理解されたのです。

十戒を基本とする「モーセの律法」は宗教的戒律にとどまりません。供犠・供物に関わる祭儀法から日常生活、家族生活に関わるさまざまな社会法まで、多岐にわたります。祭儀法には、供犠・供物に関する細則など、明らかに後のエルサレム神殿祭儀を念頭においた規定が見受けられます。社会法のなかにも、土地や農作業に関わる諸規定などのように、後の定住農耕生活を前提にした律法が少なくありません。歴史的にみると、それらは明らかに後代に成立した祭儀規定であり、社会法でした。ところが、律法はすべて「出エジプト」後のシナイ山麓で、モーセを介して授けられた、と聖書は伝えるのです。イスラエルは律法を守るべき民として、シナイ山麓からその歴史を歩みはじめた、ということです。

出エジプト記は、エジプトを出たイスラエルの民がシナイ山の麓において、神ヤハウェと契約を結び、これらの律法を遵守することを誓ったことを物語ります。その模様は出エジプト記二四章3―11節に記されています。それによると、まず、モーセが民に律法を読み聞かせ、民はそれを守り行うことを誓います。モーセはイスラエルの一二部族にちなんで、一二の石を立てました。続いて、若者が雄牛を「全焼の供犠」および「和解の供犠[*18]」として献げると、モーセは「契約の書」を読み聞かせます。民がふたたびそれらを遵守することを誓い、モーセは、最後に、取り分けておいた雄牛の血の半分を祭壇に、もう半分を民に振りかけ、これが「契約の血」である、と宣言しました[*19]。

エジプトの奴隷から解放されたイスラエルの民は、こうして、「契約の民」としての歩みをはじめることになりました。父祖たちへの契約は神からの約束が中心でしたが、シナイにおける契約をとおして「神の民」とされたイスラエルの人々には、神から授けられた律法遵守の義務が課せられることになったのです。

六　孤児、寡婦、寄留者

モーセの律法には、「目には目を、歯には歯を」（出エジプト記二一章24節）に象徴されるように、古代オリエントの法慣習を受け継いだ同害同復法も含まれます。しかし、律法のなかの社会法は、全体としてみれば、社会的に弱い立場におかれた人々の保護に主眼がおかれているといえましょう。「ともにいる困窮者に金を貸す場合、高利貸しのようになって、利子を取ってはならない」（同二二章24節）、「雇人への賃金支払いを翌朝まで延ばしてはならない。耳の聞こえない人のことを悪く言ってはならない。目の見えない人の前に障害物をおいてはならない」（レビ記一九章13―14節）などといった具体的な戒めは、その一例です。

旧約聖書において、社会的に弱い立場におかれた人々の代表が孤児《こじ》と寡婦《かふ》でした。モーセ律法は彼らの保護を繰り返し命じています。このような孤児と寡婦の保護自体は、じつは、メソポタミアの古い伝統に遡ります。もっとも古くは、シュメル時代の都市国家ラガシュの王ウルイニムギナ[*20]の『改革碑文』（紀元前二三五〇年ころ）にみることができます。彼はその碑文の末尾の部分に次のように記させました。

> 人々が孤児と寡婦を力ある者に引き渡すことのないように、ウルイニムギナはニンギルス[*21]に

約束した。

孤児と寡婦の保護は、この後、メソポタミアの王たちの正義の証しとされてゆきました。現在知られる最古の法典『ウルナンマ法典』[*22]（紀元前二一〇〇年ころ）の序文にも、ひろく知られる『ハンムラビ法典』（紀元前一七五〇年ころ）の後文にも、正義を標榜して法典を残したこれらの王は、それぞれ、孤児と寡婦を保護したことを誇らしく刻ませています。

モーセの律法に繰り返される孤児と寡婦の保護は、このような古代メソポタミアの伝統を受け継いだものでした。しかし、そこには新しい要素が二つばかり加わりました。一つは、孤児と寡婦の保護が王の正義の証しとしてではなく、民の義務として律法化されたことです。ですから、預言者たちは、孤児と寡婦の保護を民に訴え、これを虐げる同胞たちを糾弾しました（イザヤ書一章17、23節ほか）。もう一つは、保護されなければならない存在として、孤児と寡婦に「寄留者《きりゅうしゃ》」が加えられたことです。「寄留者」とは、生活基盤としての土地をもたないよそ者を意味します。他国人でも同胞でもありえました。そして、彼らを保護する定めには、その根拠として、かつてイスラエルの民はエジプトに寄留する奴隷であったのだから、と付記されました。申命記からその種の定めの一つを引用しましょう。

> あなたが畑で収穫するとき、畑に一束忘れても、それを取りに戻ってはならない。それは寄留者と孤児と寡婦のものである。それによって、ヤハウェはあなたの手の業すべてを祝福し

てくださろう。あなたがオリーブの実を打ち落とすとき、後になって探し回ってはならない。それは寄留者と孤児と寡婦のものである。あなたが葡萄を取り入れるとき、後になって摘み尽くしてはならない。それは寄留者と孤児と寡婦のものである。あなたは、あなたがエジプトで奴隷であったことを想い起こしなさい。それゆえ、わたしはこのことを行うように命じるのである。

（申命記二四章19―22節）

古代イスラエルにおいては、寄留者、孤児、寡婦は畑や果樹園をもたなくとも、主要作物の収穫の残りを自分たちのものにする権利が認められました。あなたたちがエジプトで奴隷であったことを思えば、社会的に苦しい立場におかれた人々にそのような権利を認めるのは当然のことではないか、というのです。これと同じく、寄留者を虐げてはならない、と命じる場合には、「あなたたち」はエジプトの地において寄留者であったから、寄留者自身のつらい立場をよく知っているではないか、と付記されました（出エジプト記二三章9節、レビ記一九章33―34節ほか）。

モーセ律法の社会法は、このように、社会的に弱い立場にある人たちの保護を命じますが、その場合、イスラエルの民がエジプトの奴隷から解放された民であった、ということにその根拠がおかれたのです。それは、「出エジプト」の出来事がイスラエルという民の歴史のはじまりを語り伝えるだけでなく、社会的に弱い立場に立つ人々の保護を定める社会法の根拠、ひいてはこの民の社会倫理の基礎となったことを示しています。

七　荒野の旅

これまで、イスラエルの民がエジプトの奴隷から解放される「出エジプト」伝承が、この民にとっていかに重要な意味をもっていたのか、ということを述べ、この民が遵守すべきモーセ律法も「出エジプト」伝承と密接に関係していることを指摘しました。ところが、出エジプト記から民数記に記された物語部分は、エジプトを脱出した後のイスラエルの民の歩みが神およびモーセに対する「反抗」の連続であったことを物語るのです。

エジプトを脱出してから「乳と蜜の流れる」約束の地にいたるまで、イスラエルの民は四〇年[*23]という歳月を荒野で過ごすことになります。その間、イスラエルの民は、一方で、昼は雲の柱、夜は火の柱で守り導かれたといいますが、他方では、飲み水を与えよ、エジプトの肉鍋が恋しい、パンを腹いっぱい食べたい、と言ってモーセに詰め寄ります。そのつど、奇蹟が起こって、そうした危機を乗り越えてゆくのです。しかし、許しがたい出来事も繰り返されました。

その一つが「金の子牛」事件です（出エジプト記三二章）。モーセがシナイ山からなかなか降りてこないので、民がモーセの兄アロンのもとに集まると、アロンは集めた金の飾り物を鋳造しなおして、金の子牛像を造らせます。そして、これを「エジプトの地からあなたを導き上った神」と呼び、この像を民に拝ませたのです。それを知ったモーセは「一〇の言葉」が刻まれた二枚の石板を子牛像に投げつけ、これを粉々に砕き、「敵対する者たち」三〇〇〇人を剣にかけて殺させたといいます。この逸話には、ソロモン没後、王国が南北に分裂した際、北王国の最初の王ヤ

アシュケロン遺跡で発掘された青銅の子牛像

ロブアム（一世）がダンとベテルの聖所[*24]に据えたという「金の子牛」像（列王記上一二章28—29節）に対する批判がこめられています（上掲写真参照）。

　イスラエルの民がモーセに逆らって、エジプトに帰ったほうがましだ、と言い出したことも一度ならずありました。エジプトの軍隊が追跡して来たとき、荒野で食料が足りなくなったときなどでした。モーセがカナンの地に送った偵察の一部から、カナンには強力な巨人族が住んでおり、その地に入ってゆくことはできない、とのうわさが流されたときも同様でした。神ヤハウェはそれを聞いて、モーセの後継者ヨシュアなどを除き、二〇歳以上の者は誰一人として約束の地に入ることはできない、とモーセに語ります。そして、二〇歳以上の者たちがすべて荒野で生涯を終えるまで、四〇年間、イスラエルの民は荒野にとどまる、と告げています（民数記一四章26—35節）。約束の地に入るまで四〇年という歳月が必要であった理由がここにありました。

　荒野の四〇年は民による不平、反抗、離反の連続でした。最後はペオルにおける醜聞です。イスラエルの民は南から約束の地に向かわず、死海の東岸を迂回して、東から約束の地に向かいました。ところが、モアブの野では、モアブの娘たちに惹かれ、彼女たちが祀るバアル[25]崇拝に魅せられる者たちが出たのです。それゆえ、神ヤハウェの怒りにふれ、殺害された者たちは二万四〇〇〇人にのぼった、と伝えられています（民数記二五章1―9節）。

　エジプトを脱出したイスラエルの民が彼らの神ヤハウェから離反したことについて、紀元前七四〇年ころ、北イスラエルの預言者ホセアは、次のような神ヤハウェの言葉に要約しています。

イスラエルが若いとき、わたしはこれを愛し、
エジプトから呼び出して、わが息子とした。
わたしは彼らに呼びかけたが、
彼らはわが前から立ち去った。
かれらはバアルたちに犠牲を献げ、
数々の偶像のために薫香《くんこう》を焚いた。

（ホセア書一一章1―2節）

八　モーセの死

モーセ五書[26]の第五番目の書である申命記は、イスラエルの民がエジプトを出てから四〇年目の第一一の月（現暦一―二月）に、モアブの野において、モーセが民にふたたび語り伝えたという律法を中核に据えて編まれました。そこには、十戒をはじめとして、シナイ山で授かった律法と

重複する内容もありますが、総じて独自の律法が並んでおり、とくに一二章から二六章までを研究者たちは申命記法と呼んでいます[*27]。

申命記法は、歴史的には、ヨシヤ王（在位紀元前六四〇―六〇九年）がその改革の基礎とした律法集であった、と考えられています。ヨシヤ王の治世一八年目（紀元前六二二年）、神殿内で「契約の書」といわれる律法の書が発見され（列王記下二二章8節以下）、王はこの書にもとづき、民とともに、神ヤハウェの前であらためて契約を結び、祭儀改革を断行してゆきます。その改革の柱は徹底した異教祭儀の排斥とヤハウェ祭儀のエルサレム集中でした（同二三章1節以下）。前述したエルサレム神殿における過越祭の挙行もその一環でした。申命記法にはこの祭儀集中と異教排除が明記されているのです。その冒頭から、偶像や異教祭儀の場は破壊すべきこと、神ヤハウェへの供犠・供物は「ヤハウェがその名をおくために選ばれた場所」すなわちエルサレム神殿[*28]で献げなければならないことが命じられています（申命記一二章1―7節）。

申命記は、このような申命記法に続けて、この律法を守れば神の祝福が、これに背けば神の呪いがイスラエルの民にくだされる、ということを具体的に記します（申命記二八章1―68節）。そして、モアブの野において、モーセはシナイ契約とは別に、祝福と呪いにもとづく契約をイスラエルの民に結ばせました（同二八章69節以下）。これを「モアブの契約」といいます。そして、モーセの歌とイスラエルの諸部族へのモーセの祝福の言葉を添えるとともに、モーセの最期を簡潔に描いて、申命記は閉じられます。エジプトの地からイスラエルの民を率いてきたモーセは、ヨルダン川の東にそびえるピスガの峰に登り、遠くに約束の地を見渡しながら、一二〇年の生涯を閉じました。[*29] イスラエルの民を約束の地に導くモーセの後継者がヨシュアでした。

九　新しい「出エジプト」

イスラエルの歴史のはじまりとして伝えられた「出エジプト」の出来事は、この民にとって、信仰の原点となり、社会法の基礎となりました。それは、しかし、過去に起こった一時的な出来事にとどまりませんでした。エジプトの奴隷から解放された物語は、厳しい情況におかれた弱小の民にとって、将来の希望の原理にもなりました。

紀元前五八七年、ユダ王国[*30]はネブカドレツァル（二世、在位・紀元前六〇五―五六二年）率いるバビロニア軍の前に陥落し、主だった人々は捕囚民としてバビロニアに連行されました。いわゆるバビロニア捕囚です。この出来事は、申命記の思想にもとづき、神に背いたイスラエルの民に対する審判とも理解されました。そういうなかで、いずれバビロニアの捕囚から解放される時代が到来する、という預言が語られました。たとえば、バビロニア捕囚民の間で活動した預言者エゼキエルの次のような言葉がそれです。

> 強い手と伸ばした腕と、溢れる憤りをもって、わたし（＝神ヤハウェ）はお前たちを諸国の民のなかから連れ出し、散らされた国々から集める。わたしはお前たちを、諸国の民の荒野に導き、そこで顔と顔を合わせてお前たちを裁く。お前たちの父祖をエジプトの地の荒野

で裁いたように裁く――とは主ヤハウェのみ告げ。わたしはお前たちを杖の下をくぐらせ、
契約のきずなへと導こう。

（エゼキエル書二〇章34―37節）

エゼキエルは、ここで、かつての「出エジプト」の出来事を想起しつつ、神ヤハウェによるバビロニア捕囚からの解放を告げています。しかも、エジプトを出た先祖たちが荒野で神に背いたために裁かれたのと同じように、この民を裁き、そのうえで、ふたたび「契約の民」とするというのです。捕囚からの解放が「出エジプト」の出来事と重ねられています。

イザヤ書四〇章から五五章には、バビロニア捕囚の末期に登場し、捕囚から解放される時代の到来を告げた預言者の言葉が残されています。

ヤハウェがこう言われた、
海に道を、激しい水の中に通り道を備えた方、
戦車と馬、軍勢と兵をともに連れ出した方が。
彼らは伏して、起き上がれず、
燈心のように、消えて失せた。
初めのことを思い起こすな、
昔のことを悟ろうとするな。
みよ、わたしは新しいことを行う、

いまや、それは芽生えつつあるが、
お前たちはそれを知らないか。
必ず、わたしは荒野に道を、
荒地には数々の流れを設けよう。
（イザヤ書四三章16―19節）

この預言を残した匿名の預言者は、便宜上、「第二イザヤ」と呼ばれます。彼もまた、捕囚の身にある同胞たちにかつての「出エジプト」の出来事を想起させながら、バビロニアからの解放の到来を告げました。彼がここでいう「新しいこと」とは「新しい出エジプト」を意味します。第二イザヤにとって、「出エジプト」の出来事は、過去に起こった出来事であっただけではなく、捕囚という苦境からの解放を民に約束する、希望の原理ともなったのです。

「出エジプト」の物語は、後に、キリスト教会でも語られてゆくなかで、苦境におかれた信徒たちを励まし、そこからの解放を語る希望の物語として読み継がれることになりました。アメリカの黒人霊歌『行け、モーセ（Go Down, Moses）』がそれを如実に語っています。また、一九一〇年から一九四五年まで日本の支配下におかれた朝鮮半島の教会では、この物語が好んで読まれたといわれます。今日、地上から奴隷制度は廃止され、植民地も消えたとされています。しかし、見えない抑圧や搾取がないとも限りません。そうした抑圧や搾取が存在する限り、「出エジプト」の物語は希望の物語として読まれていくにちがいありません。

注

＊1　ヘブライはイスラエルの別称（ときに蔑称）。そのヘブライ語イブリー（ʿibrî）は「渡りゆく者」（←ʿābar「渡る」）に由来する、紀元前二千年紀後半の文書に頻出する社会下層民ハビルと関連する、などの見解があるが、詳細は不明。

＊2　王女はヘブライ語を知らなかったはずだが、モーセ（ヘブライ語はモーシェ）の名がヘブライ語動詞マーシャー「引き上げる」から説明される。じっさいはエジプト語で「息子」意味するメスに由来するといわれる。

＊3　ミドヤンについては本書第3章注＊8を参照。

＊4　出エジプト記一二章23節参照。ヤハウェ自身がエジプトのなかを行き巡り、初子を殺害するともいわれる（出エジプト記一一章4節）。

＊5　ギリシア語マリヤム。後のマリヤのヘブライ語名。

＊6　いまに知られる古代エジプトの膨大な数の文書のなかに、イスラエルという名に言及する資料はラメセス二世を継いだメル・エン・プタハ王の戦勝碑文（紀元前一二〇八年）のほかに知られていない。

＊7　出エジプトを敢行した人の数については、本書第5章二項を参照。

＊8　誕生後に棄てられた幼児が長じて支配者になるという物語。「ロムルスとレムス」によるローマの建国伝説、ペルシアの神話時代のカヤニー王朝のダーラー（ブ）一世の伝説などでも、幼児期に川に流される。

＊9　古代イスラエルではもともと独自の暦を用いていたが、王国時代末期には春分を起点とするバビロニア太陰暦を受容した。ニサンはバビロニア暦の一月。後のユダヤ教は秋からはじまる太陰暦を採用し、現在にいたる。

＊10　現在でもユダヤ教徒はこの時期、パンの代わりに、ヘブライ語でマッツォートと呼ばれる酵母を入れないクラッカーに似たパンを食する。

＊11　バビロニア捕囚から帰還し、エルサレムに神殿を再建した紀元前五一五年以降、ローマによってエルサレムが占領され、神殿が破壊される後七〇年までの期間。

＊12　新約聖書はじめの三福音書は同一の記事が少なくないので、こう呼ばれる。

＊13　申命記における「主（ヤハウェ）の選ばれる場所」「主（ヤハウェ）が名をおかれる場所」は後のエルサレム神殿を指す表現。

＊14　存在（「ある」）や生成（「なる」）を表すヘブライ語動詞ハーヤーの一人称単数未完了形エヒイェが関係詞アシェルで結ばれた文。

＊15　ヘブライ語はエル・シャッダイ。エルは「神」、シャッダイは詳細不明。旧約聖書のギリシア語七十人訳がヨブ記に用いられるこの神の呼称シャッダイをパントクラトール「全能者」と訳したために、ヨブ記以外でもエル・シャッダイは「全能の神」と訳されるようになった。

＊16　「神の民」が必ずしも血縁共同体を意味しないことは、「出エジプト」は「雑多の人々」大勢加わったという表現にみられる（出エジプト記一二章38節、民数記一一章4節など参照）。

＊17　旧約聖書中の最初の五書（「モーセ五書」）のみを聖書とし、エルサレムでなく、サマリアに近いゲリジム山を聖地とする教団。イエス時代にはユダヤと対抗する勢力であったが、現在は数千人が残るのみ。

＊18　「全焼の供犠」は犠牲獣を焼き尽くして献げる供犠。そのラテン語 holocauston はホロコーストの語源。「和解の供犠」は神への感謝の込めた供犠（協会共同訳「会食のいけにえ」）。

＊19　はるか後代、十字架上で流されたイエス・キリストの血が「（新しい）契約の血」と呼ばれる。マルコによる福音書一四章24節ほか。

＊20　以前はウルカギナと読まれた。

＊21　ラガシュの都市神。

＊22　ウルナンマはシュメル時代最後の繁栄を誇ったウル第三王朝を樹立した王（在位・紀元前二一一二—二〇九四年）

＊23　洪水物語における四〇日四〇夜の降雨（創世記七章4節）、モーセのシナイ山滞在四〇日（出エジプト記二四章18節）など、旧約聖書において四〇は試練や労苦の期間を表す象徴的な数。後にイエスも四〇日四〇夜の断食をした（マタイ福音書四章2節）。

＊24　ダンはイスラエル最北、ヘルモン山の麓、ヨルダン川の水源の一つに造営された町。ベテルはエルサレムの北方一七キロメートルに位置する古代の町。

＊25　雨を降らせ、大地に豊穣をもたらすと信じられたカナンの神。バアルはヘブライ語を含むカナン語で「主人」の意。

＊26　モーセが旧約聖書のはじめの五書を記したというユダヤ教の伝統がキリスト教会にも伝わった。

＊27　「申命記」は「第二の律法」という意味のラテン語書名（Deuteronomium）の漢訳に由来。
＊28　本書第9章八項を参照。
＊29　後のユダヤ教では一二〇歳が理想の寿命とみなされ、六〇歳が折り返し点とされる。
＊30　ダビデのもとで統一された王国は、ソロモン没後、南北に分裂し、エルサレムを主都とし、ダビデ王朝が支配する南王国を「ユダ」と呼んだ。

正教会・プロテスタント諸教派	カトリック・ルター派	ユダヤ教（注：サマリア教団は以下の第一～第三戒を第一戒、第十戒をカトリック・ルター派のように二つの戒に分け、第十戒には、申命記一一章29節、二七章2—8節にもとづき、ゲリジム山に律法を刻んだ石と犠牲用の祭壇を立てることが定められる）
前文　わたしは主、あなたをエジプトの地、奴隷の家からあなたを導き出したあなたの神	前文　わたしは主、あなたをエジプトの地、奴隷の家からあなたを導き出したあなたの神	第一戒　わたしは主、あなたをエジプトの地、奴隷の家からあなたを導き出したあなたの神
第一戒　他神崇拝禁止	第一戒　他神崇拝・偶像禁止	
第二戒　偶像禁止	第二戒　神名濫唱禁止	第二戒　他神崇拝・偶像禁止
第三戒　神名濫唱禁止	第三戒　安息日遵守	第三戒　神名濫唱禁止
第四戒　安息日遵守	第四戒　父母尊重	第四戒　安息日遵守
第五戒　父母尊重	第五戒　殺人禁止	第五戒　父母尊重
第六戒　殺人禁止	第六戒　姦淫禁止	第六戒　殺人禁止
第七戒　姦淫禁止	第七戒　窃盗禁止	第七戒　姦淫禁止
第八戒　窃盗禁止	第八戒　偽証禁止	第八戒　窃盗禁止
第九戒　偽証禁止	第九戒　隣人の妻侵害禁止	第九戒　偽証禁止
第十戒　隣人の妻・財産侵害禁止	第十戒　隣人の財産侵害禁止	第十戒　隣人の妻・財産侵害禁止

十戒比較一覧

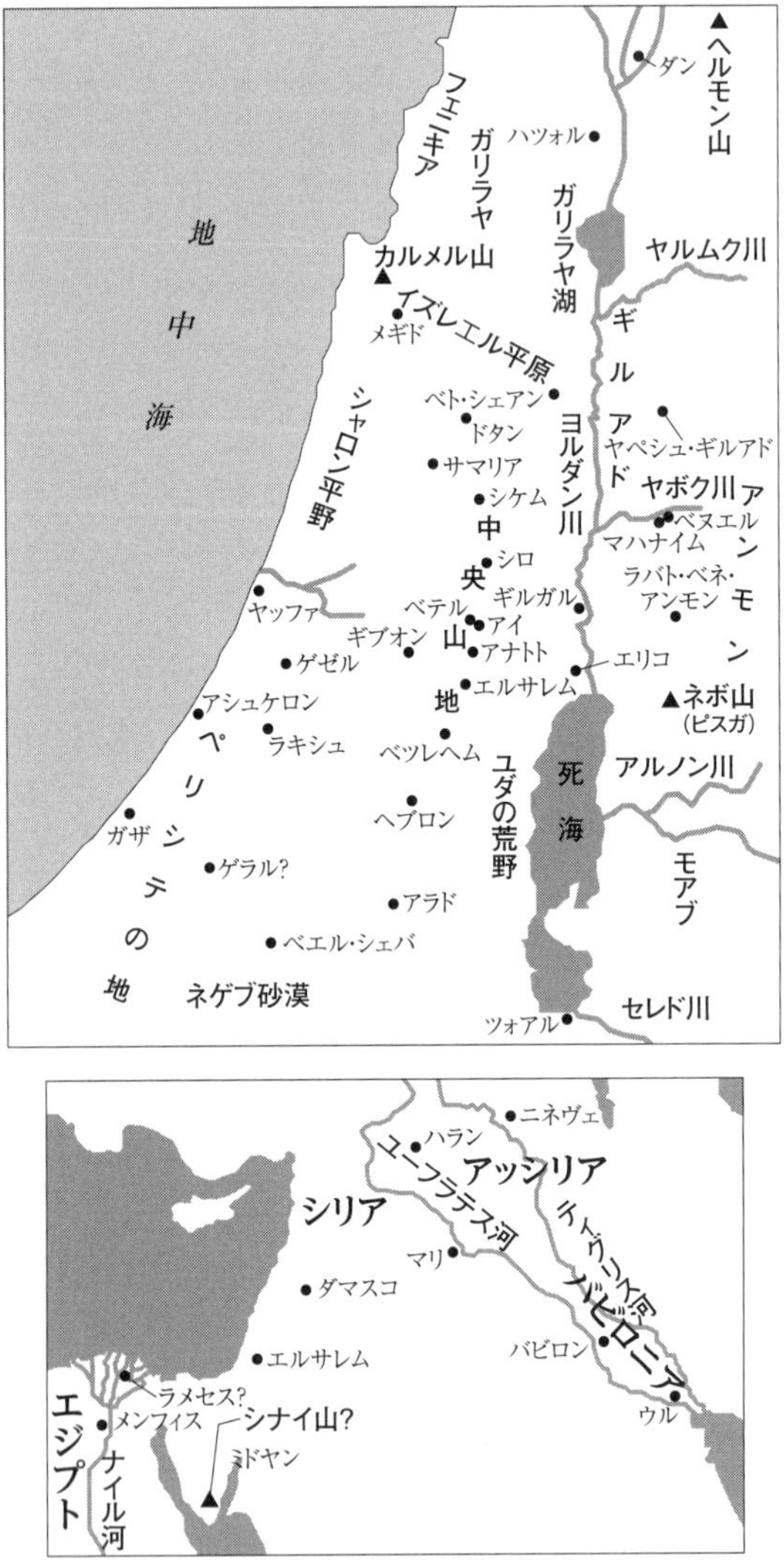
ヘルモン山
ダン
フェニキア
ガリラヤ
ハツォル
ガリラヤ湖
地中海
カルメル山
ヤルムク川
イズレエル平原
メギド
ギルアド
シャロン平野
ベト・シェアン
ドタン
ヤベシュ・ギルアド
ヨルダン川
サマリア
シケム
ヤボク川
アンモン
ペヌエル
マハナイム
中央山地
シロ
ラバト・ベネ・アンモン
ギルガル
ヤッファ
ベテル
アイ
ギブオン
アナトト
ゲゼル
エリコ
エルサレム
ネボ山
(ピスガ)
アシュケロン
ラキシュ
ベツレヘム
ペリシテの地
死海
アルノン川
ユダの荒野
ヘブロン
ガザ
ゲラル?
モアブ
アラド
ベエル・シェバ
ネゲブ砂漠
セレド川
ツォアル
ニネヴェ
ハラン
ユーフラテス河
アッシリア
シリア
ティグリス河
マリ
ダマスコ
バビロニア
バビロン
エルサレム
ラメセス?
エジプト
メンフィス
シナイ山?
ミドヤン
ウル
ナイル河

旧約聖書関連地図

第8章 カナン定住

嗣業の地の配分

エジプトから脱出したイスラエルの民は、「荒野の四〇年」[*1]を経て、新しい世代に替わり、指導者はモーセの後継者、ヨシュア[*2]となります。民はヨシュアに率いられて、「約束の地」に足を踏み入れました。しかし、そのイスラエルの民の前には、カナン先住民の都市国家の数々が立ちはだかっていました。イスラエルの民は、ヨシュアの指揮のもとで彼らと戦い、約束の地を獲得しなければならなかったのです。それを物語るのがヨシュア記です。それに続く士師記《ししき》では、王国成立前のイスラエル部族連合時代に、士師と呼ばれる指導者たちが輩出し、周辺民族による攻撃や支配からイスラエルの民を救う物語が綴られてゆきます。

一 ヨシュア記

モーセの死後、ヨシュアは約束の地にイスラエルの民を導き入れることを神ヤハウェから託されました。民は、十戒を刻んだ二枚の石板を納めた「契約の箱」[3]を担ぐ祭司たちを先頭にして、堰き止められたヨルダン川を東から渡ります。ヨシュアは、最初に足を踏み入れた場所ギルガルに、イスラエルの一二部族にちなんで「一二の石」を記念として、そこに立てさせました。イスラエルの民はギルガルで、エジプトの奴隷から解放されたことを記念する過越祭を祝いました。

　ところが、その彼らの前には城壁で固めたエリコの町がそびえていました。前もって斥候《せっこう》を送り、エリコを探らせたヨシュアは、イスラエルの兵士らに命じて、六日間、町を一周しては陣営に戻ることを繰り返させました。そして、七日目、町を七周したのち、祭司たちがいっせいに角笛を吹き鳴らし、民が鬨《とき》の声をあげると、エリコの城壁は崩れ落ちました（ヨシュア記六章）。イスラエルの民は、イスラエルの斥候を助けた遊女ラハブ[4]とその家族を除いて、エリコの住民をすべて滅ぼし尽くした、といいます。カナン征服の第一歩です。

　続くアイの町への攻撃では、イスラエルの兵士たちはアイの兵士たちに逆襲されてしまいます。ヨシュアが神にうかがいを立てると、民の間に戦利品を密かに私物化した者がいる、という答えでした。そこで、民にくじを引かせたところ、くじはアカンという人物に当たりました。彼は金銀などの戦利品の一部を密かに横領し、自分の天幕内の地中に埋めて隠していたのです。イスラエルの民はアカンを石撃ちにして、アコルの谷に石塚を積み上げて記念としたうえで、あらためてアイの町を攻撃し、これを征服しました（ヨシュア記七―八章）。アイとは[5]「瓦礫《がれき》」という意味です。

　このようにカナンに進撃するイスラエルの民におそれを抱いたギブオンの住民は、ヨシュアに和睦を申し入れます。これを裏切りとみたエルサレム[6]の王アドニ・ツェデクは、カナンの有力都市の勢力を糾合して、ギブオンに攻撃を仕掛けました。しかし、ヨシュアに率いられたイスラエルの全軍によって、彼らは撃破されてしまいます（ヨシュア記九章）。その際、彼らのうえに天から雹《ひょう》が降り注ぎ、太陽は丸一日、中天にとどまった、と物語られています（同一〇章11—13節）。同じように、北方の有力都市ハツォル[*7]の王を中心とする反イスラエル広域同盟軍も、ヨシュアの前に撃ち滅ぼされました（同一一章）。

こうして、ペリシテの地[*8]を除き、カナン全域を占領したイスラエルの民は、ヨシュアのもとで、部族ごと、氏族ごとにくじを引き、カナンの地が彼らに分配されました。ヨシュア記一三章から二一章までには、各部族に分け与えられた土地の境界が詳細に記述されています。くじによって分配された土地は、ヘブライ語でナハラー、邦訳聖書では「嗣業の地」とも「相続地」とも訳されています（以下、「嗣業の地」で統一します）。それは古代イスラエル特有の土地所有観念にもとづいていましたが、その点については、本章五項でふれることにします。

ヨシュア記は、嗣業の地の分配記事の後に、指導者ヨシュアの告別の辞を載せ、さらにシケム[*9]の地においてイスラエルの民があらためて神ヤハウェと契約を結んだことを記します。その契約の内容は、イスラエルの民は異教の神々を崇拝してはならず、もしそれを崇拝するようなことがあれば、神ヤハウェは民に災いをくだされるであろう、というものでした（ヨシュア記二四章）。これが、本書前章五項に述べた申命記の契約思想を引き継いでいることは、いうまでもありません。

最後に、指導者ヨシュアの死と埋葬、さらにエジプトから携えてきたヨセフの骨の埋葬を簡潔に記して、ヨシュア記は閉じられます。

二　士師記一章

ヨシュア記には、先に紹介したように、イスラエルの民がカナン全域を軍事的に制圧して、約束の地を取得した物語が伝えられています。ところが、続く士師記一章には、これとは意味合いの異なる情況が報告されています。

たとえば、先述したように、イスラエルの有力部族ユダの人々は山地を獲得したものの、平地の住民は鉄の戦車をもっていたので、彼らを追い出すことはできなかった、と記されます（士師記一章19節）。マナセ部族の場合は、彼らに分配された地域の大きな町々とその周囲の村々を占領できませんでした（同一章27節）。イスラエルの民が征服した、とヨシュア記一二章21節以下に記されるタアナク、ドル、メギドといった町々もそこには含まれています。ダン部族については、「アモリ人[10]がダンの子らを山地に閉じ込め、平地に下りてくることを彼らに許さなかった」といわれます（同一章34節）。

このように、カナンの地の取得に関して、ヨシュア記の記述と士師記の記述の間に齟齬《そご》がみられます。そこで、イスラエルの起源をめぐって、古くは、ヨシュア記と士師記のどちらがじっさいの史実を反映させているのか、という問いが立てられ、二つの見解が対立しました。一つは、カナンの諸都市をイスラエルの民が征服した、と物語るヨシュア記の記述に史実性を認めようとする見解です。これは「軍事征服説」と呼ばれました[11]。エリコやアイの遺跡では、この時代に都市国家であったことを示す遺構などは発見されなかったのですが、そのほかの多くの遺跡にこの時代の破壊を示す地層が発見され、それがイスラエルによるカナン征服と結びつけられたのです。他方、士師記の記述を参考にして、イスラエルの民は、当初、人口のまばらな山地や丘陵地に住みはじめ、時間をかけて、徐々にカナンの地に浸透していった、と考える研究者もいました。こちらは「平和浸透説」と名づけられました[12]。ヨシュア記に伝わるカナン征服の記事は、歴史記述というより、物語伝承であると考えられたのです。

これに加えて、旧約聖書の記述からではなく、社会学的視座から、次のようなイスラエル起源説も唱えられました。カナンの都市国家は階層社会であったが、支配層による抑圧に苦しむ「貧農層」が都市支配から「引き揚げ」、同じ神信仰のもとに互いに平等な共同体を形成させた。それがイスラエルの最初の社会であった、と提唱されたのです。この説は「引き揚げ説」と呼ばれますが[13]、これをさらに展開させ、最初期のイスラエル社会は都市の貴族社会に対する貧農層の「反乱」によって成立した、と唱えた研究者もいました[14]。

三　イスラエルの起源

古代イスラエルの起源をめぐる、こうした議論に大きな一石を投じたのは、イスラエルの考古学者たちによる調査でした。彼らはパレスティナのほぼ全域にわたって、それまで見向きもされなかったような小さな遺跡の分布を踏査《とうさ》しました。その結果、紀元前一二世紀から一〇世紀にかけて、南のネゲブ地域から北の上ガリラヤにいたる山地や丘陵地帯に、人口にして数十名から数百名を擁するにすぎない小さな村落が急激に増加したことを明らかにしたのです。考古学で「鉄器時代第一期」と呼ばれる時代です[*15]。そして、この時期、山地や丘陵地帯に急激に増加する小さな村落こそは、最初期のイスラエルの民の居住地であった、と結論づけられました。それ以後、このような考古学上の事実を度外視して、古代イスラエルの起源やその社会の形成を論ずることはできなくなりました。

　このような考古学的事実は、一見すると、ヨシュア記よりも士師記のほうが史実に近かったことを示すかのように受けとめられがちです。しかし、問題はそう単純ではありません。たとえば、これらの小村落遺跡から発見される土器類などの物質文化は、それ以前の後期青銅器時代の遺物との明らかな連続性を示していました。つまり、小村落の居住者たちがパレスティナの外部から移住してきた新しい民族であったとは考えがたいということです。

　旧約聖書を残した人々がいつ、どのようにして「イスラエルの民」という自己認識を形成したのか、ということもあらためて問いなおされました。民族的自覚は、他民族の存在が意識されて、はじめて生まれるものです。多くの場合、国家の成立に伴って、政治的に民族意識が形成されてゆきます。加えて、小村落の居住者たちが自分たちをどのように理解していたのか、ということを実証的に確かめることはほとんど不可能です。イスラエルの民に言及する最古の資料は、紀元前一二〇八年ころに記されたファラオ、メル・エン・プタハ（在位・紀元前一二一三―一二〇三年）の戦勝碑文ですが、彼らはパレスティナの中央山地北側のごく限られた地域の居住民にすぎませんでした。研究者によっては、後にイスラエルを形成した人々という意味で、彼らをプロト・イスラエル人と呼んでいます。[*16]

イスラエルの民によるカナンの土地取得の物語と歴史に関する議論は、このように、研究者の間でも錯綜していますが、ヨシュア記と士師記のどちらが史実を反映させているか、といった問いは単純すぎることもわかってきました。もう一方で、これら二つの書の間に記述の矛盾がみられる理由は、それぞれの書のもつ物語としての特色から十分に理解できます。次に、そのことをみてゆきましょう。まずは、ヨシュア記からです。

四　嗣業の地

ヨシュア記は、前半部に、モーセの後継者ヨシュアの指揮のもとで、イスラエルの民が軍事的にカナンの諸都市を征服した逸話を収め、最後にそれらを次のような神の言葉にまとめています。

> あなたたちはヨルダン川を渡り、エリコに入ると、エリコの人々、アモリ人、ペリジ人、カナン人、ヘト人、ギルガシュ人、ヒビ人、エブス人があなたたちと戦ったが、わたしは彼らをあなたたちの手に渡した。（中略）わたしはあなた（たち）が労することのなかった地とあなたたちが建てなかった町々をあなたたちに与えたので、あなたたちはそこに住み、あなたたちが植えたのではない葡萄畑とオリーブ（の果実）をあなたたちは食べている。
>
> （ヨシュア記二四章11―13節）

イスラエルの民がカナンの地を征服したことも、その地を獲得したことも、すべて神ヤハウェの「み業《わざ》」であった、というのです。じじつ、カナンの諸都市を征服する物語には、神ヤハウェがカナンの民をヨシュアまたはイスラエルの民の「手に渡した」という表現が反復されます。エリコ攻略などは、前述したように、イスラエルの民がヨシュアをとおして告げられた神の命令に従って、六日間、町の周囲をめぐり、七日目に七度めぐって、最後に角笛を吹き鳴らし、いっせいに鬨の声をあげると、城壁が崩れ落ちた、と物語られています。一種の奇蹟物語です。エリコの遺跡からは、この時代の居住跡も城壁跡も発見されなかったことは、本章二項でふれたとおりです。

そもそもヨシュア記は、その冒頭（ヨシュア記一章3節）と先に引用した末尾（同二四章13節）で、イスラエルの民が獲得するカナンの地は、かつて神ヤハウェがイスラエルの民に与えると約束した地にほかならない、と繰り返します。要するに、カナンの地は神ヤハウェからイスラエルの民に授けられた土地であった、ということです。それゆえ、彼らが獲得した地は、士師記一章が示唆するような、カナン先住民の間の「飛び地」などではなく、カナンの全地であった、とヨシュア記は物語るのです。[*17] そして、すでに述べたように、その土地がナハラーすなわち「嗣業の地」と呼ばれ、[*18] くじをもって、イスラエルの部族ごと、氏族ごとに分け与えられた、というのです。

では、この嗣業の地とはどのような性格を有する土地だったのでしょうか。

五　嗣業の地とその崩壊

嗣業の地については、王国時代の歴史を記した列王記上二一章に興味深い逸話が残されています。北王国の王アハブ（在位・紀元前八七〇―八五〇年ころ）がイズレエル[*19]の離宮にいたときのこと、離宮の隣にナボトという男の所有する葡萄畑があり、王はナボトに、その葡萄畑を譲ってほしい、ともちかけました。すると、ナボトは「ヤハウェにかけて、先祖からの嗣業の地をお譲りすることはできません」と言って断るのです。断られてしょげかえった王をみた王妃イゼベルは、王の名で手紙を書き、王の印章で封印までして、イズレエルの町の指導者たちに届けます。手紙には、ナボトは神と王を呪ったふとどき者だから、裁判にかけて処刑せよ、と記されていました。イゼベルはフェニキアの王女でしたから、嗣業の地について知らなかったのかもしれません。こうして、ナボトは処刑され、アハブとイゼベルは所有者のいなくなった葡萄畑を手に入れました。この一部始終を知った預言者エリヤは、アハブとイゼベルに向かって、彼らが悲惨な死に方をすることを預言します。はたして、その後、アハブは、いったんは悔い改めますが、アラムとの戦いで撃たれ（列王記上二二章34―35節）、イゼベルはアハブ王家に対するクーデターのなかで悲惨な死を遂げ（同下九章33―35節）、エリヤの預言は成就した、と語られています。

この逸話は、嗣業の地について、二つのことを書きとめています。一つは、嗣業の地が所有者によって自由に処分できる不動産ではなかったこと、もう一つは、王の権力がそのような嗣業の地の制度を瓦解《がかい》させてしまうことです。紀元前八世紀後半の預言者イザヤとミカは、嗣業の地が権力や財力をもつ者たちに奪い取られてゆくさまを厳しく告発しています。ミカ書から引用してみましょう。

彼らは貪欲に畑を奪い、家々を取り上げる。
男とその家を、人とその嗣業の地を奪い取る。

（ミカ書二章2節）[20]

六　土地は神に属する

じつはモーセの律法にも、「先祖からの所有地」という表現で、嗣業の地に関する定めが伝わっています（レビ記二五章8―28節）。それによれば、土地は所有者が勝手に売買してはならないことが原則でした。事情により、どうしても売却せざるをえない場合には、それを買い戻す義務が伴いました。もし、売り手が買い戻せなければ、近い親戚がこれを買い戻す義務を負いました。それでも買い戻せない場合には、七年ごとの安息年を七回経た後の五〇年目を「ヨベルの年」として、国中に貸借関係の精算と土地の解放を宣言しました（同二五章10節）[21]。そして、この年、それまでに譲渡していた耕地はすべてもとの所有者に戻される、と定められました。

もっとも、古代イスラエルにおいて、五〇年ごとのヨベルの年の定めが実定法として、じっさいに施行されたのかどうかは、疑問の余地なしとはいえません。ヨベルの年が導入されたという記録は、旧約聖書の歴史書のどこにも残されていないからです。バビロニア捕囚帰還後の時代、貧富の格差が拡大するなかで、貸借関係を解消する一種の徳政令が発布された事例は、ネヘミヤ記五章1—13節にみられますが、ヨベルの年とは無関係でした。しかし、たといそうであったとしても、このような土地の「買い戻し」と「ヨベルの年」の定めが、古代イスラエルに特有の土地観念にもとづいていたことは間違いありません。土地は人間が生きるために必要な作物を実らせますが、その究極的な所有者は神である、という考え方がそれです。じじつ、耕地を売ってはならない理由として、人間が生きる基盤となる土地は神ヤハウェに属し、イスラエルの民は神のもとに生かされる寄留者だからである、と言明されました（レビ記二五章23節）。土地は究極的に神に属するがゆえに、そこに生きる寄留者も貧しい者たちもその地の産物を享受できる、と定める「落穂拾い」の規定もそこから生まれたのです[*22]。

ヨシュア記は、前半部で、出エジプト後の荒野の時代を経たイスラエルの民が、神の指示を受けたヨシュアのもとで、約束の地に足を踏み入れ、先住の民を撃破し、その地を獲得したことを物語ります。その主眼は、イスラエルの国土が自分たちの力で獲得した土地ではなく、神から授けられ、神に属する嗣業の地にほかならない、ということを歴史伝承として伝えるところにありました。

ところが、ナボトの葡萄畑の逸話やミカの預言にみられるように、王制に移行し、社会の階層化が進むなかで、この嗣業の地の制度は瓦解してゆきます。それでも嗣業の地という思想は「ヨベルの年」や「買い戻し」を定める律法として後世に伝えられました。わけても、バビロニア捕囚時代、捕囚民の間で活動した預言者エゼキエルは、再建されたエルサレム神殿を中心とする理想のイスラエル社会を構想するなかで、そこに嗣業の地の制度をしっかりと組み込みました。そのような時代になれば、イスラエルの諸部族にふたたび嗣業の地がくじで分け与えられ、イスラエルの民の間に住む寄留者たちも嗣業の地に与ることができる、と彼は書き記したのです（エゼキエル書四七章21―23節）。そして、君主は民から嗣業の地を取り上げてはならない、と書き添えました（同四六章16―18節）。

七　バアル崇拝

ヨシュア記とは異なり、士師記一章には、カナンの地を取得したはずのイスラエルの諸部族がカナンの先住民を追い出すことができなかったので、カナンの人々はイスラエルの民の間に住み続けた、と伝えています。では、ヨシュア記と矛盾するようにみえる、このような士師記の記述は、何に根差していたのでしょうか。

士師記は、イスラエル諸部族に嗣業の地が与えられたことを述べるヨシュア記と、王制に移行する経緯を物語るサムエル記との間におかれています。王国以前の部族連合社会に士師[*23]と呼ばれる指導者たちが登場し、イスラエルを治めた時代を物語るのです。士師たちのなかには、出身部族、治めた年数、主な出来事などを短くまとめた記述が残されるだけの人物（「小士師」）もいますが、もう一方で、その活躍ぶりが物語として詳しく伝えられる人物（「大士師」）も登場します。物語として伝えられる「大士師」たちは、すべて、対外戦争においてイスラエルを勝利に導いた英雄たちでした。彼らは周辺諸民族による支配や抑圧からイスラエルを救うために立ち上がり、解放したのです。では、イスラエルの民が周辺諸民族に攻撃され、支配されたのは、なぜでしょうか。ヨシュアの死後、イスラエルの民は彼らの神ヤハウェに背き、バアル神とその配偶女神[*24]を崇拝しはじめました。「ヤハウェの目に悪とされることを行った」のです（士師記二章11節、三章7節ほか）。ヤハウェはこの背きの民に怒りを燃やし、彼らを周囲の敵の手に引き渡します。しかし、民が苦境のなかからヤハウェに救いを求めると、ヤハウェは一人の士師を送り、彼らを敵の手から解放しました。ところが、士師が死ぬと、民はふたたびバアル崇拝に傾斜してゆきます。そこで、ふたたび同じことが繰り返されることになります。

士師たちが登場する時代は、このように、イスラエルの民が繰り返し、彼らの神ヤハウェを棄てて、バアル崇拝に堕してゆく時代でもありました。バアルは雷を鳴らし、雨を降らせ、豊穣を約束する神として、カナンに先住する民の間でひろく崇拝されていました。定住農耕に移行したイスラエルの民は、このカナンの豊穣神に魅せられたのです。カナンの人々がイスラエルの民の間に住み続けた、と士師記のはじめに記される理由がここにあります。士師たちの時代、イスラエルの民が幾度となくバアル崇拝に陥るのは、彼らがカナンの諸民族と隣り合わせに住んでいたからでした。士師記はそのことを神ヤハウェの言葉にして次のように述べています。

> わたしもまた、もはや、彼ら（＝イスラエルの民）の前から、死んだヨシュアが見棄てたままにした（カナンの）諸民族の一人も追い払わない。イスラエル（の民）がヤハウェの道を

守り、父祖たちが守ったように、それ（＝ヤハウェの道）を歩むかどうか、彼らによって試みるためである。（士師記二章21—22節）

しかし、イスラエルの民は、神ヤハウェによるこの「試み」に耐えることができませんでした。カナンの神バアル崇拝は、士師時代以後も、イスラエルの王国が滅亡するまで、イスラエルの民にとって、最大の誘惑となりました。王国時代の歴史を綴る列王記は幾度となく王と民のバアル崇拝に言及し、預言者たちはこれを厳しく糾弾することになります。

八　士師たちの物語

ここで、士師たちの物語にふれておきましょう。士師記には一二人の士師が登場しますが、そのうちの五人（「大士師」）については、興味深い物語が伝えられています。イスラエルの民を敵の手から救う物語です。

最初に登場するのは「左利きのエフド」です。彼はイスラエルを支配するモアブ[*25]の王エグロンを密かに殺害し、イスラエルを解放しました（士師記三章12—30節）。次は女性の士師デボラ（同四章）です。彼女は将軍バラクを擁立して、北の大都市国家ハツォルとの戦闘に挑み、イスラエルに勝利をもたらしました。勝利の後、戦闘の模様を叙事詩風に詠った「デボラの歌」（同五章）は、旧約聖書中、最古の詩文の一つといわれます。

ギデオンの物語がこれに続きます（士師記六章1節―八章21節）。神ヤハウェの召命を受けたギデオンが、収穫期になると決まって、イスラエルの地を掠奪《りゃくだつ》する遊牧民ミドヤン人を、みごとな奇襲戦術を用いて撃破する物語です。諸部族から召集した兵士のなかから、彼は三〇〇人を選び出します。そして、夜陰に乗じてミドヤンの陣営を混乱させ、敗走する敵をなお追跡してミドヤンの二人の王を討ち果たすのです。

この物語にはいくつかの後日譚が付されました。その一つは、イスラエルの人々がギデオンに、王朝を樹立してほしい、と申し入れた際、彼は「わたしはあなたたちを支配しない、わが息子もあなたたちを支配しない、ヤハウェがあなたたちを支配される」と言って、その要求を退けた、という短い記述です（士師記八章22―23節）。もう一つは、イスラエルの人々にミドヤン人から奪った戦利品を供出させたギデオンが、エフォド[*26]を作って、それを自分の町オフラ[*27]に安置したため、一族が偶像崇拝に陥ってしまったという、士師の失敗談です（同八章24―27節）。最後に、エルバアル（ギデオンの別名）の息子の一人アビメレクがシケムの人々の支持を得て王となったものの、三年後、一人の女性が投げた碾臼《ひきうす》の上石《うわいし》に当たって死んだ、というシケムの町にまつわる逸話が加わります（同九章）。

続くエフタの物語は一種の悲劇を思わせます（士師記一一章）。彼は遊女の子であったために父の家から追放されてしまいますが、周りにならず者を集めて力をつけました。そこで、人々はエフタにアンモン人との戦いの指揮を取らせるのです。出陣を前にした彼は神ヤハウェに次のような誓願を立てました。勝利を得させてくださるなら、自分を最初に迎えてくれる者を全焼の供犠

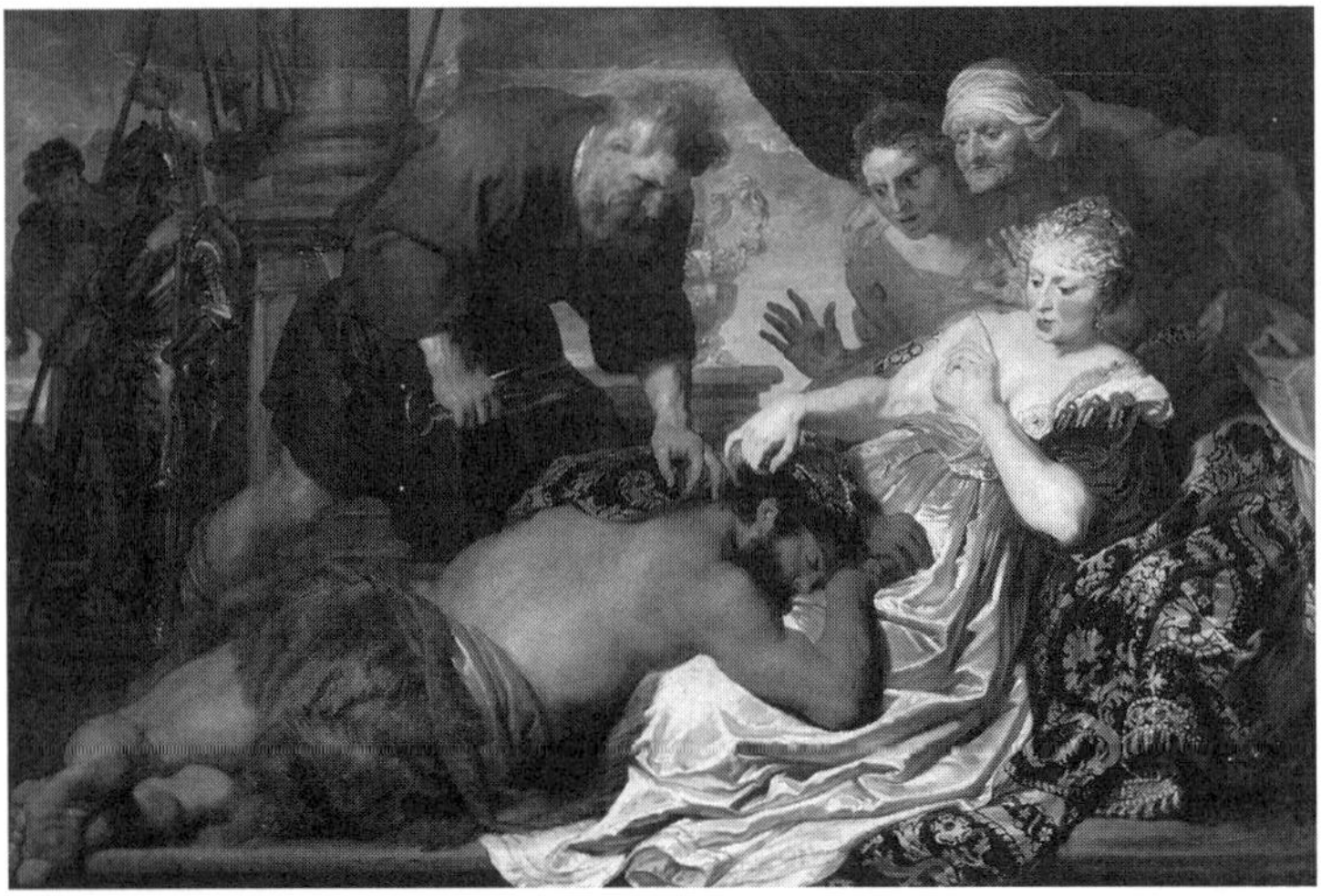

ファン・ダイク「サムソンとデリラ」

として献げます、と。はたして、アンモン人を撃破し、これを屈服させたエフタが凱旋《がいせん》すると、彼を最初に迎えたのは、なんと愛する一人娘でした。父の誓願を知った娘は、二か月の時を女友達とともに野に遊んだ後に、けなげにも、いさぎよく祭壇に献げられたのです。それは、毎年ごとに四日間、イスラエルの娘たちが野に出て、エフタの娘の死を悼む習慣になった、といいます[*28]。

　士師記が物語る最後の士師は怪力無双のサムソンです（士師記一三―一六章）。物語はサムソンの誕生からはじまります。み使いが子供を授からない夫婦にあらわれ、男児誕生を予告すると同時に、その子をナジル人として神に献げよ、と命じます。ナジル人とは、この場合、戦士として献身する、というほどの意味でした。イスラエルの民は、この時代、四〇年間もペリシテ人に支配されていましたが、成長したサムソンは力にまかせてペリシテ人を打ち殺す一方で、ペリシテの女性に惹かれます。その一人がデリラでした。彼女はサムソンから、力の秘密が剃刀を当てたことのない髪にあることを聞き出し、サムソンが寝ている間にこれを剃らせてしまいます。力の抜けたサムソンはペリシテ人に捕らえられ、目をくり抜かれ、ガザの牢で粉挽きをさせられます。しばらくして、ペリシテ人はサムソンを牢から出し、大会堂の中央に立たせて、笑い者にしますが、髪が伸びはじめていた彼は、中央の二本の柱を押し倒して、大会堂を崩壊させました。彼とともに命を落としたペリシテ人の数は、生前、彼が撃ち滅ぼした人の数より多かったといいます[*29]。

　これらの士師たちは、周辺民族による攻撃や支配からイスラエルの民を救う、一種の英雄です。しかし、その一方で、人間的な弱さを抱え、失敗を犯し、悲しみを味わわされる生身の人間でもありました。

九　士師から王制へ

　士師による統治は、すべて、一世代で終わっています。一人の士師から別の士師へと統治権が引き継がれることはありませんし、出身部族もさまざまでした。その点で、統治権を王家が継承する王制とは対照的です。彼らの統治の正当性は血統によるのではなかったのです。むしろ、先にみたギデオンの後日譚における発言「わたしはあなたたちを支配しない、……ヤハウェがあなたたちを支配される」などは、王朝樹立に批判的なまなざしを向けているようにみえます。士師たちはまた、律法にもとづいて統治したのでもありませんでした。彼らの統治の正当性は、唯一、彼らが神に立てられたということにありました。それを示すのが、「……にヤハウェの霊が臨んだ」という記述であり（士師記三章10節、六章34節ほか）、ギデオンやサムソンにみられる神による召命物語です。

士師たちによるこのような統治形態に着目し、ここから「カリスマ的支配」という概念を導き出したのは、ドイツの社会学者M・ウェーバー（一八六四—一九二〇）でした。[*30] 彼はそれを「伝統的支配」および「合法的支配」と並ぶ、人間社会に生ずる支配の一類型とみています。士師たちによる統治は、血統や法などとは無関係に、常人をこえた特別な能力が備わっていると信じられた人に、人々が統治権限を認めるような支配の形態の典型を示す、とウェーバーはみたのです。カリスマとは、神から与えられる「賜物」を意味するギリシア語で、新約聖書に由来します（テモテへの手紙（一）四章14節ほか）。

このような統治形態は、しかし、恒常的な制度ではありませんので、政治的には不安定であることを免れません。じじつ、士師不在の時期にイスラエルの民は繰り返し「ヤハウェの目に悪と映ること」を行っていた、と士師記は伝えます。そして最後に、イスラエル一二部族の一つであったベニヤミン族が犯した、ソドムとゴモラのそれにも似た醜行《しゅうこう》に端を発する部族連合社会の混乱が描き出されます（士師記一九—二一章）。そこには、「その時代には王がいなかった」あるいは「その時代には、イスラエルに王がいなかったので、それぞれ自分の目に正しいと映ることを行っていた」と繰り返されます（同一七章6節、一八章1節、二一章25節ほか）。その意味するところは、士師たちの時代は、王が存在しなかったので、社会の統制がとれていなかった、ということにほかなりません。それによって、イスラエル社会が王制に移行することの必然性を示唆し、王制への移行を具体的に物語るサムエル記につなげます[*31]。

一〇　歴史記述と歴史観（その一）

歴史書であれ、歴史物語であれ、過去の歴史を綴るとき、必ず、歴史を見つめる一定の視座がその背後に横たわっています。これを思想として表現すれば、「歴史観」とみなされます。今日の歴史の教科書などは、あたかも歴史を客観的に叙述しているかの印象を与え、歴史への視座を覆い隠していますが、過去に起こったさまざまな事象のなかから、特定の出来事を選び出すこと自体に、すでに、一定の歴史観がはたらいているのです。

　そうした観点から、あらためて、古代イスラエルの初期の歴史を綴ったヨシュア記や士師記を読むと、しばしば、歴史を見つめる視座が明言されていることに、気づかされます。ヨシュア記には、そのはじめに、ヨシュアに命じる神ヤハウェの次のような言葉が記されています。モーセをとおして与えられた律法を守るならば、ヨシュアの事業は必ずや成功し、イスラエルの民はさいわいをうる、というのです。

　ただ、大いに強く、雄々しくあって、わが僕モーセがあなたに命じた律法のすべてを守りなさい。それから右にも左にもそれてはならない。あなたは、行く先々、どこにおいても、成功するであろう。

（ヨシュア記一章7節）

ヨシュア記の最後にも、最晩年のヨシュアが同じく「右にも左にもそれることなく」モーセの教えを守るように、と民に勧告しています。この場合、律法を守るとは、イスラエルの神ヤハウェを愛して、これに仕え、ほかの神々の崇拝に走らないことでした。逆に、もし、この民が律法を守らず、異教の民の風習になれ親しむようになるならば、ヤハウェの怒りが燃えあがり、彼らは与えられたよい土地からすみやかに滅び去る、とヨシュアは民に警告しました（同二三章6―16節）。

律法を守れば、神の祝福にあずかり、律法に背けば、神から呪いがくだされる――これは律法を介した因果応報思想です。因果応報は、一般的に、人生の幸・不幸と結びつけて語られます（因果応報批判については、本書第一二章であらためて述べます）。ところが、ヨシュア記や士師記においては、それが民族の歴史にあてはめられるのです。イスラエルの民の歴史は、モーセをとおして授けられた律法を守るかどうかにかかっている――そうした視座からこの民の歴史が回顧されています。律法遵守に関しては、なによりも異教崇拝の禁止に焦点が当てられます。士師記によれば、イスラエルの民が周囲の国々の手に渡されたのは、神ヤハウェを棄てて、カナンのバアル崇拝に走ったからでした。しかし、苦境のなかから助けを呼び求める民に、ヤハウェは助け主としての士師を遣わした、というのです。

歴史をみるこうした視座は、最後は王国の滅亡にいたるまでのイスラエルの歴史記述に貫かれてゆきます。それは、しかも、「第二の律法」である申命記に「祝福と呪い」として語られ（申命記二八章）、さらに「モアブの契約[*32]」で再確認されたものでした（同二九―三〇章）。そこで、こうした視座からまとめられた民の歴史は「申命記的歴史記述」と呼びならわされます。ヨシュア記から列王記下にいたる歴史記述です。そこには、因果応報とは異なる視座も見てとれますが、もっとも基本的な歴史観が律法を介した因果応報思想であったことは、間違いありません。

注

＊1　ドイツの元大統領R・フォン・ヴァイツゼッカー『荒野の四十年』（岩波ブックレット、二〇〇九年）は、ドイツの戦後四〇年を「荒野の四十年」になぞらえる。

＊2　ヘブライ語イェホーシュア。そのギリシア語表記がイエースース。イエスの原音。

＊3　「証しの箱」「ヤハウェの箱」とも呼ばれ、後にエルサレム神殿の至聖所に安置される（列王記上八章6節）。ただし、その後、この聖櫃がどうなったかは、伝えられていない。

＊4　ラハブはモアブの女性ルツ（本書第12章八節参照）とともに、後代、イエスの系図に名を連ねる（マタイ福音書一章5節）。

＊5　エルサレムの北西九キロメートル付近に位置する古代都市。

＊6　ダビデによる征服と主都化（サムエル記下五章6―10節）以前のエルサレム。

＊7　ガリラヤ湖の北方約一五キロメートル付近に位置する古代の大都市国家。

＊8　パレスティナ南部の地中海岸平野部。紀元前一二世紀前半にペリシテ人がここに定住し、五都市を中心にしたペリシテ連合体を構成する。パレスティナの語源はギリシア語フィリスティア「ペリシテの地」。

＊9　パレスティナ中央部に位置する古代都市。

＊10　カナンの一先住民の呼称。

＊11　この説を唱えた代表的な研究者にアメリカの聖書考古学者でオリエント学者であったW・F・オルブライト（一八九一―一九七一）。

＊12　代表的研究者にドイツの旧約聖書学者A・アルト（一八八三―一九五六）。

＊13　アメリカの旧約聖書学者G・E・メンデンホール（一九一六―二〇一六）の説。

＊14　アメリカの旧約聖書学者N・K・ゴットワルド（一九二六―二〇二二）。

＊15　I. Finkelstein, *The Archaeology of the Israelite Settlement*, Jerusalem, 1988.

＊16　G. Dever, *Who Were the Early Israelites and Where Did They Come from?* Eerdmans, 2003.

＊17　ただし、ヨシュア記にも、エルサレムにはエブス人が住み続け（ヨシュア記一五章63節）、ゲゼルに住むカナン人には苦役が課せられ（同一六章10節）、ヨセフの一族は「鉄の戦車」を有するカナン人は追放できていない（同一七章18節）、と記される。

＊18　新改訳２０１７、協会共同訳などの邦訳聖書は「相続地」と訳す。

＊19　下ガリラヤのイズレエル平原の南端に位置する古代の町。

＊20　同時代の預言者イザヤもイザヤ書五章８節でも同じ事態を糾弾する。

＊21　レビ記二五章10節はアメリカ独立宣言（一七七六年七月四日）に合わせて鳴らされた「自由の鐘」に英語で次のように刻まれた。〈PROCLAIM LIBERTY THROUGHOUT THE LAND UNTO ALL THE INHABITANS THEREOF LEV. XXV X.〉

＊22　このような規定が牧羊民の土地所有観に由来することは、本書第3章五項を参照。

＊23　漢訳聖書に由来する士師は文語訳聖書では「さばきづかさ」とルビが付されていた。ヘブライ語でショフェート。狭義には「裁く人」、広義には「治める人」。英訳ではJudge.

＊24　バアルは「主人、所有者」の意。降雨を保証するカナンの豊穣神。配偶女神はアシュトレトないしアシェラ。士師記二章13節、三章7節ほか。

＊25　死海東岸の高原を中心とした国。

＊26　ここでは一種の神像を意味する。

＊27　マナセ部族領の町。正確な位置は不明。

＊28　ナチス時代にフランス、ソビエト連邦を経てアメリカに亡命したユダヤ系作家Ｌ・フォイヒトヴァンガーはこの物語を題材とする最後の作品『エフタとその娘』を残した。

＊29　十九世紀の英国詩人Ｊ・ミルトンの三大叙事詩の最後が『闘技士サムソン』。そこでは、捕えられ、目をくり抜かれたサムソンをデリラが訪ねる場面が描かれ、印象的である。

＊30　Ｍ・ウェーバー（濱嶋朗訳）『支配の諸類型』（講談社学術文庫）。

＊31　ヘブライ語聖書では士師記にサムエル記上が続く。本書10―11ページの旧約聖書三九書の配列を参照。

＊32　本書第7章八項参照。

第9章
ダビデとその後
翻弄される王国

神による天地創造物語にはじまる旧約聖書の最初の九書は、人類太古の出来事、三代にわたるイスラエルの父祖時代、出エジプトと荒野の四〇年、カナン征服と士師の時代を経て、ダビデ王朝成立の経緯から王国時代とその終焉までを物語ります。これらの物語は、全体として、時間の流れに沿って語られています[*1]。しかしその最後は、バビロニア捕囚期の一齣《こま》をもって、いささか唐突に閉じられます（列王記下二五章27―30節）。

バビロニア捕囚期といえば、イスラエルの民が祖国を失い、民族存亡の危機に陥った時期でした。じつは、この時期に、旧約聖書の創世記から列王記までの九書は最終的にまとめあげられたのです。これをまとめた人たちは、祖国を失うなかで、この民のさまざまな記録や伝承を集め、民の歴史を振り返りました。過去を見つめることをとおして、将来の可能性を見きわめようとしたのです。その点には、本章一〇項であらためてふれることにし、まずはダビデ王朝成立の物語を追ってみることにしましょう。

一　サムエルとサウル

ダビデ王朝成立にいたる物語は、王国成立前の最後の指導者となるサムエルの誕生と少年時代からはじまります。成長したサムエルは士師として、また預言者としてイスラエルを治めますが、彼が果したもっとも重要なはたらきは新しい王を選出し、士師が治める部族連合体から王制へと、初期イスラエル社会を移行させたことでした。

王制移行は、王を擁立してほしい、というイスラエルの長老たちの申し入れが発端でした（サムエル記上八章5節）。サムエルが自分の後継者に据えようとした息子たちは、平然と不正を行い、賄賂《わいろ》を求めるような人物になっていたからです。

申し入れを受けたサムエルが神にうかがいを立てると、微妙な答えが返ってきました。民の要求を聞き届けよ、と命じる一方で、この民はサムエルではなく、神ヤハウェがイスラエルの王であることを拒もうとしているのだ、と（サムエル記上八章7節）。そして、王を擁立すれば、民の息子たちは兵役や賦役《ぶえき》を課せられ、娘たちも王のための仕事に駆り出され、畑は没収され、収穫や家畜には十分の一税がかけられ、民は王の奴隷とされてしまうだろう、というのです（同八章11—18節）。しかし、そのことを告げられたイスラエルの民はきっぱりと答えます。「いいえ、われらを治める王が必要です。われらもまたすべての国民のようになって、王がわれらを裁き、われらの先頭にたって出陣し、われらの戦いを戦うのです」（同八章19—20節）。

ここには、王制に関する異なる二つの立場が書きとめられています。一つは、王は民を搾取し、抑圧しかねないとみる、王制に批判的な立場です。その背後には、神ヤハウェこそがイスラエルの真の王である、という思想がありました。もう一つは、民の発言にみられるように、王制を敷くことにより、国内の秩序が保たれ、なによりも対外戦争を効率的に遂行しうる、という王制肯定の立場です。イスラエル社会は王制に移行したので、事実上、王制は肯定されたのです。しかし、それと同時に、王制を否定する立場も連綿と引き継がれてゆきました[*2]。

サムエルは、神の指示を受け、民の要求を受け入れました。そして、彼が最初の王として選んだ人物がサウルという若者でした。サムエルはサウルの頭に油を注ぎ、ギルガル（本書第八章一項参照）で彼をイスラエルの王として即位させました（サムエル記上一一章14―15節）。油を注ぐことは、古代イスラエルにおいて、王として選ばれたことを公にする即位の儀式とみられていました。ダビデも、後に、油を注がれます（同一六章13節、サムエル記下五章3節）。

このようにして、イスラエルは部族連合体から王国へと移行しました。民が王に求めた役割はなによりも対外戦争における統率でした。その点で、イスラエル初代の王サウルのはたらきはみごとでした。サムエル記はそのことを次のようにまとめています。

> サウルはイスラエルを治める王権を掌握し、周囲のあらゆる敵、モアブ、アンモンの子ら、エドム、ツォバの王たち、ペリシテ人[*4]と戦った。そして、向かうところどこでも彼は勝利を収めた[*3]。彼は力をふるい、アマレクを撃ち、イスラエルを掠奪者の手から救った。
>
> （サムエル記上一四章47―48節）

ところが、アマレクに勝利を収めた際、サウルはサムエルから、すべてを滅ぼし尽くせ、[*5]と命じられていたにもかかわらず、アマレクの王アガグとその家畜を滅ぼしませんでした。そのことをサムエルに追及されたサウルは、罪の赦しを請いますが、赦されることはなかったのです。サムエルは、神ヤハウェがあなたを王位から退けられた、とサウルに告げます。ヤハウェも「サウルをイスラエルの王としたことを後悔した」と記されています（サムエル記上一五章26、35節）。物語にダビデが登場するのは、その直後です。

二　サウル、ダビデ、ヨナタン

サムエルは神の指示を受け、サウルに代わる次の王として、ベツレヘムの町のエッサイの息子たちのなかから末子ダビデを選びました。ダビデは、当初、サウルに仕える身となりますが、その経緯は二重に物語られています。

一つには、ヤハウェのもとからくだされる悪霊に苦しめられるサウルのために、竪琴の名手としてダビデが王宮に呼び出されます。ダビデがサウルの前で竪琴を奏でると、サウルの気持ちが和み、彼は悪霊から解放されたといいます。[*6]こうして、ダビデはサウルに信頼される臣下となります（サムエル記上一六章14―23節）。

もう一つのエピソードはより劇的です。サウルが率いるイスラエル軍がエラの谷[*7]でペリシテ軍と対峙したときのこと、背丈三メートルをこえるペリシテの大男に一騎打ちを迫られ、イスラエルの陣中は静まりかえっていました。おりしも、少年ダビデが父の言いつけで、兵士として戦う兄たちの陣中見舞いに出かけてきました。事情を聞かされたダビデは、自分がゴリアトと名乗る大男を打ち負かしてみせよう、と豪語します。そして、丸腰でゴリアトに立ち向かい、石投げの革紐を使って小石を放ちます[*8]。石はゴリアトの眉間に命中し、大男はその場に倒れ伏した、というのです（同一七章）。その後、ダビデはサウルに仕えるようになり、サウルは彼を軍事指揮官に任命しました（同一八章5節）。

　サウルのもとで軍を指揮するダビデは次々と勝利を収めます。しかし、それが仇となりました。ダビデには「ヤハウェに油を注がれた方（＝王サウル）」に対抗する意志などは毫《ごう》もなかったのですが、凱旋するダビデを迎える女たちは「サウルは千を討ち、ダビデは万を討つ」（サムエル記上一八章7節）と歌うようになりました。これを聞いたサウルの心中は穏やかではありません。「翌日、神からの悪霊がサウルに激しくくだり、彼は宮殿のなかで狂乱状態に陥った」と記されています（同一八章10節）。サウルはダビデに向かって燃え上がる嫉妬心を抑えることができなかったのです。それ以後、サウルはダビデを亡き者にすべく、さまざまに画策を弄することになります。

　サウルには三人の息子と二人の娘がおり、長子はヨナタンといいました。彼はサウルのもとで活躍するダビデとは潜在的な競合関係にありました。ところが、両者の間に深い友情が芽生えます。物語はそれを「ヨナタンの魂はダビデの魂に結びつき、ヨナタンは彼を自分の魂（＝自分自身）のように愛した」と表現しています（サムエル記上一八章1節）。二人は神の前で契約を結んだ、とも繰り返されます。[9]

ダビデと深い友情で結ばれたヨナタンは、その後、ダビデのため、父サウルにとりなしを試みます（サムエル記上一九章1―6節）。父によるダビデ殺害の画策をダビデに洩らし、ダビデをひそかに逃れさせます（同二〇章）。さらに、荒野を転々と逃避行するダビデを訪ね、激励しています（同二三章16―17節）。

そのヨナタンは、しかし、ペリシテ軍との戦闘のさなか、父サウルとともにギルボア[10]の山中で討たれてしまいました。サウルとヨナタンの訃報に接したダビデは、二人の死を深く悼み、「弓の歌」と題する挽歌を詠じたと伝えられます。「麗しき者は、イスラエルよ、お前の高きところで刺し貫かれた、ああ、勇士らは斃《たお》れた」とはじまる挽歌は、次のように締めくくられています。

ああ、勇士らは戦いのさなかに斃れ、
ヨナタンはお前の高き所で殺された。
わが兄弟ヨナタンよ、わたしはあなたを悼む。
あなたはわたしを大いに歓ばせてくれた。
あなたの愛はわたしにとって、
女の愛にまさって、素晴らしかった。
ああ、勇士らは斃れた、
戦いの器は失われた。

（サムエル記下一章25―27節）

ダビデとヨナタンの友情は、しかし、ヨナタンの死をもって終わりませんでした。後に王位に就いたダビデは、ヨナタンが残した足の不自由な息子メフィボシェトを探し出させ、これに礼を尽くし、王の食卓に連ならせて、ヨナタンの友情に報いた、と伝えられています（サムエル記下九章）。

　サムエル記に埋め込まれたこのようなダビデとヨナタンの物語は、嫉妬と愛憎が絡まるサムエル記の人間模様のなかで、一服の清涼剤のような役割を果たしています。それと同時に、人類の文学史のなかで友情を主題にした最古の作品の一つになりました。ほかには、メソポタミアで粘土書版に刻まれた『ギルガメシュ叙事詩』とホメーロスの二大叙事詩の一つ『イーリアス』があげられます。横道にそれますが、次に、それらを手短に紹介しておきましょう。

三　古代の友情物語

　ギルガメシュは古代シュメルの都市国家ウルクの王でした。彼の暴君ぶりに閉口したウルク市民が天空神アヌに訴えると、アヌは女神アルルに荒野で野人エンキドゥを創造させました。エンキドゥは娼婦に誘われてウルクの町にやって来ます。そして、ギルガメシュと格闘を演じるのですが、雌雄《しゆう》の決着がつかぬまま消耗してゆく両者は、互いを認め合い、友情で結ばれます。友情で結ばれた二人は、「香柏《こうはく》の森*11」に遠征して、怪物フンババを退治し、女神イシュタルを嘲ったギルガメシュに罰としてくだされた巨大な「天牛」を、力をあわせて仕留めてしまいました。このような二人の行動を危惧した神々は、エンキドゥに死の決定をくだします。それとは知らない地上では、エンキドゥが死にいたる病に臥《ふ》し、ギルガメシュに次のように言い残して、地上の生を閉じてしまうのです。

私を死後も思い起こしてくれ、忘れないでくれ、
私があなたとともに歩み続けた、ということを。

最愛の友の死を目のあたりにしたギルガメシュは、「わが友エンキドゥのために泣く、泣き女のように、いたく泣き叫ぶ」とはじまる痛ましい嘆きの声をあげます。それは痛ましい哀悼の歌でした。

私がつよく愛したわが友、
かれはあらゆる労苦を私とともにした。
その彼が人間の運命に赴いてしまった。*12

愛する友の死はギルガメシュに、それまで抱いていた、死をものともしない英雄的人生観を放棄させました。彼は永生希求《えいせいききゅう》の旅に出ます。その旅の途次《とじ》、幾度となく、「わたしがつよく愛したエンキドゥ」と叫んで、彼は死んだ友を想起しています。叙事詩はこのように、友の死を契機

に旅に出るギルガメシュを描き、いつかは死ぬ人間存在に深く関わる友情の意義を問い返しているかのようです。

『イーリアス』は、一〇年も続いたトロイア戦争の最後の五〇日ほどを描いたホメーロスの叙事詩です。戦闘が一〇年にもおよんだ理由の一つは、当代随一の戦士アキレウスが自軍の総大将アガメムノンの行動に憤慨し、戦線を離脱してしまったからでした。彼は無二の親友パトロクロスに戦線復帰を促されても、腰を上げようとはしません。そこでパトロクロスはアキレウスの武具を身に着け、前線に躍り出て、華々しい戦果をあげます。しかし、最後に、敵の総大将ヘクトルに討ち取られてしまいました。その訃報に接したアキレウスは友の死を深く悼み、友を護れなかった自分を深く悔やみます。

> すぐにも死んでしまいたい、友が討たれるのを救ってもやれぬのが、私の回《めぐ》り合《あわ》せだったのですから。彼は故国を遥か異国に果てました、難を防いでやらねばならぬ私がいなかったばかりに。[*13]

こうしてアキレウスは、愛する友の死を悼むとともに、友の弔い合戦を行うべく、前線に復帰し、ヘクトルを討ち果たします。そして、部下の兵士たちとともに、パトロクロスの遺骸を前にして「心ゆくばかりの悲しみの声をあげて」死んだ友を追悼するのです。[*14] そのとき、パトロクロスの亡霊がアキレウスの前に現れました。亡霊は、自分の骨を故国に持ち帰り、いずれ死ぬ君の骨と同じ一つの黄金の壺に納めてほしい、と懇願します。それはもとより承知のこと、と応じるアキレウスは、懐かしさのあまり、手を伸べて友を抱こうとしますが、亡霊は「なにやら弱々しくつぶやきながら」冥界に立ち去った、と記されています。その後、アキレウスはパトロクロスを慰霊するために、兵士たちの間で、葬送競技会を催しました。[*15]

これら西方世界の友情物語よりも時期は遅れますが、中国でも、歴史に翻弄されるさまざまな人間模様を描き出した司馬遷《しばせん》が友情に思いを馳せました。彼は『史記（列伝）』に次のような言葉を書き残しています。

一死一生　乃知交情　一人が死に一人が生きのこっているときにこそ、友情がどんなものであったかが知られる。

一貧一富　乃知交態　一人が富み、一人が貧しいときにこそ、交わりの態度がどうであるかが知られる。

一貴一賤　交情乃見　一人が地位高く、一人が身分の賤しいときにこそ、本当の友情であるかどうかが明らかになる。[*16]

司馬遷が綴ったのは、主に、友の裏切りや友情の破綻の物語ですが、『史記（列伝）』のはじめに、鮑叔《ほうしゅく》が示してくれた厚い友情を、感謝をもって振り返る管仲の言葉を記すことも忘れませんでした。[*17]

四　ダビデの即位とエルサレム占領

サウルとヨナタンの死後、衰退するサウル王家に代わって、ダビデが勢力を増してゆきます。イスラエルの全部族はヘブロン[*18]のダビデのもとに集まりました。そこでダビデは神ヤハウェの前で民の長老たちと契約を結び、長老たちはダビデに油を注いで、イスラエルの王としました（サムエル記下五章1—5節）。

ダビデが民を代表する長老たちと結んだ契約の内容は伝えられていません。しかし、長老たちが彼を王としたというのですから、王の権限をなんらかに制限する内容であったでしょう。申命記一七章[*19]14—20節に王に関する定めが記されています。そこには、王は同胞の一人でなければならず、馬を増やすこと、妻を多くめとること、金銀を大量に蓄えることは禁止され、律法を守り行い、同胞を見下してはならない、と定められています。この定めはダビデが民と結んだ契約の内容を彷彿とさせましょう。

王と民の契約という観念は、古代イスラエルにおいて、ひろく共有されていたようです。後に、七歳の王子ヨアシュが即位したとき、祭司ヨヤダが神と王と民の間の、また王と民の間の契約を仲介しています（列王記下一一章17節）。それは「ヤハウェの民」となる契約でしたから、異教崇拝を禁ずる内容であったはずです。ヨシヤ王（ヨシュアとは別人）の場合には、神殿内で発見された律法の書にもとづき、王自らが神ヤハウェと契約を結び、民がそれに加わっています（同二

ヒゼキヤ王が造ったエルサレムの地下水道に刻まれたヘブライ語の碑文

三章3節）。この契約には、申命記に記されているように、「心を尽くし、魂を尽くして、ヤハウェに従って歩み、その命令と定めと掟を守る」という誓約が伴っていました。

全イスラエルの王としてダビデが最初に行ったことは、イェブス人[*20]の町エルサレムを征服して、これを王都にすることでした。エルサレムは三方を谷に囲まれた自然の要害であり、容易に陥落できる町ではありません。しかし、ダビデは、いまなお残る地下水道から精鋭部隊を町に送り込み、これを征服したと伝えられます（サムエル記下五章7―8節）。

ダビデがエルサレムを王都にした理由は二つ考えられます。一つは、いま述べたようにこの町が中央山地に位置し、難攻不落の自然の要害であったことです。もう一つは、ここがイスラエル一二部族のいずれにも属さない地であったことです。彼はユダ部族出身でしたが、全部族に等距離を保とうとしてエルサレムを選び、そこがイスラエルの聖なる都であることを示すために、キルヤト・エアリムに安置されていた「ヤハウェの箱」[*21]をエルサレムに搬入させました（サムエル記下六章）。これらは、ダビデが戦術にも、政治判断にもすぐれていたことを示しています。

ダビデが占領したエルサレムの町は、城壁に囲まれた今日のエルサレム旧市街ではありません。それに続く南東斜面の部分にあたります。東の直下、キデロンの谷には、今でも豊富な水が湧き出るギホンの泉があります。当時、その水を城壁内から汲み上げられるように、地下の岩盤をくり抜いた水道が設けられていました。ダビデはこの地下水道の存在を知り、そこから兵士たちを町に忍び込ませたのです。その三〇〇年ほど後、ヒゼキヤ王がこの地下水道を新しく造り直させて、エルサレムの南西端のシロアハ（後のシロアム）の池にまで水をとおしました（列王記下二〇章20節）。そのときに刻まれたヘブライ語碑文（「シロアム碑文」）が地下水道内から発見されています（右ページ参照）。この「ダビデの町」は、現在、パレスティナ人の住むシルワン村の一部になっています。

五　ダビデ契約

エルサレムに主都を移したダビデに、側近の預言者ナタンをとおして、神ヤハウェの約束が与えられました。ダビデ王朝永続の約束です（サムエル記下七章8―17節）。

> あなたの生涯が満ち、あなたの先祖たちとともに眠りにつくとき、あなたの腰から出るあなたの後の子孫を立て、その王国を堅固にする。（中略）あなたの家とあなたの王国はわが前に永遠に立ち続け、あなたの玉座は永遠に堅固であろう。（同七章12、16節）

王朝永続にとどまりません。「わたしは彼（＝ダビデの子孫）の父となり、彼はわたしの息子となる」という神の言葉もそこにみられます（同七章14節）。王座に就くダビデの子孫は「神の子」とみなされるということです。王の即位式で詠われたとみられる詩篇にも、神の言葉として「あなたはわが子、今日、わたしはあなたを生んだ」と記されています（詩篇二篇7節）。

　これら王朝永続の約束と「神の子」の宣言は、古代イスラエル版「王権神授説」といってよいでしょう。自らを神に選ばれた存在とし、その支配を宗教的に正当化することは、古代世界において、権力を手中に収めた者の常套手段でした。「ダビデ契約」と呼ばれるこの約束[*22]も、そうした側面が濃厚です。じっさい、「ダビデ契約」は二つの面で大きな役割をはたすことになりました。

　その一つは、ダビデ王朝の長期継続を可能にしたことです。ダビデを継いだソロモン王の死後、王国は南北に分裂しました。新しい王朝が治める北王国イスラエルでは、紀元前七二二年にアッシリアによって滅ぼされるまでの二〇〇年余、幾度となく、王朝転覆が繰り返されました。それとは対照的に、エルサレムを主都とする南のユダ王国では、バビロニアによって滅ぼされる紀元前五八七年まで、ダビデ王朝が継続しました。ダビデ王朝は、王朝の興亡が繰り返される古代西アジア史のなかで、一つの王朝が四〇〇年以上も続いた稀有な事例でした。

もう一つは、ダビデ王朝永続の約束が、王朝消滅後、ユダヤの民[23]の間にメシア到来の希望を生みだしたことです。紀元前五八七年、ダビデ王朝はバビロニアによって滅亡しましたが、人々は神による王朝永続の約束を反故にはしなかったのです。神から永続を約束されたダビデ王朝は、目に見えるかたちでは消滅しても、目に見えないかたちで存続している——いつの日か、そこからメシアが登場し、ダビデ王国が再興される、という信仰です。メシアとは、「(神によって)油を注がれた者」という意味のヘブライ語マシーアハ(māšîaḥ)に由来します。即位する王に油を注ぐ儀式が伝えられていることは本章一項に述べましたが、ヘブライ語で「油を注ぐ」という動詞はマーシャハ(māšaḥ)といい、マシーアハはこの動詞からの派生名詞です[24]。

六　バトシェバ事件

エルサレムに主都を移して宮殿を構え、対外戦争にも勝利を重ねて、絶頂にあったダビデの心に驕《おご》りが忍び込みました。

ある日、午睡から目覚めたダビデは、宮殿の屋上から、水を浴びている美しい女性に目をとめます。彼女は一兵卒、ヘト人ウリヤの妻バトシェバでした(次ページ参照)。ダビデは彼女を王宮に呼び寄せ、床をともにします。しばらくして、子を宿した、という知らせが彼女からダビデのもとに届きました。

それを聞いたダビデは、ウリヤを前線から呼び戻し、家で妻とともに過ごすように、と命じま

ジュゼッペ・バルトロメオ・キアーリ「バト・シェバの水浴」

す。ところが、律儀なウリヤは、上官や同僚が前線で戦っているのに、自分だけが家で妻とともに時を過ごすわけにはゆかない、と言って、家に帰ろうとはしません。ダビデは、やむなく、将軍ヨアブへの書状をウリヤにもたせて、彼を前線に戻します。書状には、無理な作戦を立て、ウリヤを敵の手によって殺すように、と書かれていました。こうして、ウリヤは殺され、彼の戦死が王宮に届けられるや、ダビデはバトシェバを妻として王宮に召し抱えました（サムエル記下一一章）。

ダビデのこの行動の一部始終を見通していた側近がいました。預言者ナタンです。彼は王の前にまかり出て、なにくわぬ顔をして、次のような譬《たと》えを語りました（サムエル記下一二章1―4節、要約）。

多くの羊や牛をもつ富める男がおり、その隣に、小羊一頭しかもたず、これを息子の一人のように可愛がる貧しい男がいました。富める男のところを賓客が訪れると、客をもてなすのに、富める男はあり余る羊のなかから一頭を取って調理することを惜しみ、貧しい男が大切にしていた羊を無理やり取り上げて、これを調理して客に振るまったそうですよ。

これを聞いたダビデは激怒し、そのような男はただちに死刑だ、とわめきます。わめくダビデにナタンは「その男はあなたです」と告げるのです。この言葉を聞いたダビデは、即座に、「わたしはヤハウェに罪を犯した」と言って、悔いくずおれた、と記されています。「バトシェバ事件」と呼ばれるダビデの醜聞です。モーセの律法に照らせば、ダビデは姦淫罪と自分の手を汚さない殺人罪を犯したことになりますが、死罪は免れました。その代わり、ヤハウェはバトシェバが身ごもった子を「撃った」ので、その子は生まれて七日目に死にました。[*25] その後、バトシェバが生んだ息子が、ダビデの後を継ぐソロモンとなります。

七　王宮内の醜聞

バトシェバ事件の後、ダビデの王位継承をめぐって、物語は展開します。ダビデにはヘブロン時代の息子が六人、三三年間におよぶエルサレム時代の息子が一一人いました（サムエル記下三章2—5節、五章13—15節）。そのうち、長子アムノンと次男アブサロムが、王位継承者から消えてゆきました。アムノンがアブサロムに殺害され、アブサロムはダビデの王位簒奪《さんだつ》を試み、失敗したからです。

アムノン殺害の原因を作ったのはアムノン自身でした。彼は異母妹であるタマル[*26]に恋焦がれるあまり、悪友のそそのきに乗って、病気を装い、彼女を見舞いに来させます。仮病とは知らないタマルが兄を部屋に見舞うと、彼は拒む彼女を力ずくで辱めるのです。ところが、想いを遂げたアムノンはタマルに「激しい憎しみを覚え、彼女を憎んだ憎しみは、彼女を愛した愛よりも大きかった」と物語は記しています（サムエル記下一三章15節）。これを座視できなかったのが、タマルと同母の三男アブサロムでした。彼は機会を見計らい、従者たちにアムノンを殺害させました。

長子アムノンの死を深く悼んだダビデは、次第にアブサロムに期待を寄せ、兄殺害の件を赦すのです。ところが、しばらくして、アブサロムは何を血迷ったのか、ヘブロンで父ダビデに対する謀反の挙に打って出ました。ダビデはアブサロムとの戦闘を避け、エルサレムの王宮を後にします。ところが、アブサロムは、ダビデの兵士たちとの戦いのさなか、騎乗したラバが低く絡まる樫の枝の下を走ったために、頭を樫の枝にひっかけ、その場で絶命してしまいます（サムエル記下一八章9節）。これを聞き知ったダビデは、次のような嘆きの声をあげた、と伝えられています。

わが子アブサロム、わが子、わが子アブサロム、
お前に代わって、わたしが死ねばよかったものを、
アブサロム、わが子、わが子。

（サムエル記下一九章1節）

ダビデの王位継承の有力な候補者は、このようにして、相次いでこの世を去ってゆきました。最後に後継争いを演じたのは、四男アドニヤとバトシェバを母とするソロモンでした（以下、列王記上一―二章による）。はじめに名乗りを上げたのはアドニヤです。それを知ったバトシェバと預言者ナタンとは、年老いて身体の温まらないダビデを寝室に訪ね、アドニヤが即位したことを告げるとともに、ソロモンこそがダビデの正当な後継者であることを王に誓わせたのです。

こうして錦の御旗を得たソロモン擁立派はアドニヤ一派を凌駕し、アドニヤとその主要な支持者たちを粛清して、権力を手にしました。ただし、祭司アビヤタルだけは殺害を免れ、エルサレムの北の寒村アナトトに追放されました[*27]。こうして、ダビデの王座はソロモンに引き継がれます。この間、死期を迎えたダビデは、モーセの律法を守るべきことをソロモンに諭して、息を引き取りました。

それにしても、バトシェバ事件にはじまるダビデ王宮内での出来事は、ダビデ王朝にとっては「不都合な真実」ばかりです。ソロモンの王位継承は、老いたダビデの寝室という、当事者以外には誰も知らないはずの密室で決められたことですから、見方によっては、その正当性は疑われかねません。そこで、そのような「不都合な真実」をすべて削除した王国時代の歴史書が後に作成されました。「歴代誌上・下」がそれです。しかし、サムエル記から列王記へと続く歴史書は「不都合な真実」をそのまま残し、それを改竄することはなかったのです。

八　ソロモンの治世

ダビデ王位を継承したソロモンは、即位後、夢枕に現れた神ヤハウェから、望むものは何でも与えよう、と言われます。そこで彼は「あなたの民を裁き、善と悪を分別するため、聞き分ける心」を求めました。こうしてソロモンは神から当代随一の知恵を授けられた、と伝えられます（列王記上三章5―12節）。彼の知恵は、同じ一人の幼児の母を名乗る二人の婦人の裁判で発揮され、幼児を二つに分けよ、と命じて、実の母親を見分けてみせたと伝えられます[*28]（同三章16―28節）。ソロモンに耳を傾けるために、はるばる彼を訪ねてきたシェバ[*29]の女王の逸話はひろく知られています（同一〇章1―13節）。

ソロモンは王国を軍事的に強化し、官僚制を整備し、海外貿易を振興し、その時代は「ソロモンの栄華」といわれるほどに栄えたと伝えられます。彼はまた、フェニキア人から資材供与と技術協力を得て、エルサレムに壮麗な神殿を建立しました（列王記上五―七章）。それまで神ヤハウェを崇拝する聖所は移動可能な天幕でしたが、ソロモンは神殿の内陣（至聖所）に神ヤハウェの臨在を象徴する「契約の箱[*30]」を安置しました。以後、エルサレム神殿こそは神ヤハウェを崇拝すべき聖所とみなされました。

エルサレム神殿は、ヘブライ語で「ヤハウェの家」と呼ばれるように、一般的には、神ヤハウェの地上の「住まい」と信じられていました。一方で、神殿完成後のソロモンの祈りに示されているように、エルサレム神殿は人々の祈りの場所として、神が「その名をおいた」にすぎない、と

エルサレムの嘆きの壁（右手前）。左奥が岩のドーム

いう受け止め方も生じました。目に見えない真の神が地上に住むなどということはありえない（列王記上八章27―29節）、と考えられたのです。

ソロモンが建立した神殿は紀元前五八七年にバビロニア軍に破壊されますが、バビロニア捕囚から帰還した人々が再建を試み、前五一五年にエルサレム第二神殿が完成しました（エズラ記六章15節）。第二神殿は「祈りの家」と呼ばれ（イザヤ書五六章7節）、後代、イエスがこの言葉を引用し、商業施設まがいになったエルサレム神殿を批判しています（マルコ福音書一一章17節）。紀元後七〇年、第二神殿もローマ軍により焼き払われました。そして、七世紀末、かつての神殿の丘にはアル・アクサ・モスクおよび「岩のドーム」とも「黄金のドーム」とも呼ばれる八角形の美しいイスラム教初期の建造物が建てられています[*31]（前ページ写真参照）。

　エルサレムに神殿を建立したソロモンは、しかし、「多くの外国女性を愛した」ことから、エルサレムに異教崇拝を持ち込ませました。彼自身も異教崇拝に惹かれてゆきました（列王記上一一章1―8節）。そのため、神ヤハウェの怒りにふれ、王国は引き裂かれよう、と告げられました（同一一章11―13節）。はたして、彼の死後、ソロモンのもとで強制労働者の管理を任されていた人物ヤロブアムが、イスラエルの北方一〇部族を糾合してダビデ王朝に反旗を翻し、新たに北王国を樹立させました。紀元前九二六年ころのことです。これを（北）イスラエル王国と呼び、ダビデ王朝が支配する南の王国は、以後、主要部族ユダの名からユダ王国と呼ばれます。

九　南北王国時代

　ソロモンの死後、南北に分裂した両王国は王朝の性格を異にしました。エルサレムを主都とする南のユダ王国には、神ヤハウェから永続を約束されたダビデ王朝が継続しますが、ダビデ王朝に反旗を翻した北イスラエルの王権は安定しませんでした。二〇〇年余の歴史のなかで、八回も王権簒奪が繰り返され、頻繁に王朝が交替したのです。ついに紀元前七二二年、アッシリアの傀儡王として即位したホシェア王がエジプトに寝返ったため、アッシリア軍の報復攻撃を受け、北イスラエル王国は滅亡しました（列王記下一七章3―6節）。

　南のユダ王国は、北イスラエル滅亡後も命脈を保ち、紀元前七世紀末には、ヨシヤ王が改革に乗り出します。その眼目の一つがヤハウェ崇拝のエルサレム集中化でした（列王記下二三章1—23節）。しかし、衰退するアッシリアに代わって、メソポタミアの覇権を手中にしたバビロニアの王ネブカドレツァルが西方遠征をくり返し、紀元前五八七年には、エルサレムを陥落させ、主だった人々を捕囚民としてバビロニアに連行しました（第一回バビロニア捕囚）。北王国滅亡の場合と似て、ユダの最後の王ツェデキヤが、ネブカドレツァルに任命されながら、エジプト側に寝返ったのです。しかし、期待したエジプトからの援軍はなく、捕らえられたツェデキヤは、眼前で息子たちが惨殺されるさまを見せつけられた後、目をくり抜かれて、バビロニアに連行されました（同二五章1—7節）。こうして、四三〇年ほど続いたダビデ王朝も消滅しました（第二回バビロニア捕囚）。

以上のことから推測されるように、イスラエル南北両王国は、メソポタミアの強大国と南の大国エジプトの狭間で翻弄され続けたのです。とくに紀元前九世紀半ばからの二〇〇年余、頻度を増すアッシリア帝国の強力な軍事遠征の前に、シリア・パレスティナの小国は次々と征服されてゆきました。小国はときに反アッシリア軍事同盟を結びましたが、効を奏することはありませんでした[*32]。アッシリア（前七世紀末からはバビロニア）に対抗できる西方の勢力といえば、エジプトのほかにはなかったのです。そのエジプトでさえ、紀元前七世紀前半には、一時期、アッシリアの支配にくだりました。

列王記が伝え、アッシリア資料などにも言及される南北王国時代の歴史は、紙幅の都合上、ここに詳しく紹介できませんが、両国の歴史を伝える列王記の歴史思想については、以下、簡単にふれておきましょう。

一〇　歴史記述と歴史観（その二）

北イスラエル王国がアッシリアの攻撃を受け、滅亡した経緯を記した後に、列王記はその理由を次のように書きはじめています。

こうなったのは、イスラエルの子らが、彼らをエジプトの地、エジプトの王ファラオの手から解放して導き上った彼らの神ヤハウェに罪を犯し、異なる神々をおそれ敬い、ヤハウェがイスラエルの子らの前から追い払った諸国民の風習と、イスラエルの王たちが作った風習に従って歩んだからである。

（列王記下一七章7―8節）

その一三〇余年後に滅亡するユダ王国についても、同様の説明が加えられました。

ユダもまた、彼らの神ヤハウェの命令を守らず、（北）イスラエルの風習、彼らが作った風習に歩んだ。そこでヤハウェは（全）イスラエルのすべての子孫を斥《しりぞ》け、彼らを苦しめ、掠奪者たちの手に渡し、み前から投げ棄てられた。

（列王記下一七章19節）

イスラエルの両王国が滅ぼされた原因は、民が神ヤハウェの律法を守らず、異教の「風習」[*33]に従ったことにある、というのです。それゆえ、神ヤハウェはこの民を見棄て、敵の手に渡されたのである、と。

このような歴史理解が申命記に典型的な因果応報思想にもとづいていることは、士師時代の記述との関連で、すでに指摘した通りです（本書第8章一〇項参照）。それがヨシュア記から列王記下にいたる歴史記述の底を流れています。とはいえ、士師記には、異教崇拝に走り、敵の手に渡された民が神ヤハウェに助けを願い求めると、士師を遣わして民を救った、と幾度も記されています（士師記三章9、15節ほか）。エルサレム神殿を完成させたソロモンは、この民が神の怒りによって捕囚民となったとしても、罪を告白して立ち帰り、神殿の方角に向かって祈るならば、願いを聞き届けていただきたい、と祈っています（列王記上八章46―53節）。これらの記述には、バビロニア捕囚期、この民の歴史を創世記から列王記の九書にまとめ上げた信仰者たちの願いと祈りが重ねられています。九書の歴史記述自体は祖国喪失とバビロニア捕囚で閉じられますが、信仰者たちはこれらの記述を織り込むことによって、敵の手に渡されてなお、絶望でなく、希望の将来がありうることを自ら自身に、また同胞に告げようとしたにちがいありません。

もっとも、列王記にはこれとは異なる歴史観も顔を覗かせます。「ダビデ契約」をふまえた歴史理解がその一つです。ダビデの選びと王朝永続の約束を内容とする「ダビデ契約」をふまえ、すでにふれたように、列王記では、ダビデの王座を継ぐ王が罪を犯した場合、しばしば、ヤハウェは「ダビデのゆえに」ユダ王国を滅ぼさなかった、と記すのです。[*34] それによって読者は「ダビデ契約」を想起させられます。そして、列王記の最後は、一八歳でバビロニアに連行されたダビデの末裔ヨヤキン（＝イェホヤキン、列王記下二四章8―12節）が、三七年を経て、恩赦される記事で閉じられますが、この最後の記事もまた、読者に「ダビデ契約」を想起させるでしょう。それがダビデ王朝再興の希望に連なることはいうまでもありません。

　もう一つは、ある出来事を預言の成就とみる歴史理解です。これを逆にいえば、歴史における神の計画はあらかじめ預言者に伝えられる、という見方だといえましょうか。[*35] すでに士師記やサムエル記に預言者が登場しています（士師記六章8節ほか）。列王記には、それだけでなく、次章でふれるように、エリヤとエリシャの預言者物語が挿入されました。あるいは、前七世紀末にヨシヤ王が断行した祭儀改革は、三〇〇年ほど前に「神の人」によって預言されていたといいます（列王記上一三章2節）。無実のナボト（本書第8章五項参照）を処刑させ、嗣業の地を奪った王アハブと王妃イゼベルは、預言者エリヤが告げた通り、凄惨な死を遂げました（同二二章38節、列王記下九章33―37節）。

　このように歴史を「預言と成就」という枠組みでみる背後には、王国時代の預言者たちの活動がありました。彼らが語った言葉に同時代の大多数は耳を傾けませんでした。しかし、王国滅亡とバビロニア捕囚という痛烈な経験をとおして人々は、預言が神の言葉であり、必ずや成就する、と教えられたのです。歴史記述に「預言と成就」という視点が加えられた理由がそこにありました。それとならんで、王国時代の預言者たちの言葉が本格的に編纂《へんさん》されるのも、バビロニア捕囚期でした。

注

＊1　ユダヤ教は現在も天地創造から計算した暦年を用い、西暦二〇二四年はユダヤ暦五七八五年にあたり、現暦九月二二日日没からその新年がはじまる。

＊2　たとえば、紀元前八世紀の預言者ホセアは「わたし（＝神ヤハウェ）は怒りをもってお前（＝イスラエル）に王を与え、憤りをもって取り除く」という神の言葉をもって王制を批判した（ホセア書一三章11節）。

＊3　「勝利を収めた」のヘブライ語は「断罪した」が字義。

＊4　シナイ半島からアラビア半島南西部の遊牧部族。

＊5　敵の殲滅と全戦利品を神に献納する初期イスラエルの慣習。ヘブライ語でヘーレム。「聖絶」などとも訳される。

＊6　古代における音楽療法の事例ともみうる。

＊7　エルサレムの西南西二〇キロメートルほどのところに位置する小盆地。

＊8　二重にした革紐の折り目のところに小石をはさみ、革紐の両端を摑んで勢いよく振り回し、一方の端を放して石をとばした。弓と並ぶ、当時の武器の一形態。

＊9　「友情の契約」。サムエル記上一八章3節、二〇章8節、二三章18節。詩篇五五篇21節も参照。

＊10　パレスティナ中央山地北端の山。

＊11　レバノン山地のこと。本書第1章九項（注＊19）参照。

＊12　「運命に赴く」をは死を意味するアッカド語表現。

＊13　ホメーロス（松平千秋訳）『イリアス下』（岩波文庫）第一八歌98―99行。

＊14　同右『イリアス下』（岩波文庫）第二三歌。

＊15　後に、アリストテレスが『ニコマコス倫理学』（高田三郎訳、岩波文庫）第八、九巻で「友情論」を展開し、キケロ『友情論』（中務哲郎訳、岩波文庫）へと引き継がれてゆく。

*16 司馬遷（小川環樹他訳）『史記列伝（四）』（岩波文庫）二九六頁および注一八。

*17 同右『史記列伝（一）』（岩波文庫）一六―一七頁。

*18 エルサレムの南南西三二キロメートルほどの中央山地に位置する町。アブラハム伝承の主要地。本書第五章一〇項参照。

*19 当時、「馬」は戦車を引かせるためであったから、「馬を増やす」とは軍備増強を意味した。ソロモン王は戦車用の厩舎四万を所有していた、と伝えられる（列王記上五章6節）。後に預言者イザヤは軍備（馬と戦車と騎兵）に頼る政策を厳しく批判した（イザヤ書三一章1―3節）。

*20 カナンの一先住民。とくにエルサレムの先住民がこう呼ばれた。イェブスはエルサレムの古名であったらしい。士師記一九章11節、歴代誌上一一章4節を参照。

*21 本書第8章注*3参照。

*22 ナタンがダビデに告げたダビデ王権永続の「約束」が「契約」と理解されたことはサムエル記下二三章5節、詩篇八九篇4節などにうかがわれる。

*23 バビロニア捕囚帰還後、かつてのユダ王国はペルシアの属州イェフード（「ユダ」）と呼ばれるが、捕囚前のユダ王国と区別して、それ以後の共同体はユダヤと呼ばれる。

*24 マシーアハのギリシア語がクリストス（christós）すなわちキリスト。初代キリスト教徒は十字架に処刑されたイエスに真のマシーアハ（メシア）の姿を見たのである。

*25 「撃った」というヘブライ語ナーガフは罪の処罰を表す動詞。物語は、生まれた子がダビデに代わって処罰を身に受けたことを暗示する。

*26 タマルはヘブライ語で「ナツメヤシ」の意。姿が美しく、滋養に富む果実を大量に実らせるナツメヤシは生命力の象徴とみなされ、女性の名としても好まれた。

*27 ほぼ三〇〇年後、アナトトの祭司の家系からダビデ王朝を批判する預言者エレミヤが登場する。彼がアビヤタルの子孫であった可能性は否定しきれない。

*28 この逸話は、キリスト教宣教師から日本に伝えられ、いわゆる「大岡裁き」に組み込まれたものと思われる。

*29 シェバはエチオピア。紀元後四世紀前半にキリスト教を国教化したエチオピアには、歴代の王朝がソロモン

とシェバの女王の子孫とする伝説を伝えてきた。

＊30　本書第8章の注＊3参照。

＊31　メディナ時代のムハンマドとその信奉者たちはエルサレムに向かって礼拝していたと伝えられ、エルサレムはイスラム教徒にとっても聖なる都市である。イスラム教には、ムハンマドが不思議な仕方で夜にメッカからエルサレムに導かれ、翼をもつ馬に乗って天に上り、天使ジブリール（ガブリエル）と出会う複数の伝承が伝わる。「岩のドーム」はムハンマドがそこから天に上った岩の上に建てられたという。また、その岩はアッラーが世界を創造した場所とも、イブラヒム（アブラハム）がイスマイール（イシュマエル）を供犠として献げよと命じられた場所とも伝えられる。

＊32　有名な戦闘はシリア・パレスティナの連合軍がシリアでシャルマネセル三世率いるアッシリア軍と対峙した「カルカルの戦い」（紀元前八五三年）。北イスラエルのアハブ王も二千両の戦車と一万人の兵士をもって参戦したことがアッシリア側の資料に記録されている。

＊33　邦訳聖書が「風習」と訳すヘブライ語フッコートは神ヤハウェの「掟」を表す単語であり、これらの引用文には、イスラエルの民がヤハウェの「掟」ではなく、異教の「掟」に従った、という意味がこめられている。

＊34　列王記上一一章12、32節、列王記下八章19節、一九章34節ほか。

＊35　アモス書三章7節には「主なるヤハウェは、かれの計画をかれの僕である預言者たちに示さずには、何ごともなさらない」と記されている。

第10章

預言者の言葉

時代批判と将来への希望

旧約聖書のなかでかなりの分量を占める預言書は、じつに旧約聖書らしい内容をもつ書物群です。ヘブライ語原典では「後の預言書」（直訳「後の預言者たち」）と呼ばれ、三大預言書（イザヤ書、エレミヤ書、エゼキエル書）と一二小預言書（ホセア書からマラキ書まで）がこれに含まれます。キリスト教会で用いられる現行翻訳聖書は、これらの書を旧約聖書の最後に配置し、哀歌とダニエル書の二書をこれに加えています（本書10―11ページの表を参照）。

預言書は個々の預言者が語った言葉を中心に編まれ、その預言者の名で「○○書」と呼ばれます。[*1] 預言者たちは、活動した時代も異なれば、出自も個性もさまざまでした。多くの場合、その生涯すらわかっていません。[*2] 預言書を編んだ人たちにとっては、預言者の語った言葉のほうが重要であり、預言者の個人史そのものは関心の的ではなかったのです。預言書には、また、明らかに後代に付加されたと判断される箇所が数多く見受けられます。三大預言書がいずれも、大きく分けて、イスラエルに対する審判預言と救済預言、それに諸国民への審判預言の三部構成であるのは、編集作業の結果です。同じことは一二小預言書全体についてもいえます。しかし、個々の預言者の言葉がどのようにして編集されていったのか、その詳細は必ずしも明らかではありません。

預言書には、このように不明な点も少なくないのですが、確かなこともあります。預言者たちは、時代背景も異なり、出自も個性もさまざまですが、いずれも共通の基盤に立っていたことです。それは、徹底した神ヤハウェへの信仰と、それにもとづく明確な倫理観です。以下、第10章と11章の二章にわたり、そうした古代イスラエルの預言者について紹介してゆきますが、その前に少しく、預言という宗教現象にふれておきましょう。

一　預言者体験

ヘブライ語で預言者のことをナービー（nābī’）といいます。もともと語源的には、「呼ぶ」という意味のアッカド語動詞ナバーウ（nabā’u）から派生した単語で、「呼びかける人」という意味でした。[*3] しかし、旧約聖書においては、その原意は意識されず、直接、神の言葉を聞き、それを人々に伝える者と理解されました。予言でなく、預言と表記するのは、彼らの活動の眼目が将来起こる出来事を「予告」することにではなく、現状に関わる神の言葉を「預かり」、これを人々に告知することにおかれていたからです。[*4]

古代イスラエル社会において、預言者がいつごろから活躍しはじめたのか、詳しい歴史はわかりませんが、イスラエルの初代の王になるサウルの物語に、次のような興味深い一節が残されています。

昔、イスラエルでは、神に訊ねるときに、さあ、見者のところまで行こう、と人は言った。今日の預言者は、以前、見者と呼ばれていたからである。

（サムエル記上九章9節）

ラファエロ「エゼキエルの幻視」

かつて預言者は「見者」と呼ばれていた、というのです。現行の邦訳聖書は「見者」を「先見者」ないし「予見者」[*5]と訳しますが、字義通りには「見る人」です。これらの表現からは、預言者が幻を「見る人」であったことが示されています。じじつ、イザヤ書冒頭の表題には「ユダとエルサレムについて見た、アモツの子イザヤの幻」と記され（イザヤ書一章1節）、エゼキエル書の冒頭には、神を乗せて天翔《か》ける車の幻が詳細に描き出されます。エゼキエルは、また、累々と重なる枯れた人骨が音を立てながら集まり、もと通りの人間になってゆく、という幻想的な光景を記しています（エゼキエル書三七章1—14節）。

預言書には、このように、幻についての記事が散見しますが、それよりはるかに多いのは、神の言葉を聞く体験です。「ヤハウェの言葉が……に臨んだ」という表現が預言書の冒頭に繰り返されています[*6]。神の言葉が預言者の耳に響いたのです。預言者アモスはそのことを次のように言い表しました。

獅子が吼える、誰がおそれずにいられよう。
主ヤハウェが語る、誰が預言せずにいられよう。

（アモス書三章8節）

幻を見るのと同様、神の言葉を聞くことが一般人の体験でないことは、いうまでもありません。預言者が「わたしは……」と語るとき、多くの場合、その「わたし」とは神ヤハウェでした。彼らは神になりきって語ったのです。それもまた、尋常とはいえない精神状態を思わせます。今日《こんにち》ならば、そういった体験は一種の幻覚症状とみなされるにちがいありません。預言者たちはしかし、そのような尋常ではない直接体験をとおして神の言葉にふれ、それを同胞に告知したのです。その言葉は、多くが散文でなく、韻文で伝えられました。

こうした預言者体験には、じつは、ひろく人類社会にみられる一つの宗教現象と連なる面があります。次に、その点を詳らかにしてみましょう。

二 シャーマニズム

宗教研究では、直接的な体験をとおして神霊界と通じ合い、神々の命令や神霊の意向を人々に伝える宗教的職能者をシャーマン、そうした宗教現象をシャーマニズムと呼びます。シャーマンとは元来、シベリアの先住民の間で、火を焚《た》き、楽器を鳴らして、異常な心理状態になり、神霊界と通じる職能者のことを指しました。それと類似の宗教現象がほかの地域でもひろく観察されるようになり、シャーマンおよびシャーマニズムは、ひろく宗教研究上の術語として使われるようになりました[*7]。日本の社会においては、東北地方のイタコ、沖縄のユタなどがシャーマニズム研究の対象になりました。中国では、「巫《フ》」（日本では古来、「かんなぎ」と呼ばれる営為）という漢字があてられ、巫女《みこ》、巫俗《ふぞく》、巫覡《ふげき》などの漢字語（熟語）が知られます。

シャーマニズム研究によれば、このようなシャーマンの体験は、大きく、三つのタイプに分かれます。一つは、特定の神霊がシャーマンの身体に入り、シャーマンの意識を占領してしまうタイプです。「憑依《ひょうい》」「憑霊《ひょうれい》」などと呼ばれます（英語では possession）。もう一つは、シャーマンの意識が身体から離脱し、天界や死者の世界に飛翔するタイプです。これには「脱魂《だっこん》」（英語では ecstasy）という術語があてられます。さらに、幻を見る「幻」型が加わります（英語では hallucination）。

このようなシャーマンの直接体験に預言者体験を対比させてみると、三通りに分けられる体験のすべてが預言者体験に観察されることがわかります。幻型については、すでに記した通りです。脱魂型については、たとえば、「霊がわたしを地と天の間に引き上げ、神々《こうごう》しい幻のなかに、わたしをエルサレムに……連れて行った」と記す預言者エゼキエルの記述にみることができます（エゼキエル書八章3節）。エゼキエルはバビロニアに捕囚となった同胞の間にいながら、霊によって空中を飛翔させられ、一〇〇〇キロメートル以上も離れたエルサレム神殿に連れて行かれ、そこで彼は同胞たちのおぞましい異教崇拝の実態を見せられました。

これらの幻型や脱魂型よりも、はるかに多く観察されるのは、すでにふれたように、「ヤハウェの言葉が……に臨んだ」という表現にみられる、神の言葉の憑依、神の言葉に圧倒される体験です。それは「霊が与えられる」「霊が入る」などとも言い換えられています[*8]。

このようにみると、旧約聖書の預言は、宗教現象として、人類社会にひろく観察されるシャーマニズムの古代イスラエル的形態であったということができましょう。しかし、その一方で、古代イスラエルの預言者ならではの特色も顕著にみられます。その特色は以下の三点にまとめることができます。

第一に、シャーマンが神々や霊の世界と交流してみせるのは、通常、顧客《クライエント》の依頼があってのことです。しかし、旧約聖書に登場する預言者たちは依頼がないにもかかわらず、自ら進んで同胞たちのもとに赴き、無報酬で神の言葉を告知するのです。古代イスラエル預言者の自発性と呼べる性格がここに表れます。

第二の特色として、預言者たちが告知する神の言葉は、国や民族、社会や政治、宗教や倫理に関わることがあげられます。一般的なシャーマンが告げる神託は、もっぱら個人的な幸・不幸や親族集団の諸問題についてです。通常、民間のシャーマンが国家や社会に関する神霊世界の意向を神託として告げることはありません。[*9]ところが、旧約聖書の預言者たちは、国家や社会、民族や宗教といった公的問題を取り上げるのです。通常、彼らが私的事象に立ち入ることはありませんでした。

第三は、預言者の信仰上の特質です。シャーマニズムを人類の宗教現象の古層とみたM・エリアーデは、そこに人間の魂（意識）を天界や霊界に飛翔させる古代的な脱魂の技術をみました。[*10]そうした技術をいったん身に付けたシャーマンは、託宣を授けてくれる神々や霊がどこの何者なのかは問わない、という面をもっています。旧約聖書にも、それを示す逸話が残されています。モアブの王バラクは、神託告知者として知られた人物バラムをアラムの地から呼び寄せ、イスラエルの民を呪わせようとします。ところが、バラムは驢馬を介して神ヤハウェの言葉を聞き、逆に、イスラエルの民を祝福するのです（民数記二二―二四章）。アラム人でありながら、モアブの神ケモシュの、またイスラエルの神ヤハウェの託宣を告知しうるシャーマン的性格をここにみることができます。旧約聖書の預言者たちは、それとは対照的に、イスラエルの神ヤハウェ信仰以外を容認することはありません。ヤハウェ以外の神崇拝を預言者たちは、逆に、厳しく戒めたのです。

三　古代西アジアの預言と預言者

旧約聖書を残したイスラエルの民は、古代オリエント文明世界の辺境に歴史を刻んだ弱小の一民族でしたから、歴史的にも文化的にも、周辺世界からさまざまな影響をこうむりました。では、古代オリエント世界にも預言者の活動はみられたでしょうか。

古代エジプトには、じっさいに起こった事態を以前から預言されていたかのように語る事後預言文書は知られています。しかし、預言者の活動をじかに記した文書は残されていません。それに対して、シリア・メソポタミアでは、預言者たちの活動を記録した少なからぬ文書が今日に伝えられています。

一例としては、シリアの古代都市マリの遺跡から発見された紀元前一八世紀前半のアッカド語の粘土書板があげられます。マリは、法典で有名なハンムラビ王と同時代、王ジムリリムのもとでユーフラテス中流域をひろく支配したマリ王国の主都でした。その王室文書庫から出土した膨大な数の粘土書板のなかに、神託を報告する書簡が三五点ほど発見されたのです。それによれば、当時の町々には、ムッフーム（女性形ムッフートゥム）、アーピルム（女性形アーピルトゥム）などと呼ばれる預言者たちが活動していました。[*11] 彼らは恍惚《こうこつ》状態になり、特定の神になりきって、一人称で神託を告げていたのです。書簡に報告された神託の多くは、マリ王国の内政や外交さらには王宮祭儀に関して、王ジムリリムのとるべき行動指針をその内容としていました。

新アッシリアの王エサルハドンとアッシュルバニパルの時代（紀元前七世紀前半から中葉）に、

ラッギム（女性形ラギントゥ）[12]と呼ばれる預言者たちが活躍していたことも知られています。彼らの預言は楔形文字で粘土書版に書きとめられ、部分的には編集されて、ニネヴェの王宮図書館に残されました。そこには、たとえば、アルバイル出身の預言者の一人がエサルハドンに告げたという、次のようにはじまるイシュタル女神の神託が記されています。

> 国々の王、エサルハドンよ、おそれるな。お前に向かって吹いたかの風の、その翼をわたしはひき抜かなかったろうか。お前の敵はシマヌの月（現暦五―六月）の林檎のように、お前の足下でつねに不安がっている。
> わたしこそ主なる偉大な女君、わたしはアルバイルのイシュタル、わたしがお前の敵をお前の足下に伏させる。わたしがお前に語るわが言葉で、お前が信頼しえなかったものがあろうか。[13]

この種の神託をくだす神には、イシュタル女神のほかにも、アッシリアの主神アッシュルやその配偶女神ムリッスなどがいましたが、やはり神託の文体はすべて神を一人称とする直接話法で語られています。旧約聖書の預言者たちがそうであったように、アッシリアの預言者たちも神になりきって神託を語っていたのです。神託自体は、おおむね、神の自己紹介と呼びかけ、過去の想起、将来の約束、神への信頼の要請などから構成されています。

また、西セム語[14]の世界でも、「見者」が一人称で述べた預言を記した文書が残されています。それらは、マリやアッシリアの預言と同様、すべて王個人に向けられた神託です。シリアのオロンテス川中流域の都市国家ハマトの王ザクルに、一人の見者が「おそれるな、わたしはお前を王とした」とはじまる神託を告げた、というアラム語の記録がその一例です。

以上のような古代西アジアの事例は、古代イスラエル預言者の活動が周辺世界に類を見ぬような、特殊な現象ではなかったことを示しています。もっとも、西アジアの預言者たちがくだす神託がすべて王に向けられるのに対して、旧約聖書においては、じかに王に向けられた預言はごくわずかです。[*15] 旧約聖書に残る預言の多くはイスラエルの民、なかんずく社会の上層部に向けられた厳しい神ヤハウェの言葉でした。

四　エリヤとエリシャ

ヘブライ語聖書を伝えたユダヤ教の伝統によれば、ヨシュア記から列王記までは「前の預言書」（直訳「前の預言者たち」）と呼ばれます。しかし、じっさいには歴史書です。それが「預言書」とみなされた理由は定かではありませんが、預言者たちがしばしば登場することも確かです。士師記では女性士師デボラが「預言者」と呼ばれ（士師記四章4節）、サムエル記にはダビデの側近であった預言者ナタンが登場します（サムエル記下七章2節ほか）。列王記でも、しばしば預言者が活躍します。とくに列王記上一七章から同下一三章21節には、預言者エリヤとエリシャの物語がはめ込まれています。

エリヤもエリシャも北王国で活動した預言者でした。エリヤの主な活動時期は、フェニキアの王女イゼベルを妃に迎えたアハブ王の時代です（紀元前九世紀中葉）。アハブとイゼベルはイスラエルの民にカナン・フェニキアの神バアルを崇拝することを奨励し、主都サマリアにバアル神殿を建て、バアルの預言者たちを保護していました。旱魃《かんばつ》が起こって三年目のこと、カルメル山において、エリヤは単独でバアルの預言者四五〇名との対決に臨みます（列王記上一八章16節以下）。そして、真の神はヤハウェか、それともバアルか、とイスラエルの民に迫ったのです。

　バアルの預言者たちは自らの身体を傷つけ、バアルの名を呼び続けましたが、何の兆候もあらわれません。そこで、エリヤがイスラエルの神ヤハウェに祈ると、天から火がくだされ、捧げた雄牛を焼き尽くしました[*16]。固唾《かたず》を飲んで見守っていたイスラエルの民はこれを見てひれ伏し、「ヤハウェこそ神、ヤハウェこそ神」と告白します。しかし、それによってエリヤとアハブの王宮との対立は決定的になりました。

　エリヤは王妃イゼベルによる迫害を避け、南方のホレブ[*17]の山に逃れました。そこはかつてモーセが奴隷の民をエジプトから解放すべく召命を受けた場所でした（出エジプト記三章1節）。その山で神ヤハウェの「かすかな沈黙の声」（列王記上一九章12節）を聞いたエリヤは、モーセがファラオと直談判すべくエジプトにくだったように、ふたたび王アハブと王妃イゼベルとの対決の場に戻ります。そして、ナボトから「嗣業の地」である葡萄畑を奪った王と王妃[*18]に厳しい結末を告げるのです。このほか、フェニキアの寡婦を援《たす》けた話、病を得てペリシテの神を頼ったアハブの息子アハズヤに死を宣告した話などが、エリヤ物語として伝えられています。

　エリヤは後代、律法を象徴するモーセとならび、預言者を代表する人物とみなされます。福音書は、イエス・キリストの先駆けとみられた洗礼者ヨハネをエリヤの再来と位置づけました。[19] 神による審判（「ヤハウェの日」）の到来に先立って、再来のエリヤが遣わされる、との預言が伝えられていたからです（マラキ書三章23節）。

エリヤの最期は劇的です。エリコに近いヨルダン川の岸辺で、「火の馬」が引く「火の戦車」に乗って天に駆け上った、[20] というのです（列王記下二章11節）。そのとき、落ちてきたエリヤの衣服を手にしたエリシャに「エリヤの霊」がとどまり、エリシャはエリヤの後継者と目されました（同二章15節）。

ふつう、預言者たちは後継者をもたず、預言者としての権威を弟子に引き継がせることはありません。その点でこの物語は例外的ですが、明らかに、かつてヨシュアがモーセからイスラエルの指揮を引き継いだ、という伝承がふまえられています[21]（申命記三四章1―9節）。どちらの舞台もエリコに近いヨルダン川沿いです。モーセもエリヤもそこで最期を遂げています。しかも、両者はヤハウェに取り去られたため、モーセの場合には墓が、エリヤの場合には死体が、人々が捜しても、見つからなかったといわれます。

預言者エリシャの行動は、しかし、エリヤとは違いました。単独で行動したエリヤとは対照的に、エリシャは預言者集団の指導者でした。[22] 数々の奇蹟物語のなかには、彼のことを囃《はや》し立てた子供たちに呪いを浴びせると、森から熊が出てきて子供たちを引き裂いたといった奇怪な話、彼の死後、死者が彼の骨にふれて、生き返った、といった記述もみられます（列王記下二章23―25節、一三章21節）。これらは、エリシャ物語が民間伝承にもとづくことを示しています。

彼は政治にも積極的に介入しました。ダマスコにおいては王の側近ハザエルによる王権簒奪に関わり（列王記下八章7―15節）、イスラエルでも、預言者仲間を遣わして、将軍イエフの頭に油を注がせました。[*23] 油を注がれたイエフはアハブを継いだ王ヨラムに謀反を起こし、王位を奪ってイエフ王朝を樹立したのです。ここには、政治権力を利用してでも、国にヤハウェ信仰を根づかせようとした預言者エリシャの存在が見え隠れし、そこに彼の行動力がうかがわれます。そこから一世紀ほど後、預言者ホセアは、逆に、暴力によって成立したイエフ王朝の滅亡を断言しました（ホセア書一章4―5節）。

五　預言者の召命体験

預言者エリヤとエリシャの活動は紀元前九世紀中葉です。紀元前七六〇年ころに活躍した預言者アモスを嚆矢《こうし》とする「記述預言者」[*24]に先立ちます。徹底してヤハウェ信仰に拠ったという意味でも、二人は記述預言者の先駆けとなりました。もっとも、エリヤとエリシャの活動が物語として歴史書に伝えられるのとは対照的に、その後の記述預言者たちについての活動の記述は限定されています。そのなかで特筆すべきは、預言者の召命体験と象徴行動でしょうか。それを三大預言書で見てみましょう。まずは、紀元前八世紀後半のエルサレムで活躍した預言者イザヤの召命記事（イザヤ書六章1―13節）からです。

ウジヤ王が死んだ年といいますから、紀元前七三六年（あるいは紀元前七四二年）、彼は幻のなかで、天に座すヤハウェの衣が神殿を覆うさまを見ました。そこには、セラフィムという三対の翼をもつ神の使いが飛びまわり、「聖なる、聖なる、聖なるかな、万軍のヤハウェ、ヤハウェの栄光は全地に満つ[*25]」と歌い交わしていました。イザヤが、この目で神を見たからには、穢《けが》れた唇をもつ自分などは滅びてしまう、と思ったとき、セラフィムのひとりが祭壇から取った炭火を彼の唇にふれさせ、罪は清められた、と告げました。続いて、誰を遣わそうか、というヤハウェの声を聞いたイザヤは、わたしを遣わしてください、と答えるのです。すると、この民に告げよ、彼らが心をかたくなにし、目で見ず、耳で聞かず、理解することのないために、というヤハウェの不思議な指示が伝えられました[*26]。

エレミヤの場合は、若き日に、ヤハウェの言葉を聞きます。

あなたを胎内に造る前から、わたしはあなたを知り、
あなたが母胎を出る前から、わたしはあなたを聖別し、
諸国民の預言者として、わたしはあなたを定めた。

（エレミヤ書一章5節）

この言葉を聞いたエレミヤは、自分はまだ若すぎる、と言って尻込みするのです。それに対してヤハウェは、わたしがあなたとともにいるので、おそれることなく、わたしの命じることを語れ、とエレミヤに告げ、その口に言葉を授けます（エレミヤ書一章6—10節）。さらに、アーモンドの木を見つめるエレミヤに「わたしはわが言葉を成し遂げようと見張っている」と語り[*27]、北か

ら傾く煮えたぎる鍋を目にするエレミヤに「北から、この地の住民すべてのうえに災いが放たれる」と告げました（同一章11―14節）。

バビロニア捕囚民の間で預言活動をしたエゼキエルは、すでにふれたように、ケバル川[*28]のほとりで、四頭の想像上の獣に引かれた車とそれに乗る神の光景を幻に見ました（エゼキエル書一章）[*29]。彼がひれ伏すと、声が聞こえます。その模様をエゼキエルは次のように書き残しました。

> かれは私に言った「人の子よ、自分の足で立て。わたしがあなたに語ろう」と。かれが私に語りかけると、霊が私のなかに入り、私を自分の足で立たせた。私が語りかける方に耳を傾けると、かれは私に言った「人の子よ、わたしがあなたをイスラエルの子らのところに、わたしに反抗した反抗の民のところに遣わそう」。
> （エゼキエル書二章1―3節）

このように語られる預言者の召命体験は、いうまでもなく、預言者たちの活動の原点となりました。「聖なるかな、万軍のヤハウェ」と聞いたイザヤは、神ヤハウェを「イスラエルの聖なる方」と呼び、神の聖性を強調することになります（イザヤ書一章4節ほか）。エレミヤは召命体験をふまえ、「北からの災い」の到来を同胞に告知したのですが（エレミヤ書四章6節ほか）、その預言は長らく実現せず、エレミヤは辛い立場に立たされました。しかし、紀元前六世紀初頭にバビロニア軍によるユダ王国侵攻というかたちで成就しています。エゼキエルは後々までも召命体験のときと同じ幻を見て、そこに神の明確な意思を読み取りました。神ヤハウェが天翔ける車に乗ってエルサレムから東方に向かう幻（エゼキエル書一〇章）、逆に、同じ車を駆って東方から戻り、エルサレム神殿に入場する幻（同四三章1―5節）がそれでした[*30]。

六　象徴行動

預言者たちのつとめは同胞に神ヤハウェの言葉を告げることにありました。しかし、神の言葉を強烈に印象づけるために、あえて奇異な行動に出ることも稀ではありませんでした。それを預言者の象徴行動と呼びます。召命体験と同様、三大預言書から、その代表的な事例を紹介してみましょう。

イザヤは、結婚して授かった男の子に「マヘル・シャラル・ハシュ・パズ」と名づけよ、と神から命じられました（イザヤ書八章1―4節）。その意味は「掠奪は即座、強奪は速やか」です。このような、ありえない名を息子につけることによって預言者は、ダマスコと北イスラエルの連合軍によるエルサレム攻撃に動揺する同胞に、この両国がまもなくアッシリアによって侵略されることを印象づけようとしました。イザヤはまた、三年間、裸になり裸足で歩いた、と伝えられます（同二〇章2―4節）。エジプトとさらに南のクシュの人々は裸にされてアッシリアに連行されてしまう、ということを彼は身をもって示し、エジプト依存に傾くユダの為政者たちへの警告としました。また、イザヤとほぼ同時代、北イスラエルで活動した預言者ホセアは「淫行の女」との結婚を命じられ、生まれた三人の子に奇妙な名をつけさせられるのです。それによって、この国が異教崇拝（「淫行」）にはしるがゆえに、神ヤハウェによる王朝の断絶とイスラエルの棄却とが必定であることを告知しました（ホセア書一章3—8節）。

一方、エレミヤの場合は、イザヤやホセアとは逆に、妻をめとって、子をもうけることを禁じられました（エレミヤ書一六章1—4節）。古代イスラエル社会において、適齢期を迎えた男性が結婚しないのは不自然なこととみなされていたため、預言者が独身を保つことを人々は訝しんだのです。エレミヤは、強力な敵の攻撃による破局がこの地を見舞い、喜びの源泉であるべき家庭生活がむしろ悲劇の温床になるということを、結婚しないことによって同胞に示さなければなりませんでした。

ところが現実に破局が迫ると、エレミヤはなんと伯父の所有する畑を購入する契約を結ぶのです（エレミヤ書三二章6—15節）。たとい破局が襲っても、この地がふたたび回復する時代が必ずや訪れる。それゆえ、希望をもって、新たな時代への準備をしなければならない。エレミヤはそのような思いをもって、パピュルスないし羊皮紙に記した契約証書を同胞に開示したのです[*31]。

より衝撃的な象徴行動を取ったのは、バビロニアに連行された同胞の間で活動したエゼキエルでした。第一回捕囚民としてバビロニアに連行された同胞たちの前で、彼は左わき腹を下にして三九〇日間、右わき腹を下にして四〇日間、横たわり続け、人糞を燃料にして焼いたパンを食べよ、と神に命じられます（エゼキエル書四章4—17節）。さすがに、人糞でパンを焼くことに彼は耐えられなかったので、それを牛糞に代えることが許されました。この行為は、一日が一年を表し、北イスラエルと南のユダが犯した罪を負わなければならない期間を示すものでした。

彼はまた、自分の髪と髭を剃り落とし、[32]三分の一をエルサレムの町をかたどった煉瓦のなかで火に焼き、三分の一をその周囲で剣をもって打ち叩き、残る三分の一を風に吹き飛ばすように、と命じられ、実行にうつしました。このような奇異で驚きの行動をとることで、彼はエルサレムの滅亡が不可避であることを捕囚の同胞に告げたのです。当時、捕囚民の間には、神聖不可侵の町エルサレムを攻撃するバビロニア軍が敗北し、バビロニア捕囚からまもなく解放される、という期待がひろがっていました。自らの罪を認めず、安易な信仰に走る同胞たちの、そのような期待をエゼキエルは打ち砕こうとしたのです。

七　社会批判

先に述べたように、預言者たちは、未来予測ではなく、現実の諸問題に関わる神ヤハウェの言葉を語りました。現実に直面する諸問題は時代により異なりますから、預言者たちの発言も多岐にわたるのですが、総じて、彼らは眼前の現状に批判的に対峙しました。以下では、便宜上、預言者たちの現状批判を社会批判、政治批判、宗教批判に分けて、それぞれの概要を紹介してみましょう。まずは社会批判からです。

先述のように記述預言者の嚆矢となったアモスは紀元前七六〇年ころに活動しました。この時期、北イスラエルは、ヤロブアム二世のもとで、未曽有の繁栄を誇っていました（列王記下一四章25―28節参照）[33]。しかし、表向きの繁栄とは裏腹に、経済的搾取が横行し、社会的格差はひろがり、貧困層が苦しんでいました。それを座視できなかった預言者アモスは、神ヤハウェの言葉を掲げて、そのような社会的不義・不正に鋭く切り込んでゆきました。

彼らは門[*34]で訴える者を憎み、
真実を語る者を忌み嫌う。
お前たちは弱者を踏みにじり、
穀物の貢納を取り立てるゆえに、
切り石の家を建てても、
そこに住むことはできず、
望ましい葡萄園を植え育てても、
その葡萄酒を飲むことはできない。
じつに、わたしは知っている、
お前たちの背きが夥しく、
お前たちの罪が強大であることを。
義《ただ》しい人に敵対し、賄賂を取り、
門では貧しい者たちを斥けた。

（アモス書五章10―12節）

アモスは、社会の不義・不正を座視することなく、弱者を抑圧し、貧しい者から搾取する社会の上層部を厳しく糾弾しました。彼らの奢侈《しゃし》贅沢《ぜいたく》を暴き、彼らに神の審《さば》きを告げました。[*35] そこには、アモス個人の確乎とした倫理観が映し出されているだけではありません。彼の倫理観自体が、エジプトの奴隷から解放された民の間に伝えられ、モーセの社会法に結実してゆく、弱者保護の思想に裏打ちされていました。それはアモスに続く預言者たちにしっかり引き継がれてゆきます。イザヤ書の次の一節がそのことを確認させてくれます。

どうして遊女となってしまったのか、
真実であった町が。
そこには公正が満ち、正義が宿っていたのに、
いまや、人殺しばかりなのか。
（中略）
お前の高官たちは強情者、盗人の仲間、
誰もが賄賂を愛し、報酬を追い求める。
彼らは孤児をしかと保護せず、
寡婦の訴えは彼らに届かない。
（イザヤ書一章21―23節）

本書第7章六項で述べたように、孤児と寡婦は社会的に弱い立場におかれた人たちの代名詞であり、彼らの保護はモーセ律法中の社会法の基本でした。

八　政治批判

預言者たちは政治の領域にも果敢に踏み込んでゆきました。ホセアが暴力的に王権を簒奪したイエフ王朝を批判したことは、本書第11章二項に紹介しますが、彼は同時代の王権簒奪の画策を暴き出す言葉も残しています（ホセア書七章3―7節）。ホセアはそもそも王制自体に批判的な立場に立っていました。[*36] また、北のアッシリアと南のエジプトという強大国の狭間で揺れる外交政策に対しても、厳しいまなざしを向けています。

エフライム[*37]は鳩のように、
愚かしく、思慮がなくなった。
彼らはエジプトに呼び求め、
アッシリアへと赴いた。
（ホセア書七章11節）

エフライムは風を養い、
終日、東風《ひがしかぜ》を追い求める。
欺《ぎ》瞞《まん》と暴虐を重ね、
アッシリアと契約を結び、

エジプトには油が送られる。

（ホセア書一二章2節）

これらの言葉によってホセアは、貢物《みつぎもの》をもってアッシリアやエジプトに頼ろうとする北イスラエルの大国依存政策を明るみに出し、これを批判したのです。常識的にみれば、両強大国の狭間にある弱小国においては、風見鶏を掲げて、より強い風を吹かせる側につくことが為政者たちの手腕の見せどころでした。しかし、そうした政策は大国に迎合することにほかならず、自ら重荷を負い、空しく「風を養う」ことになる、とホセアは洞察したのです。彼より少し後、ユダ王国ではイザヤがヒゼキヤ時代のエジプト依存政策を厳しく批判しています（本書第11章三項を参照）。

ホセアと同じく、王制に厳しいまなざしを向けたのはエレミヤでした。王たちを批判する彼の言葉がエレミヤ書二二章に集められています。そこには、ユダ王国末期の王の一人ヨヤキム（＝イェホヤキム）に向けた次のような言葉が伝えられています。

災いだ、義によらずに自分の家を、
公正によらずに自分の高殿《たかどの》を建てる者。
彼は自分の同胞をただで働かせ、
その報酬を支払うことをしない。

（エレミヤ書二二章13節）

イスラエルにおける王制のはじまりを伝える物語には、王が支配する時代になると、民は王の奴隷にされてしまう、と王制を批判する見解が伝えられていますが[38]、エレミヤもそれに通ずる立場に立っていたことがわかります。しかも、彼による王批判の最後には、ダビデ王朝の滅亡を宣言するかのような箇所もみられます（エレミヤ書二二章30節）。

九　宗教批判

ヤハウェ信仰に立つ預言者たちが、カナンのバアル宗教をはじめとする異教崇拝を厳しく批判したことは、いうまでもありません。神ヤハウェとイスラエルの民の関係を契約にもとづく婚姻になぞらえたホセアは、民がバアルに傾斜してゆく事態を「姦淫」また「淫行」という激しい言葉で糾弾しました（ホセア書二章4節ほか）[39]。そうした理解はエレミヤに、また、エゼキエルに引き継がれました（エレミヤ書三章8節、エゼキエル書一六章15節ほか）。王国時代末期のエルサレム神殿では、じっさいにさまざまな異教崇拝が行われていたのです（エゼキエル書八章3―18節参照）。

預言者たちは、しかし、異教崇拝や異教祭儀を批判するにとどまりませんでした。ヤハウェ宗教にも批判の目を向けました。アモスの時代、バアル宗教を排除したイエフ王朝が続くなかで、ヤハウェ崇拝が重んじられ、国家聖所ベテルとダンにおいてヤハウェ祭儀が守られていました。アモスはそのヤハウェ祭儀を批判にさらします。

わたし（＝ヤハウェ）はあなたたちの祝祭を憎み、斥ける。
あなたがたの聖なる集いの香りをかぐこともない、
たとい、あなたがたが全焼の供犠を献げようとも。
また、あなたがたの献げ物をわたしは喜ばず、
肥えた動物によるあなたがたの和解の供犠に目をとめない。
あなたの歌の騒ぎをわたしから遠ざけよ、
あなたの琴の調べもわたしは聞かない。
公正を水のように流れさせよ、
正義を尽きることのない川のように。

（アモス書五章21―24節）

神ヤハウェは民の献げる供犠・供物を喜ばず、そこで唱えられる讃美の歌にも耳を傾けない。ヤハウェがこの民に求めることは、祝祭でも祭儀でもなく、正義と公正である、とアモスは断言しました。それは具体的には、社会的に弱い立場におかれた人々の保護にほかなりません。このようなアモスの祭儀批判は、後の預言者たちに引き継がれました。正義と公正と慈愛を欠如させた礼拝は、それがどんなに敬虔であろうとも、どんなに多くの献げ物を伴おうとも、神はこれを受け入れない、と預言者たちは口々に語っています[*40]。これらの批判の矛先は形骸化した祭儀に向けられている、といわれます。しかし、荒野の時代、民は供犠も供物も献げなかった、というアモスの言葉（アモス書五章25節）、神ヤハウェは民に献げ物について語りも命じもしなかった、と

いうエレミヤの発言などは、宗教祭儀そのものを否定しているのかもしれません（エレミヤ書七章22節）。

正義と公正の実践は供犠・供物を献げるにまさる、という思想は、預言書から歴史記述にも取り込まれ（サムエル記上一五章22節）、格言にもなりました（箴言二一章3節）。詩篇には、神が顧みるものは、供犠や供物でなく、「砕かれ、打ちのめされた心」である、といった言葉もみられます（詩篇五一篇18―19節）。後に、イエスもまたそうした立場を継承しています[*41]。

一〇　希望の預言

旧約聖書の預言者たちは、このように、イスラエルの社会と政治と宗教を厳しく批判するとともに、それに対する神の審判が必定《ひつじょう》であることを同胞たちに告げました。神の審判は、多くの場合、飢饉や疫病、敵による掠奪や捕囚連行など、現実の出来事として理解されています。ですから、彼らを人々は災いを告げる預言者とみて、忌避したのです。しかしながら、預言者たちは批判と災いを告げることに終始したのではありません。民が絶望の闇に陥ったときには、救済と回復への希望の灯をともすことも忘れませんでした。審判をこえて到来する理想の時代の告知がそれでした。

神による審判と同じく、理想の時代もまたさまざまに描き出されますが、それらを大きく括るならば、三通りの表象に分別することができましょう。

第一は理想の王の登場です。イザヤはそれを「エッサイの株から芽が萌え出で、その根から若枝が育ち」（イザヤ書一一章1節）と詠い出しました。エッサイはダビデの父の名ですから、「エッサイの株」とは「ダビデの系譜」と同義です。[*42]「若枝」は理想の王の到来を表す比喩でした。[*43]そして、ダビデの系譜を継ぐ王は、神ヤハウェをおそれ、知恵と分別、熟慮と勇気の霊に満たされ、正義と公正と真実にもとづいて弱者や貧者を保護するであろう、と告げたのです。[*44]ほかの預言書においても、敵対勢力の撃破、世界平和の実現、ダビデ王朝の再興などをはたす理想の王の登場が、さまざまに語り出されています。[*45]これらの預言が、本書第9章五項に述べた「ダビデ契約」をふまえ、メシア待望へと引き継がれてゆくことは、いうまでもありません。

第二は新たな契約締結です。律法に従って契約を守ることのできなかった民との間に、神ヤハウェは新たな契約を結び、民の救済と回復を約束する、というのです。北イスラエルの預言者ホセアは、一方で、「真実」と「慈愛」と「神を知ること（＝神へのおそれ）」を欠如させた民が、人命をおろそかにし、社会を荒廃させ、自然をも滅びに追いやることを糾弾しました（ホセア書四章1―3節）。他方では、神ヤハウェが動物たちおよびこの民と、「正義と公正」「慈愛と憐れみ」をもって、契りを交わすことによって、この世界から戦争が絶たれ、豊かな自然が回復する時代の到来を語りました（同二章20―25節）。また、エレミヤは、イスラエルの民が律法を守らなかったため、シナイ契約は破棄されてしまったが、神ヤハウェが「新しい契約」を結ぶ日が訪れる、と告げました（エレミヤ書三一章31―34節）。そのとき人々は、石に刻まれた律法を介するのではなく、おのおのが心において神と結び合う、とも語っています。イザヤ書やエゼキエル書にも、内容は

ニューヨークの国際連合プラザにある「万国平和の預言」を刻んだ「イザヤの壁」

多様ながら、神ヤハウェによる新たな契約締結によって、民の救済と回復の時代が実現する、という約束の言葉をみることができます[*46]。

第三は神ヤハウェによる世界支配です。もっともよく知られた事例は、イザヤ書二章2―4節およびミカ書四章1―3節に伝えられる「万国平和の預言」です。それによれば、終わりの日には、諸国民がヤハウェの教えを求めてエルサレム巡礼に訪れ、ヤハウェの支配のもとで地上から戦争が絶たれます。ニューヨークの国連本部の「イザヤの壁」(Isaiah Wall)に刻まれたこの預言の最後の部分を引用しておきましょう。

彼らは剣を打ち直して犂《すき》とし、
槍を打ち直して鎌とする。
国は国に向かって剣をあげず、
もはや戦いを学ぶことはない。

このように、地上の諸民族がヤハウェに帰依することによって、イスラエルの民のみならず、全世界に平和がもたらされ、神ヤハウェによる世界支配は完成する、と述べる預言はほかにも少なくありません。[*47]

理想の時代の到来を告げるこれらの預言は、理想の王の登場であれ、新しい契約であれ、まずはイスラエルの民の救済を念頭においています。また、ヤハウェに帰依する地上の諸民族はほかならぬエルサレムに巡礼にやって来るのですから、イスラエルを中心とする発想が完全に払拭しきれてはいません。[*48] こうしたイスラエル中心の発想を超えてゆくためには、旧約聖書に語られた理想の「王」の姿を十字架に処刑されたナザレのイエスのなかに見て取ったキリスト教の成立を待たねばなりませんでした。

注

＊1　ただし、ヨナ書は預言書というより、預言者ヨナの物語。本書12章八項参照。

＊2　エレミヤ書は例外的にエレミヤの個人史にふれる箇所が少なくない。はるか後代、紀元後一ないし二世紀に、どのような死を遂げたかに焦点を当てて各預言者の生きざまを描く書『預言者の生涯』が編纂された。日本聖書学研究所編『聖書外典偽典 別巻補遺Ⅰ』（教文館、一九七九年）に土岐健治訳が収められている。

＊3　シリアのマリ遺跡で発見された二万五〇〇〇枚をこえる楔形文字粘土書板（紀元前一八世紀）にナビーウ（nabī'ū）と呼ばれる卜占（ぼくせん）者集団の存在が知られる。

＊4　ヘブライ語ナービー（nābî'）はギリシア語で prophḗtēs と訳されて、後のヨーロッパ諸語にひろまった（英 prophet）。原意は「（人々の）前で語る人」。この場合の pro-「前に、前で」は、元来、空間的意味であり、時間的（「前もって」）ではなかった。

＊5　ヘブライ語でローエー（rō'eh）。ラーアー（rā'āh）「見る」の分詞形。「見る」を意味する別の動詞ハーザー（ḥāzāh）の分詞形ホーゼー（ḥōzeh）も預言者を指した（アモス書七章12節ほか）。

＊6　エレミヤ書、ホセア書、ヨエル書ほかの冒頭を参照。

＊7　佐々木宏幹『シャーマニズムの世界』（講談社学術文庫）など。

＊8　イザヤ書四八章16節、エゼキエル書二章2節ほか。

＊9　民間のシャーマンとは別に、琉球のノロのように国制に組み込まれたシャーマン、古代ギリシアのピュティアのように神殿付神託告知者も存在した。

＊10　M・エリアーデ（堀一郎訳）『シャーマニズム』（ちくま学芸文庫）。

＊11　ムッフーム（muhḫûm）はアッカド語で「忘我状態になる人」、アーピルム（āpilum）は「応答する人」というほどの意味。

＊12　ラッギム／ラギントゥ（raggimu／raggintu）はアッカド語で「呼ばわる人」が原意。

＊13　月本昭男論「古代メソポタミアの預言と預言文書」、月本昭男著『古代メソポタミアの神話と儀礼』（岩波書店、二〇一〇年）二七八頁。

＊14　北西セム語ともいう。アラム語、ヘブライ語、フェニキア語、アンモン語、モアブ語などの総称。

＊15　旧約聖書中、預言者に限定すれば、じかに王に向けられた神託はエレミヤ書二二章などに限られる。

＊16　メンデルスゾーンのオラトリオ『エリヤ』はバアルの預言者集団と単独者エリヤが対照的に表現されてみごとである。

＊17　シナイの別名。

＊18　ナボト殺害については、本書第8章五項参照。

＊19　マタイ福音書一一章11―15節、ルカ福音書一章13―17節など。

＊20　この場面を描いたM・シャガールのステンドグラスがチューリッヒの聖母教会(Fraumünster)の北壁面を飾っている。

＊21　はるか後代、宣教に先立ち、ヨルダン川で洗礼者ヨハネから洗礼を受けたイエスに「神の霊」がくだった、と伝える福音書の記事もこれらの物語を下敷きにしている。

＊22　エリシャの物語には「預言者たちの子ら」(邦訳聖書「預言者の仲間」)という表現が頻出する(列王記上二章15節、四章1節、38節ほか)。

＊23　「頭に油を注ぐ」ことによって王として選ばれたことを示す。本書第9章一項参照。

＊24　「記述預言者」とは、預言者本人が預言の言葉を記述したという意味ではなく、預言の言葉が書物として編纂された預言者のこと。

＊25　「聖なる」のヘブライ語はカドーシュ。ここから「聖なる」を三回反復して神を讃えるキリスト教会の典礼歌(trisagion)が生まれた。なお、神を「聖なる方」と呼ぶのはおそらくイザヤを嚆矢とする。

＊26　民が理解することのないために預言の言葉を語るとは、いかにも奇妙に響くが、イザヤ書は後に、民の目と耳が開かれ、神の業を理解する救済の時代の到来を繰り返し告げることになる。イザヤ書二九章18節、三五章5節、四二章7節ほか。

＊27　シャーケード「アーモンド」からショーケード「見張っている」への連想。古来、パレスティナはアーモンドの産地であった。創世記四三章11節参照。

＊28　ユダ王国からのバビロニア捕囚民の多くは、バビロンの東南百キロメートルほどの町ニップルの周辺に住まわせられたと思われる。ケバル川は大河ティグリスから引いた運河の一つであったろう。

＊29　エゼキエルは「神を見た」とは明言せず、イザヤの場合と同様、神の姿を描写することもない。旧約聖書には、神を見た人は生きていられない、といわれていたからである。出エジプト記三三章20節を参照。

＊30　「東方」は捕囚地バビロニアを指す。この幻の記事には、バビロニア捕囚民が後のイスラエル再建を担う、との預言者の思いがこもる。

＊31　古くから契約観念が発達していた古代西アジアでは土地の売買に契約証書が交わされた。楔形文字で粘土書板に刻まれた契約証書はシリア・メソポタミアの遺跡から大量に出土する。パピュルスや羊皮紙に記された証書が今日まで残ることはきわめて稀である。

＊32 当時、成人男子が髪と髭を剃り落すのは恥とされた。イザヤ書七章20節ほか。

＊33 列王記は南のユダ王国の立場から編纂されたこともあって、北イスラエルの王たちとその時代には一貫して否定的な評価をくだすが、ヤロブアム二世の時代については例外的に肯定的な評価をも加えている。

＊34 「門で」とは裁判においてという意味。当時の城門には、公的交渉や裁判が行われる部屋が設けられていた。

＊35 アモス書四章1―3節、六章4―5節ほか。

＊36 ホセア書八章4節、一三章10―11節など参照。

＊37 エフライムは北イスラエルの別名。

＊38 サムエル記上八章10―18節。この点については本書第9章一項を参照。

＊39 契約社会であった古代オリエントでは、結婚は契約に基づいていたので、「姦淫」「淫行」は契約違反と理解された。

＊40 たとえばイザヤ書一章1―17節、ホセア書六章6節、ミカ書六章6―8節など。

＊41 マタイ福音書九章13節、ルカ福音書一八章9―14節など。

＊42 イザヤ書八章23節―九章6節にもダビデの王統から理想の王が出る、という預言が残された。

＊43 エレミヤ書二三章5節、ゼカリヤ書三章8節ほか。

＊44 イザヤ書一一章2―5節、九章5―6節も参照。

＊45 ミカ書五章1―5節、エレミヤ書三〇章8―9節、エゼキエル書三四章23―24節、ゼカリヤ書九章9―10節など。

＊46 イザヤ書五五章3節、五九章21節、エゼキエル書一六章62―63節、三七章26節など。

＊47 イザヤ書四九章22―23節、六〇章1―22節、エレミヤ書三三章17節、ゼファニヤ書三章9―10節、ゼカリヤ書九章9―10節など。

＊48 例外はイザヤ書一九章19―25節。そこでは、エジプトにヤハウェの祭壇が築かれ、イスラエルはヤハウェの祝福においてエジプトとアッシリアの後塵を拝する、といわれる。すでに預言者アモスがイスラエルをクシュ（ヌビア、エチオピア）、ペリシテ、アラムなどと同列に並べて相対化している（アモス書九章7―8節）。

第11章 預言者群像

その素顔と個性

その言葉が預言書として残る古代イスラエルの記述預言者たちは、神ヤハウェへの確たる信仰に立って現実を見つめ、厳しい現状批判を神の言葉として同胞に告知しました。その活動は紀元前八世紀から前六世紀に集中しています。それは王国時代の後半から、南北両王国滅亡とバビロニア捕囚という激動期を経て、帰還した捕囚民がエルサレム神殿を再建し、神殿を中心としたユダヤ宗教共同体の歩みがはじまる時期までです。

預言者たちは、誰もがヤハウェ信仰という共通の基盤に立ちましたが、それぞれ時代背景が異なり、出自も個性もさまざまであり、そのまなざしの向かう先も違えば、預言の内容も一様ではありません。そこで、本章では、預言書を個々にとりあげて、預言者たちの個性や特色を探ります。預言書の歴史的文脈は必ずしも明確でないこともありますが、時代を追って、なるべく多くの預言書をとりあげてみましょう。ただし、前章のはじめに述べたように、預言書を編集した人たちの関心は預言者の言葉にあって、預言者個人ではなかったので、預言者の生涯については不明の点が多く、出生はもちろんのこと、召命を受ける前の活動、晩年の生き方などに関する記事はありません。

一　アモス

預言者アモスが、紀元前七六〇年ころ、社会的に弱い立場にある者たちを搾取し抑圧する富裕層を激しく糾弾したことはすでに述べました。彼が宗教祭儀にうつつを抜かす北イスラエルの民に、祭儀ではなく、正義と公正を求めたことも本書第10章九項で紹介しました。体制側からみれば、このような預言者はじつに疎《うと》ましい存在であり、北イスラエルの国家聖所がおかれたベテルの祭司アマツィヤは、アモスのことを王ヤロブアム（二世）に密告するとともに、アモスの預言活動を禁じました（アモス書七章10―13節）。王国の神殿があるここで預言活動を行ってはならない、行うというなら、ユダの地でせよ、と恫喝《どうかつ》したのです。アモスは次のような言葉でそれに応じています。

私は預言者ではない、預言者の子でもない。
私は牧羊者、またいちじく桑[*1]の栽培者である。
ヤハウェが私を羊の群れの後から捕え、
ヤハウェが私に向かって言ったのである、

行って、わが民、イスラエルに預言せよ、と。

（アモス書七章14―15節）

アモスが預言者として召し出された経緯を彷彿《ほうふつ》とさせる発言です。アモス書一章1節によれば、彼はテコアの出身でした。テコアがエルサレムの南方約一五キロメートルに位置する遺跡テクアであったとすれば、アモスはユダ王国の農村部で「いちじく桑」を栽培する牧羊者でした。ところが、神ヤハウェの声に突き動かされ、ユダ王国から北のイスラエル王国に赴いたのです。本書の第10章一項に引用した「主ヤハウェが語る、誰が預言せずにいられよう」（アモス書三章8節）という発言の背後には、そうしたアモスの体験がありました。

祭司アマツィヤから密告を受けた王ヤロブアムがアモスをどのように扱ったのか、アモス書は語りません。アモスは「ヤロブアムは剣にかかって死ぬ」（同七章11節）とまで語っていますから、ヤロブアムはアモスのことを無視できなかったにちがいありません。しかし、短期間で終わったとみられるアモスの預言活動が王の行動とどう関係したのかは、不明です。確かなことは、アモスが祭司アマツィヤの恫喝にも屈しなかったことです[*2]。次の短い発言にもそれが暗示されています。

それゆえ、この時代、賢い者たちは沈黙する。じつに、これは悪い時代なのだ。

（アモス書五章13節）

搾取が横行し、格差がひろがり、苦しむ貧困層の訴えは取り上げられない時代であるのに、賢い者たちは沈黙を決め込み、口を開かない。それが時代をさらに悪化させている——だからこそ、自分は神の言葉を語らざるをえない。それがアモスの固い決意でした。彼は貧者や弱者の側に立ち、声を荒げて、権勢をふるう富裕層による搾取や不正、不当な裁判や収賄《しゅうわい》を厳しく糾弾しました。[*3] 彼らの奢侈贅沢をあげつらう言葉もじつに辛辣《しんらつ》です。[*4] そして、イスラエルに対する神ヤハウェによる審判を告知しました。その審判は、敵による掠奪や捕囚連行、飢饉や疫病、天変地異などをもって、具体的に表現されました。

アモスの預言は糾弾と審判の告知で一貫し、救済や回復を告げる預言は残っていません。[*5] しかし、いったん、敵に襲撃されたり、飢饉や疫病が起これば、はじめに苦しむのは貧者や弱者です。アモスがそうした事態を知らなかったとは思えません。彼はイスラエルの民に対して、糾弾と審判の言葉を重ねながら、じつは、同胞の救いを願っていました。その願いは、「ヤハウェをたずね求めて、生きよ」（アモス書五章6節）と語る彼の言葉に、あるいは、イスラエルが全滅する幻を見せられたとき、ヤハウェに繰り返し訴えた次の言葉に滲《にじ》み出ています。

主ヤハウェよ、どうか赦してください、
ヤコブ（＝イスラエル）は小さいのです、
どうして立ち上がれましょう。

（アモス書七章2、4節）

預言者の切なる想いがここに吐露されています。

二　ホセア

ホセアの預言活動は、アモスから一〇年ほど後、北イスラエルの王ヤロブアムの最晩年となる紀元前七五〇年ころにはじまりました。ホセア書に前七二二年の北イスラエル王国滅亡に言及する箇所はみられないので、ホセアの預言活動はそれ以前に閉じられたはずです。この時期の北イスラエルは、ヤロブアムが没してから王国が滅亡するまでの三〇年弱の間に、四回におよぶ王権簒奪を経験しています。政策的にも、強大国アッシリアとエジプトとの間で揺れ続けました。政治体制と政策が安定しないなか、民の多くは豊かさを約束するカナンの豊穣神バアルへの崇拝に傾斜してゆきました。

ホセアは、預言活動の初期、「淫行の女」ゴメルと結婚して、生まれた三人の子供に奇異な名をつけるように、神から命じられました[*6]（ホセア書一章2―8節）。最初の男児の名はイズレエル。ヤロブアムで四代目となるイエフ王朝がイズレエル平原で暴力的手段に訴えて王権を奪ったこと（列王記下九章）を想起させ、王朝の滅亡を暗示したのです。はたして、ヤロブアムの息子ゼカルヤは即位後六か月で殺害され、王朝は滅亡しました（列王記下一五章8―12節）。さらに、次の女児にはロ・ルハマー「憐れまれぬ女」と、三番目の男児にはロ・アンミ「わが民にあらず」と名づけさせられました。それらは、バアル崇拝に傾斜してゆくイスラエルの民が神ヤハウェから見棄てられることを示唆する名でした。

ホセア書に残された預言は、大きく二つの主題をめぐっています。政治批判とバアル崇拝批判です。この二つの主題については、すでに本書の第10章八項と九項で紹介したので、ここでは、そこに表れるホセア預言の特質を二点に絞って指摘するにとどめましょう。

その一つは歴史の想起です。たとえば、ホセアはイスラエルの王制がはじまった歴史伝承を想起させたうえで、王制の消滅を次のように告げています。

> どこにいるのか、あなたの王は、
> すべての町で、あなたを救う者、
> あなたを裁く者たちは、どこか。
> かつて、あなたは言ったものだ、
> 王と高官を与えてください、と。
> わたしは怒ってあなたに王を与え、
> 憤《いきどお》ってこれを奪い去るであろう。
>
> （ホセア書一三章10―11節）

ホセアはここで、王制が民の要求からはじまった歴史伝承（サムエル記上八章）を想起させたうえで、そもそも王制自体が神ヤハウェの意思にそぐわないことを明示しました。[*7]「彼らの悪のすべてはギルガルにある」（同九章15節）という発言も、初代の王サウルが即位した場所ギルガルを念頭におくとすれば（同一一章14―15節）、そこではじまった王制自体が諸悪の根源であることを表明しているといえましょう。このほかにも、ホセアは父祖ヤコブの伝承、「出エジプト」および「荒野の時代」、カナン定住後の事件などに言及しています[*8]。

ホセアは、「出エジプト」および「荒野の時代」をイスラエルの理想の時代とみました。しかし、この理想の時代を体験したはずの先祖たちが、すでにその直後、モアブの野でバアル崇拝に魅せられ、神ヤハウェの厳しい処罰を受けた出来事（民数記二五章1―9節）を指摘することも忘れませんでした。ホセアはその歴史的「事実」を突きつけることによって、豊かさを約束するバアル祭儀に魅せられてゆく民のおぞましい現実を自覚させようとしたのです（ホセア書一一章2節）。ホセアは同胞に、このようにして、過去の出来事から現在を照らし出し、歴史を現在に生かそうとしました。

ホセアの預言にみられる特質のもう一つは内面への視座です。目に見える事態は人間の内面の姿勢に発する、と彼は考えました。自然界を荒廃させずにはおかない人間社会の紊乱《びんらん》は、「真実」と「慈愛」と「神を知ること（＝神へのおそれ）」の欠如に起因する、という発言（ホセア書四章1―3節）などにそれはうかがえます。すでに述べたように、民がバアル祭儀に傾斜する事態をホセアは「淫行」や「姦淫」として断罪しました。彼はその際、行為の実態を暴くだけでなく、「淫行」に走る民の内なる動機に目を向け、彼らは「淫行の霊」にとらわれている、と喝破《かっぱ》しました（同四章12節ほか）。バアル崇拝それ自体の忌まわしさにもまして、進んでバアル祭儀に身をやつす民の、内なるおぞましさをホセアは洞察したのです。それは、沃地的な豊かさに憧れ、これに惑溺《わくでき》する「欲望の霊」でした（ホセア書四章19節）。

ホセアが民の内面の消息に目を向けたことは、「彼らは心からわたし（＝神ヤハウェ）を呼ぶことはなかった」（ホセア書七章14節）、「彼らの心は誤った」（同一〇章2節）など、「心」という語を多用する点に表れています。[9] 彼は神ヤハウェの心の想いにまで立ち入りました（同六章4節、一一章8節ほか）。

このような歴史の想起と内面への視座を、ホセアはイスラエルの回復預言にみごとに統合させてみせます。いつの日にか、イスラエルの歴史の起点であった出エジプトの出来事に続く荒野の時代が再現され、民は神ヤハウェの語りかけを心で受けとめるようになるであろう、というのです。

それゆえ、みよ、わたしは彼女をいざなって、
荒野に導いて行き、彼女の心に語りかけよう。
そのところでわたしは彼女に葡萄園を、
アコルの谷[10]を希望の門として与えよう。
彼女は応えるだろう、若き日々のように、
エジプトの地から上ってきた日のように。
（同二章16―17節）

三　イザヤ

イザヤの預言活動の場はユダ王国の主都エルサレムです。彼の召命体験は王ウジヤの死んだ年であったといいますから（イザヤ書六章1節）、紀元前七三六年ころでした。もっとも新しいイザヤの預言は、前七〇一年、アッシリア王センナケリブによるエルサレム包囲のときのものです（同三七章6—7節ほか）。その活動期が三五年にもおよぶイザヤは、古代イスラエルの預言者を代表するといってもよいでしょう。すでに本書第10章五項で、彼の召命体験と象徴行動を紹介し、社会批判の一端を引用しました。理想の時代の到来を告げる預言についても、多少の説明を加えました。ここでは、イザヤが彼の時代とどのように向き合ったのかという点に絞って、彼の預言活動をみてゆきましょう[*11]。

イザヤが預言者として活動した約三五年間は、三つの大きな出来事が起こった時代でした。最初の出来事はシリア・エフライム戦争（紀元前七三四年ころ）です[*12]。ダマスコの王レツィンと北イスラエルの王ペカがユダ王国を攻撃したのです。両国は、強大国アッシリアの侵攻を阻止するために、ほかの小国とも同盟を結びましたが、ユダがこれに加担しなかったため、主都エルサレムに軍を進めました。それに対してイザヤは、この二人の王はまもなくアッシリアにより退けられる、それゆえ、神ヤハウェへの静かな信頼を保つように、とユダの王アハズに進言しています（イザヤ書七章4、9節）。ところが、アハズは貢物をもってアッシリア王ティグラト・ピレセル（三世）に援助を求めました。ティグラト・ピレセルがダマスコを滅ぼすと、アハズは謁見のためダマスコを訪れ、そこで見たアッシリア風の祭壇をエルサレム神殿にも作らせています（列王記下一六章5—18節）。

次は、その一〇年ほど後に起こった北イスラエルの滅亡（紀元前七二二／二一年）です。イザヤはユダに対する預言と同様、北イスラエルに対しても厳しい預言を残しています。虚偽と傲慢が支配し、指導者は民を迷わし、社会的に弱い立場にある人々が保護されない北イスラエルに神の怒りの手が伸ばされよう、と告げたのです（イザヤ書九章7節―一〇章4節）。神の怒りの手とは、具体的には、アッシリアやエジプトによる攻撃です。大国の侵攻は、この民を懲らしめるために神ヤハウェが呼び寄せるからである、とイザヤは語っています（同七章18―20節ほか）。時代動向の背後に神の意思を読み取ったのです。北イスラエル滅亡は、それゆえ、イザヤの警告預言の成就でもありましたが、イスラエル滅亡時に語った彼の言葉は確認できません。しかし、救済預言を語る際には、北の同胞たちの回復を視野に収めています。公正と正義をもって治める「平和の君」がダビデの王座に就くとき、かつてアッシリアに蹂躙《じゅうりん》された北イスラエルの地に光が照り輝こう、と語っています[*13]。イザヤは、北イスラエル滅亡後も、理想の王のもとで、北イスラエルと南のユダがふたたび統合される時代の到来を願ったのです。

　最後は、アッシリア軍によるユダ王国の蹂躙です。アッシリアに依存・迎合したユダの王アハズを継いだヒゼキヤは、アッシリア資料に示唆されるように、当初、アッシリア王サルゴン（在位・紀元前七二二―七〇五年）に貢納していました。サルゴンは北イスラエルの滅亡とも関わる王です。ところがヒゼキヤは、しばらくして、エジプトの後ろ盾を得つつ、アシュケロンをはじめとするペリシテ諸都市の動きと呼応して、反アッシリア政策に転換します。そのために、ユダの国土はサルゴンを継いだセンナケリブ（在位・紀元前七〇五―六八一年）率いるアッシリア軍に掠奪されてしまいました（列王記下一八章13節）。じっさい、アッシリア軍はユダ王国の重要な要塞都市ラキシュを攻略し、そこからエルサレム攻撃を計画しました。ラキシュ攻略の模様は、ニネヴェのセンナケリブ宮殿の一室を飾る石壁に詳細な浮彫《レリーフ》として残されました[*14]。紀元前七〇一年には、アッシリア軍はエルサレムを完全包囲したのです。旧約聖書は、そのとき、ヤハウェのみ使いがアッシリアの陣営を撃ったため、センナケリブはアッシリアに退却した、と伝えますが（列王記下一九章35―36節）、アッシリア側の資料はこれについて沈黙しています[*15]。ただし、センナケリブ碑文には、ヒゼキヤをエルサレムに「籠の鳥のように」閉じ込めたこと、ヒゼキヤが大量の金銀そのほかを「娘や男女の楽士たち」とともにセンナケリブに贈って寄こしたことが記録されています。ヒゼキヤがセンナケリブに降伏を告げ、大量の金銀を貢納したことは列王記下一八章14―16節にも記されています[*16]。

　イザヤは、ユダ王国がエジプトへの依存を強めるなかで、そうした大国依存の政策を厳しく戒めました。

災いだ、助けを求めてエジプトに下り、
馬を自らの支えにしようとする者たちは。
数が多いからといって、彼らは戦車に、
非常に力強いといって、騎兵に頼って、
イスラエルの聖なる方を仰ぎ見ず、

ヤハウェに尋ね求めもしなかった。（イザヤ書三一章1節）

これに続き、「エジプト人は人間であって、神でなく、彼らの馬は肉であって、霊ではない」（イザヤ書三一章3節）と語っています。エルサレムが完全包囲されたときには、アッシリアをおそれるな、センナケリブは「うわさを聞いて、自分の国に引き返すであろう」と王ヒゼキヤに伝えました（列王記下一九章7節、イザヤ書三七章7節）。

大国依存とは軍事力依存にほかならず、それは神でなく、人間を頼ることにほかならない――軍事力が幅を利かせる国際情勢を見据えながら、アッシリアをおそれるな、エジプトに頼るな、とイザヤは叫びました（イザヤ書一〇章24節、三〇章7節など）。国を支えるのは強力な軍事力ではなく、神ヤハウェへの静かな信頼に基づく「正義と公正」であり、そこにこそ真の力がはたらく。これが預言者イザヤのゆるがぬ確信でした（同三〇章15節）[*17]。

四　ミカ

イザヤと同時代のユダ王国で活動したもう一人の預言者に、モレシェトの人ミカがいました（ミカ書一章1節）。モレシェトはモレシェト・ガトとも呼ばれ（同一章14節）、海岸平野とユダの中央山地に挟まれた丘陵地シェフェラーの農村都市でした[*18]。アモスと同じく、ミカもまた農村から呼び出され、エルサレムで活動した預言者でしたが、ミカ書にはそのほかの個人史情報は伝えられていません。

ミカが「嗣業の地」を奪い取る権力や財力をもつ者たちを厳しく告発したことは、すでに紹介しました。[19] 彼は農村で「嗣業の地」が奪われてゆくさまをじかに目撃したにちがいありません。その農民たちの嘆きの声を引用しています（同二章4節）。彼がシェフェラーの町々と小さな村を名指して、災いの到来を告げる預言（同一章10―16節）は、前述したアッシリア王センナケリブによるユダの国土蹂躙を背景にしています（列王記下一八章13節）。センナケリブ自身がヒゼキヤの治める「四六の強力な町々と無数の小さな村」を攻め奪った、と碑文に刻ませています。それ以外に、歴史的背景を特定できるミカの預言は残されていませんが、彼が社会的不義・不正を糾弾してやまなかったことは随所にみられます。

ミカによる批判の矛先は、エルサレムの権力層や富裕層だけでなく、宗教指導者たちにも向けられました。少し長いのですが、引用してみましょう。

　このことを聞け、ヤコブの家の頭たち、
　イスラエルの家の指導者たちよ。
　彼らは公正を忌み嫌う者たち、
　まっすぐなものをすべて曲げている。
　流血によってシオン[20]を建てる者たち、
　不正によってエルサレムを。

その頭たちは賄賂を取って裁き、
その祭司たちは代金を取って教え、
預言者たちは銀[*21]を取って占う。
しかも、ヤハウェに頼って言うのだ、
ヤハウェはわれらのなかにおられるではないか、
われらの上に災いが襲うことはない、と。
それゆえ、シオンは畑となって耕され、
エルサレムは瓦礫の山となり、
神殿の山は木々の茂る丘となる。

（ミカ書三章9―12節）

ここでミカがエルサレムの支配層の収賄や不正行為を糾弾する口吻《こうふん》は、イザヤの預言に似ています[*22]。さらにミカは、祭司や預言者たちの堕落ぶりを非難しました。民を惑わす預言者たちについては、別の箇所で、「彼らは歯で噛む間[*23]は、平和あれ、と叫ぶが、口に何も与えない者、彼には戦争を宣言する[*24]」と告発しています（ミカ書三章5節）。当時、私腹を肥やす祭司もいれば、報酬を受けて「平和」を告知し、報酬を与えない人には災いを告げる預言者たちもいたのですが、ミカは敢然と彼らに批判の言葉を放ちました[*25]。引用文の最後には、シオン＝エルサレムの滅亡が告知されています。この言葉は後々まで人々の脳裏に刻まれ、一世紀ほど後のこと、エルサレム神殿の破壊を預言したエレミヤが裁きの場に立たされたとき、長老たちはこのミカの言葉を高官や祭司たちに想起させ、エレミヤへの死刑判決をとどまらせたと伝えられます（エレミヤ書二六章16―19節）。

最後に、ベツレヘムからイスラエルを治める理想の支配者が出る、という救済預言（ミカ書五章1―5節）にふれておかねばなりません。ベツレヘムはダビデの出身地であり、理想の支配者は「再来のダビデ」のことですが、彼は「平和」と呼ばれ、アッシリアでさえも彼のもとで飼いならされてしまう、と告げられます。この預言は、後代、イエス・キリストの誕生地がベツレヘムと伝わる理由となりました。[*26]

五　エレミヤ

エレミヤが預言者として召命を受けて預言活動をはじめるのは、ヨシヤ王の治世第一三年（紀元前六二六年）のことです（エレミヤ書一章2節）。その五年目にヨシヤの改革がはじまりました。[*27]しかし、ファラオ・ネコ率いるエジプト軍を迎え撃とうとしたヨシヤの憤死（紀元前六〇九年）によって改革は頓挫《とんざ》してしまいました。[*28]その後、ユダ王国はバビロニアとエジプトの狭間で混迷を深めてゆきます。最終的には、紀元前五八七年、ネブカドレツァル率いるバビロニア軍の前にユダ王国は崩壊しました。ユダ王国の主だった人々は捕囚民として連行され、ユダの地はバビロニアの属州となりました。エレミヤは属州の総督とされたゲダリヤに協力しましたが、総督を暗殺し、バビロニアの報復をおそれてエジプトに逃れる国粋主義者たちによって彼もエジプトに拉致されてしまいました。エレミヤの最後の言葉はエジプトで語られています（エレミヤ書四三章8節以下）。[29]
祖国が崩壊するこのような時代に預言者として立たされたエレミヤは、同胞に向けていったい何を語ろうとしたのでしょうか。四五年間にもわたって活動した彼の預言に関して、詳述することは叶いませんが、以下、エレミヤが告げた預言の特色に絞って紹介してみましょう。

　活動の最初期のエレミヤは、激烈な表現をもって、異教崇拝に走る同胞を指弾し、神の審判として「北からの災い」の到来を告げました。[30] 激烈な表現とは、たとえば、民の異教崇拝を異国の男らとの淫らな情事になぞらえ、その姿を欲情にあえぐ牝驢馬《めろば》にたとえたことなどです（エレミヤ書二章24―25節）。「北からの災い」は北からの敵の襲撃を意味しますが、彼がどのような敵対勢力を念頭においたのか、確言はできません。スキタイ人の襲来[31]が想定されてきましたが、その実態はいまなお不明です。

　エレミヤは激しく民を糾弾し、神の審判を告知しましたが、そのことに怯えたのはほかならぬ預言者自身でした。彼は民のためにとりなしの祈りを捧げています。[32] しかし、神はそのような祈りを許さなかった、と伝えられます。[33] エレミヤの預言が同胞に受け入れられなかったことは、いうまでもありません。受け入れられなかったどころか、同郷の人々や親族は彼の口封じを画策するのです（エレミヤ書一一章21節、一二章6節ほか）。四面楚歌のなかで、彼は神に向かって預言者としての悲哀を切々と訴えています。その一例を引用してみましょう。

ヤハウェよ、あなたが惑わしたので、私は惑わされました。
あなたは私よりも力があって、思いのままになさいます。
私は、終日、笑い種《ぐさ》になり、人はみな私を嘲《あざけ》ります。
語るたび、私が叫び、暴虐だ、掠奪だ、と呼ばわるからです。
じつに、ヤハウェの言葉は、終日、私の恥辱と嘲笑《ちょうしょう》でした。
（エレミヤ書二〇章7―8節）

ヨシヤの改革に対するエレミヤの立場については、十分な記録が残されていないので、わかりません。好意的に見守ったともいわれますが、形式的な改革とみて、一定の距離をおいた可能性もあります。ともあれ、エレミヤが活動を再開するのは、ヨシヤ王の死後、バビロニアとエジプトの狭間で風見鶏のように向きを変えるヨヤキム王の時代でした。「北からの災い」の預言は、ヨヤキムの時代、バビロニア軍の侵攻によってようやく実現したのです[*34]（エレミヤ書二五章9節）。

彼はエルサレム神殿に赴き、律法に従わなければ、エルサレム神殿はシロのようになる、と人々に警告します（エレミヤ書二六章2―6節）。そのために、彼はあわや死刑に処せられそうになりました。この時期、神殿参詣者たちにエレミヤは次のような神の言葉を語ってもいます。

ここはヤハウェの宮、ヤハウェの宮、ヤハウェの宮、などといった虚偽の言葉をあなたたちは信頼してはならない。もし、あなたたちが歩みと行いを正すならば、互いの間で公正を果たし、寄留者、孤児、寡婦を抑圧せず、この場所で無実な者の血を流さず、ほかの神々に付き従って自らに災いを招かないならば、わたしはあなたがたの先祖に与えたこの場所に、永遠から永遠まで、あなたたちを住まわせよう。

（エレミヤ書七章4―7節）

ヨヤキム王の第四年（紀元前六〇五年）は、即位直前のバビロニアの王子ネブカドレツァルが北シリアのカルケミシュでエジプト軍を撃破した年でした[*35]。古代オリエントの覇者として躍り出たバビロニアに対抗して、ヨヤキムはエジプトの支援のもと、周辺諸国との軍事同盟締結を画策します。エレミヤはそれに対して、ネブカドレツァルを「わが僕」と呼ぶ神ヤハウェの言葉を告げました（エレミヤ書二五章9節ほか）。この地はネブカドレツァルによって廃墟とされ、七〇年間、民は彼に仕えるようになる、というのです（同二五章1―29節）。翌年の冬、エレミヤの預言の言葉を記した巻物がヨヤキム王の前で読み上げられると、王は巻物を切り刻んで暖炉にくべて燃やしてしまいました（同三六章23節）[*36]。

はたしてその六年後、エルサレムはネブカドレツァルに攻撃され、第一回バビロニア捕囚が起こります。ヨヤキムはその直前に他界したため、即位してまもない若きヨヤキンが、ほかの有力者たちとともに、バビロニアに連行されました[*37]。ヨヤキンに代わって、ネブカドレツァルはヨヤキンの叔父ツェデキヤを即位させますが、彼は優柔不断の人物でした。そして、エジプトの援軍をあてにして主戦論を唱える「国粋」主義者たちに押し切られ、反バビロニア政策に舵を切ります。しかし、エジプトからの援軍はなく、バビロニア軍の攻撃の前にエルサレムは陥落し、ダビデ王朝は崩壊するのです。エレミヤは、この間、一貫して、バビロニアへの降伏を勧めたために、宮廷内に勾留されてしまいました（エレミヤ書三七―三八章）。

　バビロニアへの降伏を勧めるエレミヤの発言は、政治的判断というよりも、信仰的判断にもとづいていました。神ヤハウェはバビロニアを用いてユダ王国民の罪を罰する、と彼はみたのです。エルサレム陥落後、勾留を解かれ、バビロニアに厚遇される機会を提供されますが、彼は祖国残留を決断しました（エレミヤ書四〇章1―6節）。そのために、彼が同胞によってエジプトに拉致されたことは、すでに述べた通りです[*38]。

　最後に、このような混迷と混乱の時代の預言者エレミヤが、じつは、人間の内面にまなざしを向けていた、ということにも短くふれておきましょう。それは、端的に、「エルサレムよ、あなたの心の悪を洗い清めよ」（エレミヤ書四章14節）をはじめ、「心」（レーブ／レバーブ）という語がエレミヤ書に多く用いられることに示されます[*39]。

　内面に向けられたまなざしは、物事の量でなく、質を見てとります。それゆえ、「大きな者」の大きな罪も、「小さな者」の小さな罪も、彼の目には同列に映りました（エレミヤ書六章13節ほか）[*40]。内面に目を向けた彼は虚偽や欺瞞を嫌いました。虚偽や欺瞞を意味する語の用例もエレミヤ書にきわだつ特色です。エレミヤにとって、悪とは真実を棄てた虚偽にほかならず、それが「心の悪」として受けとめられたのです。彼は「心はなににもまして偽るもの、それは癒しがたく、誰がそれを知りえよう」と語っています（同一七章9節）。

　エレミヤは、自分の心だけは清い、などと考えませんでした。彼は民の罪を「われらの罪」と告白しています（エレミヤ書一四章7節ほか）。エレミヤ書には、おのれの赤裸々な想いを神にぶつける預言者の言葉が残され、「エレミヤの告白録」と呼ばれます[41]。そこには、自分の生まれた日を呪う言葉、すでに引用した孤独な預言者の嘆き、彼を迫害する者たちへの報復をあからさまに願う言葉などが記されています。エレミヤの心には、相矛盾する想いや願いがせめぎ合っていたのです[42]。であればこそ彼は、人々の罪が赦され、律法が心に記され、一人ひとりが心において神と結ばれる「新しい契約」の時代の到来に望みを託したのだと思われます（エレミヤ書三一章31―34節）[43]。

六　ゼファニヤ

ゼファニヤ書は三章からなる小さな預言書です。しかし、じつに堂々とした預言書です。その全体は、ユダとエルサレムに対する審判預言（ゼファニヤ書一章、三章1―8節）、諸国民への審判預言（ゼファニヤ書二章）、諸国民とユダの救済預言（同三章9―20節）といった三部構成です。その点では、三大預言書と肩を並べます[44]。

冒頭の表題によれば、ゼファニヤはヨシヤ王の時代に活動した預言者でした（同一章1節）。バアル崇拝をはじめとする異教崇拝が批判されることから（同一章4―6節）、預言者としての彼の活動時期は、異教祭儀を国から一掃するヨシヤの改革の開始前であったとみられ、エレミヤの最初期と重なります。しかし、エレミヤ書にゼファニヤの名は出てきません。ゼファニヤ個人に関する情報は五代にわたる系譜がゼファニヤ書冒頭に列記されるほかになく、その人物像は闇に包まれています。

ゼファニヤ書の特色の一つは、審判の到来を告げる「ヤハウェの日が近い」という表現です（同一章7節）。「ヤハウェの日」とは、アモス以来、神がその民にくだす審判の時として、預言者たちに用いられますが、ゼファニヤはこれを「ヤハウェの大いなる日」「怒りの日」「ヤハウェの憤りの日」などとも言い換えました[*45]。

審判は、軍事攻撃によるエルサレムとユダの町々の掠奪と滅亡、さらに国土蹂躙として描かれます（ゼファニヤ書一章17節ほか）。しかし、攻撃してくる敵を具体的に示唆する文言はなく、それがあたかも神自身による攻撃でもあるかのように語られます。審判がくだされる理由は、民による異教崇拝であり、指導者たちの不義・不正でした。彼はエルサレムを「抑圧の都」と呼び、民の指導者たちを「吼えたける雄獅子《おじし》」や「夕暮れの狼」になぞらえました。

災いだ、反逆と穢れ、抑圧の都。
彼女は呼びかけを聞かず、戒めを受け入れなかった。
ヤハウェに信頼せず、自分の神に近づかなかった。
都の高官たちは都のなかで吼えたける雄獅子、
裁判官たちは夕暮れの狼、朝には骨を噛み砕かない[*46]。
預言者たちは無思慮で、欺瞞の人々
祭司たちは聖所を汚し、律法を破る。

（ゼファニヤ書三章2―4節）

諸国民への審判預言の対象にされる国々は、近隣のペリシテ、モアブ、アンモンであり、クシュ[47]とアッシリアです。彼らに審判がくだるのは、彼らが高ぶり、ヤハウェの民を嘲ったからだ、と説明されます（ゼファニヤ書二章10節）。と同時に、諸国民が「肩を一つにして」神ヤハウェに帰依し、ヤハウェに仕える時代を将来に展望する言葉も残されました（同三章9節）。

ヤハウェの民の回復は「残りの者」に託されます。破局を乗りこえた「残りの者」が民の回復の基盤となる、という思想自体はゼファニヤ以前にもありました[48]。ゼファニヤはそれを受け継ぐとともに、ヤハウェが残すのは虐げられた者や力のない者であり、彼らこそが新しい時代の新しい民の担い手となる、と告げたのです。

わたしはあなたのなかに虐げられた弱い民を残す、
彼らはヤハウェのみ名に身を避けよう。
イスラエルの残りの者は不義を行わず、偽りを語らず、
彼らの口に欺瞞の舌が見出されることはない。
じつに、彼らは伏して草を食み、脅かす者はない。
（ゼファニヤ書三章12―13節）

「虐げられた弱い民」こそが新しい時代の担い手になる。そこにゼファニヤの預言の大きな特色がみられます。それははるか後代、貧しい者たち、苦しむ者たち、悲しむ者たちが祝福される

時代が訪れた、と語るイエス・キリストの宣教に受け継がれてゆきます。

七　エゼキエル

預言者エゼキエルがバビロニア捕囚民の間で活動を開始するのは、第一回バビロニア捕囚から五年目、紀元前五九四年のことでした（エゼキエル書一章2節）。彼は、若き王ヨヤキンをはじめとするユダ王国の有力者らとともに、バビロニアに連行された捕囚民の一人でした[*49]。この時期、本国ではツェデキヤ王のもとで、対バビロニア主戦論が勢いを増し、捕囚民の間では、解放の期待が高まっていました。御用預言者や占い師たちがそれを煽ったのです。

本国においてそのような動きを察知したエレミヤは捕囚民に手紙を送り、捕囚は七〇年間続くので、安易な期待を抱くことなく、捕囚の地で家を建て、果樹を植えて、落ち着いた生活を心がけよ、と諭したと伝えられます（エレミヤ書二九章1―23節）[*50]。捕囚民の間でも、バビロニアの地で預言者としての召命を受けたエゼキエルがそれに呼応して、遠くない将来、エルサレムはバビロニアによって滅ぼされよう、と告げ、同胞の安易な期待を打ち砕きました。

この民は神ヤハウェに背いたがゆえに、神に罰せられ、エルサレムは滅ぼされる。エゼキエルがそのことを奇異な象徴行動をもって同胞に印象づけようとしたことは、先に紹介した通りです[*51]。

彼はまた、彼のもとに集まるユダの長老たちに、エルサレム神殿で行われているおぞましい異教祭儀を詳細に示すことによって、エルサレムに対する神ヤハウェの審判が不可避であることを理解させようとしました（エゼキエル書八―一一章）。最愛の妻が彼のもとから忽然《こつぜん》と取り去られたとき、彼が声を出して嘆くことなく、喪に服さなかったのも、エルサレムの滅亡に際し、人々は親族の死を弔うことさえできなくなる、ということを同胞に印象づける象徴行為でした（同二四章15―24節）。

エゼキエルは、「父たちが酸っぱい葡萄を食べれば、子らの歯が浮く」[*52]と繰り返す同胞たちに対して、誰しも自分の罪の結果は自分が負うのであって、親の罪の結果を子が負うようなことはない、と諭《さと》しました（同一八章）。捕囚の同胞たちの間には、自分たちが捕囚という憂き目をみたのは、親の世代の罪のゆえである、といった思いが蔓延していたのです。そこからは、悲観的な運命論は生まれても、捕囚後を見据えた希望が紡ぎ出されることはありません。エゼキエルは、一方で、第二のバビロニア捕囚が迫ることを洞察しながら、他方では、捕囚帰還後のイスラエルの再建を視野に収めていました。そして、イスラエルの再建には、自らが犯した罪の結果を引き受ける責任ある主体の確立こそが肝要である、と考えたのです。「新しい心と新しい霊を造り出せ」（同一八章31節）とは、そのような主体の確立を求めるエゼキエルらしい発言でした。

はたして、エゼキエルが預言活動をはじめて六年目、エルサレムは陥落し、第二回の捕囚民がバビロニアに連行されてきました。これ以降、一転して、彼は捕囚の同胞たちにイスラエル再興の希望を語り出すことになります。彼がイスラエル再興を確信したのは、「枯れ骨の谷の幻」と呼ばれる次のような幻の体験でした。

ヤハウェは私を連れ出し、かの平地に導いた。そこは骨で満ちていた。ヤハウェは私にそれらの上を幾度も行きめぐらせた。なんと、平地の表《おもて》に骨はすこぶる多く、それらはいたく干からびていた。（中略）ヤハウェは私に言った「人の子[*53]よ、これらの骨は生き返るだろうか」。私は言った「主ヤハウェよ、それはあなたがご存じです」。彼は私に言った「これらの骨に預言せよ、……」。（中略）

私は命じられたままに預言した。私が預言するや、音が起こり、なんと、地響きがあって、一つの骨がもう一つの骨にと、骨は互いにくっついた。私が見ていると、なんと、それらの上に筋ができ、肉が上《のぼ》り、その上に皮膚がかぶさった。そのなかに霊はまだなかった。かれは私に言った「霊に預言せよ。人の子よ、預言せよ。あなたは霊に言うのだ、主ヤハウェがこう語った『四方から、霊よ、来たれ。これら殺害された者たちの中に吹け。彼らが生き返るように』と」。

私は命じられたままに預言した。すると、霊が彼らの中に入り、彼らは生き返り、自分たちの足で立った、じつにおびただしい大軍勢として。

（エゼキエル書三七章1―10節）

エゼキエルは、このように骨が生き返る幻想的な体験をとおしてイスラエルの再興を確信し、同胞に希望の預言を語るのです。はじめのうちは、エゼキエルもまた、「再来のダビデ」のもとで、かつての北イスラエルと南のユダ王国がふたたび統合される国家を構想しました（エゼキエル書三七章15―28節）。しかし、最終的には、幻を見るというかたちで、再建されるべきエルサレム神殿の見取り図を詳細に描き出し、神殿を中心としたイスラエルの国家像を結んでゆくのです（同四〇―四六章）。神殿こそがイスラエルの民を生かす生命の源である。祭司の子であったエゼキエルはそう信じたのです[*54]。エゼキエル書は、最後に、神殿を核としてイスラエルの一二部族が土地を分け合う国のかたちを提示し（同四七章13節―四八章29節）、エルサレムの一二の門にふれて（同四八章30―35節）、締めくくられています[*55]。

バビロニア捕囚は、紀元前五三九年、バビロニアを征服したペルシア王キュロスが捕囚民の帰国許可令を発布することによって、終焉を迎えます。ユダ捕囚民の多くは故地に帰還して、エルサレム神殿の再建にとりかかります。政治的にはペルシアの属州でしたが、神殿祭儀とモーセ律法を中心とした宗教共同体としてのユダヤの民の再興を期したのです。そのとき、エゼキエルの構想が大きな役割をはたしたことは、いうまでもありません。

八　第二イザヤ

イザヤ書は六六章からなりますが、四〇章からは語られる思想が一変し、五六章からはさらに主題が転換します。そこで、便宜上、四〇章から五五章までを第二イザヤ、五六章から六六章までを第三イザヤと呼びならわしています。ここでは、そのうちの第二イザヤの預言詩について、その特色をいくつか拾いあげてみましょう。

イザヤ書四〇―五五章に編まれた預言がバビロニア捕囚時代末期に語られたことは、たとえば、紀元前五三九年にバビロニアを征服するペルシア王キュロスへの言及から明らかです。[56] しかし、これらの預言を残した人物については、名前さえも知られていません。そこで、その人物もまた、便宜上、第二イザヤと呼ばれます（以下、「第二イザヤ」という場合はこの匿名の預言者を指します）。

　第二イザヤの一貫した使信は、バビロニア捕囚からの解放のおとずれでした。しかし、当時の信仰者たちの間では、エルサレム破壊とバビロニア捕囚は民が犯した罪のゆえである、と受けとめられていたので、捕囚からの解放には、罪の赦免が前提になります。では、捕囚民の罪の赦免を第二イザヤはどのように考えたのでしょうか。

　彼は、神がこの民の罪を「拭《ぬぐ》った」「吹き払った」また「赦す」とも語りますが、[57] その最大の特色は、捕囚からの解放に「贖《あがな》う」という動詞を多用したことです。捕囚解放を実現する神を「贖い主」と呼びました。[58]「贖う」とは、元来、負債のゆえに手放さざるをえない土地（「嗣業の地」）の「買い戻し」を、[59] また、債務がかさみ債権者の奴隷（「債務奴隷」）となった親族の債務を支払い、債務奴隷を身請けすることを意味する動詞でした。[60] つまり、この動詞を多用する第二イザヤは、民の罪を「負債」として理解したのです。そして、五〇年ごとのヨベルの年にあらゆる「負債」が解消されるように、[61] 捕囚の民の「負債」が支払われる時期が訪れた、と第二イザヤは宣言しました。おりしも、第一回捕囚からは六〇年の歳月が過ぎ、第二回捕囚から五〇年目を迎えようとしていました。宣言は第二イザヤの預言の冒頭におかれています。

　慰めよ、わが民を慰めよ、とあなたたちの神は言う。

エルサレムの心に語りかけ、彼女[62]に向かって叫べ、
じつに、彼女の苦役は満ち、その咎《とが》は支払われた、と。
じつに、彼女はヤハウェの手から、
彼女のすべての罪に倍するものを受けたのだ。
（イザヤ書四〇章1―2節）

第二イザヤの預言は、このように、バビロニア捕囚からの解放のおとずれを使信の中心に据えていますが、それに関わるいくつかの主題が付け加わります。その一つが神ヤハウェの唯一性の宣明でした。ユダ捕囚民の多くは、彼らの国を滅ぼしたバビロニアの神々のほうがイスラエルの神ヤハウェにまさる、と感じていたにちがいありません。それに対して第二イザヤは、「わたしはヤハウェ、ほかにはいない、わたしのほかに神はいない」という唯一の神の宣言を同胞に伝え[63]、逆に、人間の手の業である偶像は神ではありえず、バビロニアの主神ベルもネボも偶像にすぎない[64]、と断ずるのです。

第二イザヤは、バビロニアやペルシアのような大国の神でなく、人間の目には見えないイスラエルの神ヤハウェこそが、万物の創造者にして人間の歴史を差配する唯一無二の神である、と言い切りました。神ヤハウェの唯一絶対性をこのように雄渾《ゆうこん》に詠いあげた預言書は、ほかにありません。古代イスラエルの宗教史のうえで、唯一神観は第二イザヤにおいて明確に自覚された、といえるでしょうか。旧約聖書のなかで、唯一神観が明示される箇所がもう一つあります。申命記四章32―35節です。申命記法の導入部にあたるこの部分は、おそらく、第二イザヤの影響を受け

ています。
なお、第二イザヤには、「ヤハウェの僕の詩」と呼ばれる預言詩が四つ知られ[*65]、なかでも「苦難の僕の詩」と呼ばれる第四の預言詩は、内容が印象深いだけに、「僕」をめぐってさまざまな議論がなされてきました。この「苦難の僕の詩」については、本書第12章六項であらためて取り上げることにしましょう。

九　ハガイ・ゼカリヤ

ペルシア王キュロスがバビロニアを征服し、バビロニア捕囚民に故国帰還を許可したのは紀元前五三九年のことでした。ユダ捕囚民は、かつてネブカドレツァルがエルサレム神殿から奪った祭具類を携えて帰還したといいます（エズラ記一章2―11節）。帰還した彼らが最初に取り組んだ神殿再建が始まると「昔の神殿を見たことのある年老いた祭司、レビ人、一族の頭たちの多くは、大声を上げて泣いた」とエズラ記に記されています（同三章12節）。

神殿再建は、周囲の民による妨害もあって、順調には進みませんでした。工事が本格的に再開されたのは、ダレイオス王の治世二年目（紀元前五二〇年）のことです。そのとき、ハガイとゼカリヤという二人の預言者が民を鼓舞し、ゼルバベルと祭司イェシュア（＝ヨシュア）のもとで工事が進められました（エズラ記五章1―2節）。そして、ダレイオスの治世六年目の末（紀元前五一五年三月）に完成をみました（同六章15節）[*66]。ところが、神殿再建の再開から完成するまでの四年間は、一つの謎に包まれています。神殿が完成し、これを奉献する祝祭の記事に、工事再開に大きな役割をはたしたゼルバベルとイェシュアが登場しないのです。二人の預言者の言葉を収めたハガイ書とゼカリヤ書一―八章がその謎をさらに深めます。

ハガイ書全二章は、ダレイオスの治世第二年、第六の月と第七の月と第九の月の預言者の言葉から構成されています。それらによれば、ゼルバベルはペルシア本国から任命された属州ユダの総督、イェシュアは大祭司でした（ハガイ書一章1節ほか）。ハガイの預言は、第一に、ユダの民とこの二人の指導者を鼓舞して、神殿再建にあたらせます（同一章）。第二に、ゼルバベルとイェシュアを勇気づけて、再建された神殿は栄光にみたされ、平和が与えられよう、と約束します（同二章1―9節）。第三に、祭司たちに身を清め、献げ物を清く保つように要請します（ハガイ書二章10―19節）。そして最後にハガイは、ヤハウェによって国々は倒され、ゼルバベルが選ばれることを総督ゼルバベルに告げよ、と命じられます（同二章20―23節）。ところが、ゼルバベルのその後の消息は記されません。

ハガイ書と同じく、ダレイオスの治世第二年と四年の日付がみられるゼカリヤ書一章から六章に、ゼカリヤの見た八つの幻とその解釈が記されます。その幻には、地をめぐる四頭の馬、四本の角、若枝、金の燭台とオリーブの木、空を飛ぶ巻物、升のなかに座して空を飛ぶ女性、四両の戦車などがあらわれます。それによって、地上から邪悪な勢力が取り除かれ、エルサレムの再建と国家の再興が告げられます。なかでも、金の燭台とその左右にある二本のオリーブの木は、神ヤハウェを中心にして、「二人のメシア」が治める国家再興の象徴でした。「二人のメシア」がゼルバベルとイエシュアを示唆していることはいうまでもありません。[*67] さらに、「大いなる山よ、[*68]お前は誰か、ゼルバベルの前で平らにされる」（ゼカリヤ書四章7節）、「ゼルバベルの手がこの神殿の基を据えた、彼の手がこれを完成させよう」（同四章9節）とまで言われました。ところが、幻の記事に続く戴冠《たいかん》の場面に、戴冠されるはずのゼルバベルは姿を見せないのです（同六章9―15節）。エルサレム再建と南北統一王国の再興を告げる預言（同八章）にも、ゼルバベルへの言及はありません。

総督ゼルバベルに、いったい、何が起こったのでしょうか。ゼルバベルという名前は「バベル（＝バビロニア）の子孫」という意味ですが、じつは、彼はダビデの末裔であった可能性が高いのです。[*69] そうであれば、エルサレムに帰還した民の間に、ゼルバベルを擁立して、ダビデ王朝再興の気運が生まれたとしても不思議ではありません。しかし、ペルシア帝国はそうした動きを属州の独立活動とみなしますから、それが運動に発展すれば、弾圧したはずです。そのために、ペルシア帝国から派遣されたゼルバベルは、なんらかの責任を取らされたのではないか、などといった大胆な推測が可能になります。ともあれ、二人の預言者が期待を寄せたゼルバベルの失脚は、神殿再建時の大きな謎の一つです。

ゼカリヤ書には、後に、それに代わる預言がつけ加えられました。

娘シオンよ、大いに喜べ、娘エルサレムよ、歓呼せよ。
みよ、あなたの王がやって来る、彼は、義人にして勝利者、へりくだり、驢馬に、雌驢馬の子である子驢馬に乗って。
わたしはエフライムから戦車を、イスラエルから軍馬を絶つ。
戦いの弓は絶たれ、彼は諸国民に平和を告げる。
彼の支配は海から海まで、大河から地の果てまでおよぶ。

（ハガイ書九章9―10節）

ゼルバベルに代わる「平和の王」の到来を告げる預言です。「子驢馬に乗って」とは、戦場を駆け巡る馬ではなく、日常的な驢馬で、という意味です[*70]。

一〇　第二神殿時代の預言書

紀元前五一五年三月、エルサレム神殿は再建されました。ユダヤ（イスラエル）の民は、ペルシアの属州の地位に甘んじつつも、神殿祭儀とモーセ律法を中心とした宗教共同体として再出発したのです。以後、エルサレム神殿が破壊される紀元後七〇年までを「第二神殿時代」と呼びならわします。この時期の神殿祭儀は大祭司を頂点とする祭司層に、詠唱や神殿の維持管理は下級祭司レビ人に委ねられました[*71]。祭司やレビ人は宗教的な穢れを遠ざけ、彼ら自身と神殿を汚さぬように保たなければなりませんでした。ユダヤの民も、自らを清く保ち、モーセ律法を守ることが義務づけられました。なかでも、自分たちを選民として、他民族から区別するために重視された律法の定めに、割礼と安息日と食物規定がありました[*72]。今日でも、男児の割礼はユダヤ人社会で実施され、安息日と食物規定は敬虔なユダヤ教徒によって遵守されています。

預言書には、ペルシア時代に語られた預言の言葉も収められています。第三イザヤ（イザヤ書五六―六六章）、ヨエル書、第二、第三ゼカリヤ（ゼカリヤ書九―一四章）[*73]、マラキ書などです。これらを残した預言者たちの個人史的情報はなく、時代も厳密に特定できません。しかし、第二神殿時代のユダヤ社会のさまざまな問題がそこには浮き彫りにされています。

王国時代の預言者たちと同じく、この時代の預言者たちも困窮する同胞の保護を訴えたことはいうまでもありません。彼らは賃金労働者[*74]、寡婦と孤児、寄留者を抑圧する者を告発し（マラキ書三章5節）、第三イザヤには、断食して祈るくらいなら、飢えや貧困にあえぐ人々を助けよ、との勧告もみられます（イザヤ書五八章6―7節）。この時期、ある一人の預言者は「貧しい人々に福音を告げ、心砕かれた人々を包み、囚われ人に解放を、囚人に釈放を告げるために」神から遣わされた、と述べましたが（同六一章1節）、この預言は、ほかの預言とともに、後にイエス・キリストと結びつけられました（マタイ福音書一一章5節）。宗教の領域では、なおも異教崇拝がはびこり（イザヤ書五七章3―13節ほか）、穢れた供犠・供物を献げる、といった祭司たちの不適切な行為が糾弾されています（マラキ書一章7―8節ほか）。

この時期のユダヤはペルシア帝国の一属州だったとはいえ、周辺民族との緊張関係は絶えませんでした。預言書においても、アラム、フェニキア、ペリシテなどとの抗争などが示唆されます（ヨエル書四章4節、ゼカリヤ書九章1―3節）[*75]。それに対して、第二神殿時代の預言者たちも、ヤハウェによる諸国民の撃破・制圧を預言する一方で、諸国民が神ヤハウェに帰依し、エルサレムのヤハウェのもとに巡礼に訪れる時代の到来を詠いあげました。[*76] また、イスラエルの民と異邦人とを分け隔てる傾向を強めたこの時代、異邦人であっても、宦官であっても、安息日をはじめ、契約にもとづくヤハウェの律法を守るならば、ヤハウェの民に連なりうる、という預言の言葉も残されました（イザヤ書五七章1―8節）。それは、イスラエル民族中心の排他的な律法主義に対する挑戦であり、克服の試みでありました。[*77]

第三イザヤは、その最後に、地上の諸民族が神ヤハウェに帰依し、その世界支配が完全に実現する時代の到来を「新しい天と新しい地の創造」として描き出しました（同六五章17―20節）。この預言が、神殿から湧き出る生命の水の描写（エゼキエル書四七章12節）とともに、後代、この世界の終末後に訪れる「新天新地」に結晶し、新約聖書の末尾を飾ることになりました（ヨハネ黙示録二一章1節）。

注

*1　いちじく桑（いちじくに似ているが別の植物）は幹や太い枝に果実（じっさいには陰花果）をつけるクワ科の高木。

*2　本書第10章の注*2に紹介した『預言者の生涯』によれば、アモスはベテルの祭司アマツィヤの息子によって殺されたという。

*3　アモス書二章6―7節、五章10―12節、八章4―6節ほか。

*4　アモス書四章1―3節、六章4―6節ほか。

*5　アモス書の末尾（九章11―15節）には救済と回復の言葉がおかれるが、それはダビデ王朝の再興預言であり、後代の編集者の付加である。

*6 後に、ホセアはふたたび「姦淫する女」を愛せよ、と命ぜられる（ホセア書三章1節）。この女性とゴメルが同一人物であったかどうかは不明。

*7 ホセアの王制批判はホセア書五章1節、七章3―7節、八章4節など。

*8 父祖ヤコブ伝承はホセア書一二章4―5、13節。「出エジプト」および「荒野の時代」は同九章10節、一一章1―2節、一二章10、14節、一三章4―5節。カナン定住後の事件は九章9節「ギブアの日々」など。

*9 ホセア書における「心」（ヘブライ語レーブ）の用例は一〇を数え、用例が一回だけのアモス書（アモス書二章16節「勇者」は「心の強い者」が原意）と対照的である。

*10 カナン侵入の際、戦利品を私物化したアカンの欲望が立たれた場所（ヨシュア記七章26節）。つまり、物質的豊かさの放棄の象徴。

*11 イザヤの預言活動の記録はイザヤ書三九章までに収められ、四〇章以降はイザヤとは別の後代の預言集。その点は本章八項を参照。イザヤ書一―三九章においても、一三―二三章「対諸国民託宣集」、二四―二七章「イザヤの黙示録」などは後代の作品。

*12 ダマスコ（シリア）とエフライム（北イスラエル）が同盟を組み、ユダ王国を攻撃した戦争を指す。

*13 イザヤ書八章23節―九章1節。そこに言及されるゼブルン、ナフタリ、ガリラヤなどはかつての北イスラエルの地。

*14 この浮彫は一九世紀中葉に英国隊によるニネヴェ発掘調査で発見され、現在は大英博物館に「ラキシュの部屋」として展示されている。

*15 歴史的にも、センナケリブ軍はエルサレムを攻略せぬまま退却したものと思われる。その理由については、ヘロドトス『歴史』第二巻一四一節から、アッシリア軍の間に鼠が大発生し、疫病が蔓延したことなどが指摘されてきたが、じっさいにはヒゼキヤが大量の貢物を差し出したことであったろう。その点は月本昭男「なぜ、センナケリブはエルサレムから退却したか」日本旧約学会編『旧約学研究』一五号（二〇二〇年）六五―八二頁で詳しく論じた。

*16 列王記下一八章9節―一九章37節が伝える、センナケリブによるユダ王国侵攻の記事はイザヤ書三六―三七章に再録されたが、ヒゼキヤ王がセンナケリブに金銀を貢納した記事は「不都合な真実」とみなされたためか、削除された。センナケリブの攻撃を再話する歴代誌下三二章にも、ヒゼキヤによる貢納記事は採用されなかった。

＊17　『預言者の生涯』（本書第10章注＊2参照）によれば、イザヤはヒゼキヤ王を継いだマナセ王の時代、鋸で引かれて殉教の死を遂げたという。

＊18　エルサレムの南西約三五キロメートルに位置する遺跡テル・エル・ジュデイデと同定される。

＊19　本書第8章五項を参照。

＊20　ヘブライ語ツィヨーン。エルサレムのこと。元来はエルサレムの南東の丘を指したらしい。

＊21　貨幣がひろく通用する紀元前五〇〇年ころまでは、銀の重さで物品の価値を決めた。

＊22　イザヤ書一章21―23節など。

＊23　食べ物が提供されるかぎりは。

＊24　原意「戦争を聖なるものとする」。

＊25　ミカの時代から一世紀後、預言者エレミヤもまた祭司や立場を異にする預言者たちと対決した。エレミヤ書六章13節、二六章8節ほか。

＊26　マタイ福音書二章6節、ルカ福音書二章4節。

＊27　ヨシヤの改革については、本書第7章八項を参照。

＊28　弱体化したアッシリア支援のために北上するエジプト軍を率いるネコをヨシヤはメギドで迎え撃とうとし、逆に撃たれてしまう。列王記下二三章29節。

＊29　『預言者の生涯』（本書第10章注＊2参照）によれば、エレミヤはエジプトで同胞による石打ちに遭って殉教の死を遂げたという。

＊30　エレミヤの最初期の預言は主としてエレミヤ書一章から六章にまとめられている。

＊31　ヘロドトス『歴史』第一巻一〇六節は、この時期、黒海周辺の騎馬民族スキタイ人が二八年間、アジアを支配したと記すが、同時代の資料から裏づけられるわけではない。

＊32　エレミヤ書四章19―20節、一四章7―9節、19―22節など。

＊33　エレミヤ書七章16節、一一章14節、一四章11節。

＊34　シロは、王国成立前、聖所がおかれていたが、ペリシテ人により破壊され、「神の箱」もいったん奪われた、

と伝わる。サムエル記上四章。

*35 この出来事はエレミヤ書四六章2節にも書き留められている。

*36 この巻物はエレミヤに親炙《しんしゃ》したバルクの口述筆記によった（エレミヤ書三六章4節）。焼かれた後に、エレミヤの言葉は再度、バルクが口述筆記したという（同32節）。

*37 列王記下二四章15節。エレミヤ書二二章24—30節はそのときに語ったエレミヤの言葉。

*38 一九三七年、日本の軍国主義を批判して下野した東大教授矢内原忠雄は、一九四〇年に刊行した『余の尊敬する人物』（岩波新書）の最初に預言者エレミヤを選び、彼を「悲哀の人」と呼んでいる。

*39 用例数は預言書中最多の六六。

*40 エレミヤは民全体に「小さな者から大きな者まで」という表現を用いるが、これを「身分の低い者から身分の高い者」までと「身分」を補い、大・小を高・低に変えて訳出する邦訳聖書がある。しかし、内面を重視したエレミヤが社会を身分という視点で見たはずはない。

*41 次の五箇所が「エレミヤの告白録」と呼ばれる。エレミヤ書一一章18節—一二章6節、一五章10—21節、一七章14—18節、一八章18—23節、二〇章7—18節。

*42 ミケランジェロがシスティーナ礼拝堂の天井画に描いた「エレミヤ」、レンブラント「預言者エレミヤ」などの作品は、エレミヤのそうした苦悩を漂わせている。

*43 新約聖書はこの「新しい契約」の預言がイエス・キリストにおいて成就したと語る。ルカ福音書二二章20節、コリント信徒への手紙（二）三章6節ほか。

*44 本書第10章一項参照。

*45 ゼファニヤ書一章8、14、15、18節ほか。「怒りの日」は後に教会ミサ曲レクイエムの dies irae「怒りの日」に取り込まれた。

*46 獲物は朝まで残さない。

*47 上エジプト、すなわちヌビアおよびエチオピア。

*48 イザヤ書二八章5—6節、ミカ書四章6—7節、エレミヤ書二三章3—34節などが代表的箇所。

*49 列王記下二四章14—15節によれば、このときの捕囚に連行された人数は一万名、エレミヤ書五二章28節によ

れば三〇二三名。

＊50 じっさいの捕囚帰還は第一回捕囚から数えて六〇年であった。

＊51 本書第10章六項参照。

＊52 親の因果が子に報う、という意味の格言。エレミヤもこれを批判した（エレミヤ書三一章29―30節）。

＊53 預言者エゼキエルのこと。エゼキエル書に多用。

＊54 エゼキエルが幻に描く神殿からは生命の水が湧き出て、死海に注ぐ川となり、両岸には月ごとに実をつける果樹が生い茂り、死海の塩水が真水になって漁ができるほどに魚が住むようになるという（エゼキエル書四七章1―12節）。

＊55 一二部族の一二の門の幻は一二使徒の一二の門として、月ごとに実をつける果樹の幻とともに、新約聖書の最後、ヨハネ黙示録の新しいエルサレムの幻に受け継がれる（ヨハネ黙示録二一章12―13節、二二章2節）。

＊56 キュロスは神ヤハウェの「牧者」また「油注がれた者（メシア）」と呼ばれる。イザヤ書四四章28節、四五章1節。キュロスはヤハウェ信奉者でありえなかったが、第二イザヤはキュロスの登場による歴史の動向に神ヤハウェの意図を読み取ったのである。

＊57 イザヤ書四三章25節、四四章22節、五五章7節。

＊58 「贖う」はヘブライ語でガーアル（gāʼal）、「贖い主」はその分詞形ゴエール（gōʼēl）。第二イザヤにはイザヤ書四一章14節、四三章1節などをはじめ、この動詞の用例数は一七におよぶ。

＊59 レビ記二五章23節以下。

＊60 レビ記二五章48節以下。

＊61 「ヨベルの年」については、本書第8章六項を参照。

＊62 エルサレムのこと。

＊63 イザヤ書四四章8節、四五章5、21―22節、四六章9節など。

＊64 イザヤ書四四章9―20節、四六章1―2節ほか。ベルはアッカド語で「主、主人」を意味し、バビロニアの主神マルドゥクのこと。ネボはマルドゥクの息子とされた神ナブーのこと。

*65 （一）イザヤ書四二章1—4節、（二）四九章1—6節、（三）五〇章4—9節、（四）五二章13節—五三章12節。

*66 以後、政治的にはペルシアの属州の地位に甘んじながらも、神殿祭儀とモーセ律法を中心とした宗教共同体としてのユダヤの歴史がはじまる。研究者の多くはここにユダヤ教の成立をみる。

*67 ゼルバベルは政治的メシア、イェシュアは祭司的メシア。原文ではマシーアハではなく、「新しい油による二人の息子」とメシアを表現する。この「二人のメシア」という観念は、後に死海文書を残した「クムラン教団」に引き継がれた。

*68 ペルシア帝国を暗示。

*69 ハガイ書一章1節ほかではゼルバベルを「ユダの総督、シェアルティエルの子」と記すにとどめるが、歴代誌上三章17—19節は彼をシェアルティエルの孫、幼くしてバビロニア捕囚に連行された王ヨヤキンの曾孫とし、ダビデの王統に結びつける。後のマタイ福音書一章12節では、シェアルティエルの子、エコンヤ（＝ヨヤキン）の孫とし、イエス・キリストの系図に位置づける。

*70 後年、イエス・キリストが十字架上に処刑されることになるエルサレムに驢馬に乗って入場するのは、この預言に基づく。マタイ福音書二一章1—5節。

*71 祭司組織と下級祭司であるレビ人の任務を伝える民数記三—四章、歴代誌上二三—二六章などは第二神殿時代を背景にする。

*72 割礼については本書第5章四項、安息日については本書第1章一項を参照。食物規定はレビ記一一章1—23節に定められているように、肉を食することが許される生き物の条件は、陸上動物では反芻する偶蹄目。水生動物では鱗と鰭があること。鳥類では肉食猛禽類が禁じられる。そのほか、血の摂取が禁じられ（レビ記一七章10—14節）、母乳と子山羊の肉を同時に食することの禁止（申命記一四章21節ほか）などが加わる。後者はのちのユダヤ教において乳製品と肉類の同時摂取の禁止と解される。

*73 研究者は九章—一一章を第二ゼカリヤ、一二章—一四章を第三ゼカリヤと区分する。

*74 ペルシア時代から貨幣経済が広まってゆく。

*75 ヨエル書四章4—8節、ゼカリヤ書一二章9節、一四章12節ほか。

*76 イザヤ書六〇章1—13節、六六章13—21節、ゼカリヤ書一四章16節ほか。

*77 後代、狭隘で排他的な律法主義の打破はナザレのイエスによって試みられた。

第12章 小さき者たちの神

多様性と逆説性

旧約聖書のヘブライ語原典は、「はじめに」で紹介したように、全体を三部に分け、最後の部分をケトゥビーム「諸書」と呼びならわします。「諸書」には、文字通り、諸々の書が一三点ほど収められています（本書10―11ページの配列表参照）。そこには、古代イスラエルの人々が唱えた詩歌があり、愛の詩《うた》があります。若者を諭す格言があり、人生の意味や信仰のあり方を探った知恵文学があります。短編小説風の物語があり、歴史を書き換える試みがこれに加わります。『物語としての旧約聖書』と題した本書の最後に、それらを短く紹介しながら、旧約聖書の魅力の一端にふれてみましょう。

一　詩篇――深き淵より

ヘブライ語聖書が「諸書」の最初に配置した書が詩篇でした。そこには、古代イスラエルの信仰者たちが唱え続けた、大小さまざまな一五〇篇の詩歌が収められています。[*1]「詩篇」のことをヘブライ語ではテヒリームといいます。神に献げる「讃美」ないし「讃美の歌」という意味です。ところが、詩篇に収められた作品は、神に感謝し、神を讃える詩歌にとどまりません。苦しむ個人の悲痛な嘆きもあれば、敵からの救いを懇願する祈りもあります。苦境におかれた民族の祈りや王のための詩もあれば、律法を讃える作品もあります。しかし、詩篇を伝えた人々はそれらの詩篇すべてを含めてテヒリーム「讃美」と呼びました。嘆きや訴えであっても、それが神に向けられる限り、究極的には神への讃美になる、と考えたのです。古代イスラエルの信仰者たちは調べにのせてそれらを詠い継ぎました。第二神殿時代、その多くはエルサレム神殿で詠唱されました。

詩篇にはさまざまな形態の詩歌がみられますが、そのなかで「個人の祈りの詩篇」に分類される作品が、もっとも多く、詩篇三篇からはじまって全体の四分の一を占めます。そこでは祈り手が「深き淵より」[*2]神に呼ばわり、彼を襲う病や苦痛を、敵による攻撃や抑圧を嘆き、しばしば「なにゆえ」「いつまで」と神に訴えてゆきます。

わが神、わが神、
なにゆえ、私を見棄てられたのですか。[*3]
わが号泣の言葉は救いから遠く隔たります。
わが神、昼に呼ばわっても、あなたは応えられず、
夜もまた、私は沈黙することができません。

（詩篇二二篇2―3節）

身に受けた苦難や災禍《さいか》を神に嘆き訴える祈り自体は、古代メソポタミアの楔形文字書板にも数多く残されています。それらは苦難や災禍や病の原因となる悪鬼・邪霊を祓《はら》い、神の怒りを鎮めるための儀礼文書に記され、儀礼の一環として唱えられました。それに対して、詩篇の編纂者たちは儀礼という形式から祈りを解き放ちました。儀礼における祈りの場合、形式にのっとり、間違いなく唱えることが肝要です。他方、儀礼から解き放たれた祈りには、祈り手の内面が吐露され、そこから神との対話が開示されてゆきます。

わたしたちは、ふつう、他者に向かって自分のすべてをさらけ出すことはしません。しかし、目に見えない神の前に立つとき、人は自分をつくろうことも、隠すこともできません。自分をさらけ出さざるをえない祈りは、それゆえ、神との対話を促すだけでなく、それによって人は自分を見つめなおすことにもなりましょう。神との対話が自己との対話へと導くのです。「個人の祈り」の詩篇の多くは、自身を襲う苦難や災禍を神に訴えるなかで、神への信頼を取り戻し、不安を克服してゆく信仰者たちの内面を垣間見せてくれます[*4]。

二　雅歌と哀歌——愛の讃歌と滅亡哀歌

旧約聖書の讃歌や祈りの詩は、詩篇だけではなく、歴史書や預言書にも伝えられていますが、単独の一書として編まれ、旧約聖書の「諸書」に収められた作品もあります。雅歌《がか》と哀歌《あいか》がそれです。

雅歌は「ソロモンの雅歌」と題されます。「雅歌」の原題は「歌のなかの歌」[5]ですが、内容的には、ソロモンに仮託して、男女間の愛を詠った作品です。若者とおとめがそれぞれの想いや愛の言葉を交わし合い、そこにおとめたちの語りかけと観衆の言葉（「合唱」）が挿しはさまれます。若者が「わたしの恋人は、茨の中の百合のよう」と語れば、おとめは「わたしの愛する方は、林の木《こ》の間のりんごのよう」と応じ（雅歌二章2、3節）、おとめが、山を越え、丘を跳ねてやってくる若鹿に若者をたとえれば、若者はおとめを岩間の鳩になぞらえます（同二章8—9、14節）。このような二人の愛の語らいを聞いて、「愛は死のように強く」「大水も愛（の炎）を消すことができない」と観衆は口にします（同八章6、7節）。雅歌には、神は登場せず、神への言及もありません。[6]かくもあらわな男女間の愛の詩に、後の宗教指導者たちは戸惑ったのでしょうか。ユダヤ教の伝統では、雅歌は神とイスラエルの民の関係を、キリスト教の伝統では、キリストと教会を詠う寓喩《ぐうゆ》と解釈されました。

哀歌は、雅歌とは一変して、バビロニア軍の侵攻によりエルサレムとその神殿が破壊されたときの悲惨な情況を嘆き、神に訴える五つの悲歌を各章にまとめた作品です。[7]

ああ、どうして、ひとり座すのか、
人々に溢れていたこの都が。
彼女は寡婦のようになってしまった。

（哀歌一章1節）

これに続き、壊滅した都エルサレムを、寡婦や子を奪われた女性にたとえながら、その惨状を切々と訴えてゆきます[8]。このような惨状が自らの罪に対する神ヤハウェからの処罰であることを承知しつつも、なお、敵への報復を願い、ヤハウェの民としての回復を懇願するのです。なお、これらの五つの悲歌のうち、第一、第二、第四、第五歌はヘブライ語のアルファベットの数と同じ二二節からなり、第三歌は、三節ごとに、冒頭の子音がアルファベット順に変わってゆく「アルファベット詩」です[9]。こうした技巧から、これらの悲歌はエルサレム破壊を嘆く断食儀礼[10]で歌われたのではないか、ともいわれますが、確かなことはわかっていません。

三　箴言と歴代誌――格言集と個人化された因果応報思想

どの社会においても、幸福な人生を送るための市井《しせい》の知恵として、さまざまな格言が伝えられてきました。箴言《しんげん》は古代イスラエルの格言を集めた一書です[11]。集められた格言の多くは、賢／愚、善／悪、勤勉／怠惰など、相反する態度や行動とその結果を対比させる文体で語られます。全体として、怠惰や虚偽に陥ることなく、隣人や困窮者に配慮し、正義と節制をもって賢く生きることを教えており、その多くはいずれの社会にも適応しうるような内容です。そこに古代イスラエル的な特色があるとすれば、「ヤハウェをおそれることは知恵のはじめ」といわれるように、神への信仰をすべての基礎に据えたことでしょう[12]。それは、ヤハウェは正しく生きる者に幸福をもたらし、悪に身を委ねる者には災いをくだす神である、と信じて生きることにほかなりません。それがイスラエル的な因果応報の観念でした。

　さきに、申命記的歴史記述は民の歴史に因果応報を読み取っている、と述べましたが（本書第8章一〇項）、ここでは、個人の人生にはたらく因果応報がふまえられています。そして、それを歴史記述に取り込んだ書が、ヘブライ語聖書の最後に配置される歴代誌上・下でした。歴代誌の著者は独自の観点に立って、それまでの歴史記述を書き換えており[*13]、その一つが個々の生涯で完結する因果応報の観念でした。列王記下二一章1―18節によれば、国内に異教祭儀を導入し、民に罪を犯させた王マナセが五五年間統治し、長寿をまっとうしています。歴代誌の著者はこれをそのまま受け入れられなかったのです。そこで、王は生前、神の厳しい処罰を受け、神の前に悔い改めた、と書き加えました（歴代誌下三三章9―17節）。それとは逆に、祭儀改革を断行した立派な王ヨシヤはエジプト軍に撃たれ、生涯半ばで非《ひ》業《ごう》の死を遂げました（列王記下二三章29―30節）。歴代誌の著者はその理由を、ヨシヤはファラオをとおして告げられた神の言葉に従わなかった、と書き添えたのです（同三五章21―24節）。

　第二神殿時代、このようにして、因果応報思想は一人ひとりの人生において完結する、という考え方が人々の間に浸透してゆきました。しかし、旧約聖書には、それに異を唱えた二つの書が収められています。ヨブ記とコーヘレト書です。次にこの二書を紹介しましょう。

四　ヨブ記――神に挑む

神をおそれ、財産と七人の子供に恵まれていた義人ヨブは、突如として、財産と子供たちすべてを失ったうえに、全身をひどい皮膚病に冒されました。天上において、神が二度にわたってサタン[14]の挑発にのったからでした。しかし、財産と子供たちを失っても、ヨブは泰然としていました。

裸で私はわが母の胎を出た。
裸で私はかしこ[15]に帰ろう。
ヤハウェは与え、ヤハウェは取り去られた。
ヤハウェのみ名こそほめたたえられよ。
（ヨブ記一章21節）

さらに、ヨブは「唇をもって罪を犯さなかった[16]」といいます（ヨブ記二章10節）。物語は、しかし、ここで終わりません。しばらくして、ヨブは自分の生まれた日を呪いはじめ、痛ましい嘆きの声を上げるのです（同三章）。見舞いにやって来た三人の友人[17]は、あまりに変わり果てたヨブの姿に、はじめは言葉もかけられなかったのですが、嘆くヨブを見て、彼を諭しはじめます。ヨブがそれに逐一応答し、反論するので、ヨブと三人の友人たちとの激しい論争が展開します[18]。それに前触れなしに登場するエリフの長広舌が加わり（同三二―三七章）、最後に、嵐のなかから神ヤハウェの言葉が響きわたります（同三八―四一章）。そのヤハウェの言葉をとおして、自然界の不思議さとこれを創造した神の権能を思い知らされたヨブは、ついに、神の前に首を垂れ、終幕を迎えるのです。

ヨブと友人たちの論争は、神への信仰と人間の苦難をめぐっています。そのためもあって、ヨブ記の内容はかなり難しいものとなりました。しかし、次の点ははっきり読み取れましょう。まず、友人たちは（またエリフも）因果応報論に立って、苦難の原因をヨブの罪に見ていることです。それに対してヨブは、苦しむ自分の惨状を嘆く一方で、このような仕打ちを受けねばならないような罪は断じて犯していない、と主張します。因果応報に反する事実を友人たちに突きつけながら、苦しみを分かち合おうとしない友人たちを責めたてます。[*19] 神に向かっては、なぜ不当にわたしを苦しめるのか、と申し立て、沈黙を決め込む神に絶望的な格闘を挑むのです。[*20]

最後の神の発言とこの書の結末をどのように理解すべきか。議論は尽きません。しかし、苦難の説明原理として因果応報論を振りかざす友人たちの立場は、ヨブの発言をとおして、きっぱりと退けられている、ということだけは間違いありません。

ゆえなき苦難にあえぐヨブの悲嘆の声は、不条理としか言いようのない現実に遭遇した人々が数限りなく発してきた悲嘆の声と共鳴し合い、いまなお、世界中に響きわたっています。

五　コーヘレト書――善悪のかなた

空の空、とコーヘレト[*21]は言う、

空の空、いっさいは空である、[22]と。　（コーヘレト書一章2節）

コーヘレト書はこのようにはじまり、最後の部分にふたたび同じ言葉を繰り返す、旧約聖書のなかでも異色の書です。全体が一種のアフォリズム（警句集）といった色彩を帯びていますから、この書を貫く思想を捉えるのは容易ではありません。研究者の間でも、意見はわかれています。すべては空しい、[23]と繰り返すコーヘレトを悲観主義者とみる人もいれば、「生涯の間、楽しんで幸福を造り出すこと以外に、人の幸せはない」[24]と繰り返す部分から、彼は快楽主義者であった、という見解もあります。さらに、義人でありすぎても、賢すぎてもいけない、逆に、悪人でありすぎても、愚かすぎてもいけない、との発言（コーヘレト書七章16―17節）などに彼の中庸主義があらわれている、ともいわれるのです。コーヘレトが聞けば、こうした議論もまた空しい、と言ったにちがいありません。

人間の苦難については、彼は冷めた目で人生の不条理性を指摘します。

悪人の行為にふさわしい報いを受ける義人がおり、
義人の行為にふさわしい報いを受ける悪人がいる。
わたしは思った、これもまた空しい、と。　（コーヘレト書八章14節）

コーヘレトは、しかし、因果応報に反する不条理な事実を指摘するだけではありません。因果応報思想のおおもとには、どうしたら幸せな人生を送ることができるか、という人間の幸福志向が潜んでいます。それに対して、誰にも避けることのできない死は、賢者と愚者、善人と悪人、幸福な者と不幸な者を区別なく襲います。そうした死を前にすれば、幸・不幸のちがいなど意味を失ってしまいます。[*25] それどころか、そもそも幸せとは何であるのか、限りある空しい人生を送る人間には知ることさえできない、とコーヘレトは言うのです（コーヘレト書六章12節）。

コーヘレトは、このように、人間の生きる意味の領域にまで踏み込んで、因果応報思想を批判しているように思われます。この書に多用される「空／空しい」という語は、わたしたちが人生を判断するときに前提にする善／悪、賢／愚、幸／不幸、苦／楽といった価値二分法的な発想そのものに反省を迫る鍵語《キーワード》でもありました。

六　苦難の僕——身代わり

ヨブ記とコーヘレト書は、苦難を罪と結びつける因果応報思想を批判の俎上に乗せました。第二イザヤ[*26]の「苦難の僕の詩」（イザヤ書五二章13節—五三章12節）は「諸書」に属するわけではありませんが、苦難の意味を考えるうえで、重要な視点を含むので、ヨブ記とコーヘレト書に続いて、ここで取り上げることにしましょう。

「苦難の僕」は痛ましい生涯を送り、惨めな死を遂げた一人の無名の人物でした。彼は神から処罰を受けている、とわたしたちは思い込んでいたけれども、そうではなかった——じつは、わたしたちの罪を負って、その苦難の道を黙々と歩んでいてくれていたのであった、と詠われます。その一部を引用してみます。

彼は蔑《さげす》まれ、人々に見棄てられ、痛みの人、病を知る者であった。
彼はわれらから顔を隠す者のように蔑まれ、われらも彼を顧みなかった。
彼はわれらの病を負い、われらの痛みを担っていたのだ。
それなのに、われらは思っていた、
彼は病に冒され、神に撃たれ、苦しめられている、と。
彼が刺し貫かれたのは、われらの背きの罪のゆえ、
彼が打ち砕かれたのは、われらの咎のゆえであったのに。
われらの平安のために、彼のうえに懲らしめがあり、
彼の受けた打ち傷によって、われらは癒された。

（イザヤ書五三章3—5節）

この詩が作られたのは、捕囚からの解放が現実味を帯びてきた時期でした。「われらの平安」や「われらは癒された」という表現にそれが暗示されています。そして、そのために「われらの罪」を負って苦しむ人がいた、と詠うのです。その人は「多くの者の罪を負って」生命までも差し出してくれた、ともいいます（イザヤ書五三章12節）。神ヤハウェの「僕」と呼ばれるこの人物は、いったい誰なのか、研究者の間でも、いまだ定説はありません[*27]。

第二イザヤにとって、捕囚からの解放はユダ捕囚民の罪が赦されることと不可分でした。それゆえ、すでに述べたように、彼が捕囚解放の訪れを同胞に告げる際、罪の赦しを示唆する「贖う」という動詞を多用して、捕囚の民の負債が償われ、罪が贖われる時が到来した、と語ったのです。[*28] しかし、その一方で、五〇年をこえる捕囚期間には、解放の恩恵に浴することなく、捕囚民として苦難の生涯を終えた祖父母たちがおり、多くの先輩や同輩がいました。ならば、解放されるわれらの罪は赦され、彼らの罪は赦されなかったのか。

第二イザヤはそうした思いを胸に去来させ、すでにこの地に葬られている人々の生涯と死に思いをはせたにちがいありません。[*29] 思いをはせるなかで、じつは、彼らがわれらに代わって、われらの罪を負ってくれていたのだ、と気づかされたのです。いまは亡き捕囚第一世代の先輩や第二世代の同輩が負った苦難の生涯は、神からの処罰などではなく、われらが解放されるための捨て石であり、身代わりの犠牲であった——第二イザヤの預言詩を読み返すなかで、筆者はそうした理解が「苦難の僕の詩」にはこめられている、と確信するようになりました。

それから六世紀近く後の初代教会において、この詩をとおして、十字架上に処刑されたイエス・キリストの苦難と死の意味が理解されてゆきます。[*30] イエス・キリストは「私たち」の罪を背負って苦難の道を死へと歩んだ、という理解です。他者の罪を負うという、このような苦難の理解は、宗教的観念にとどまりません。二〇一八年二月に他界された作家の石牟《いしむ》礼《れ》道子《みちこ》さんは、韓国の詩人高銀《コ・ウン》との対談で、水俣病で苦しむ方が語った次のような言葉を紹介しています。

「企業がつくりだした罪だけれども、企業がその罪を意識しないのならば、その罪をすべて私たちが担いましょう」とおっしゃる方々がいます。体にじっさいに苦痛があるわけですから、それは単なる観念的な言葉ではありません。[*31]

七　ダニエル書――黙示文学の先駆け

ダニエル書は、現行翻訳聖書では、預言書に配置されていますが、じっさいは預言書ではありません。前半（一―六章）は大国の王宮で起こった逸話集、後半（七―一二章）は幻にもとづく歴史解釈です。

前半部には、バビロニアの王ネブカドレツァルとベルシャツァル、ペルシア王ダレイオスの治世を舞台とした六つの逸話が収められています。[*32]ダニエルとユダ出身の三人の青年たちが肉食と飲酒を避け、野菜と水だけで健康を保った話（ダニエル書一章）、ダニエルが二度にわたって王の夢を解き、壁に現れた文字を読み解き、それぞれ、その通りになったという話（同二、四、五章）、三人の青年が燃え盛る炉に、ダニエルがライオンの穴に投げ込まれても、無傷であったという話（同三、六章）などです。これらは、元来、諸外国で生活を続けるユダヤ人[*33]が権力にこびず、異教の慣習に染まらず、唯一の神への信仰に生きることを教える教訓物語でした。バビロニアやペルシアの王宮に関する情報が不正確であるのは[*34]、ダニエル書がヘレニズム時代の作だからです。

後半部には、ダニエルが見た幻とその意味が天使によって明らかにされます。はじめの二つの幻には、まずは四頭の獣が、次に雄羊《おひつじ》と雄山羊《おやぎ》があらわれ、天使ガブリエル[*35]がその意味をダニエルに解き明かします（ダニエル書七、八章）。獣たちの争いは、ペルシア時代からアレクサンドロス王の登場を経て、エジプトのプトレマイオス朝とシリアのセレウコス朝の時代にいたる国家興亡の歴史の寓喩です。ガブリエルはまた、「憎むべき者」がこの地に荒廃をもたらすことをダニエルに告げます（同九章）。最後に、荘厳な姿の天使があらわれ（同一〇章）、ペルシア帝国からギリシア王朝への移行、「北の王」の冒瀆的行為とその末期を告げ（同一一章）、終わりの時の救済の秘義[*36]を知らせます（同一二章）。

　これらの幻や天使による啓示は、いずれも、自らを「現人神《あらひとがみ》」（エピファネース「顕現者」）と呼び、反ユダヤ政策を実行したセレウコス朝のアンティオコス四世（在位・紀元前一七五―一六四年）に焦点をあてています。先に述べた「憎むべき者」も「北の王」もこの王を指します。これに抵抗するユダヤ側の軍事蜂起とセレウコス軍との戦いを「マカベア（マカバイ）戦争[*37]」（紀元前一六七―一六四年）と呼びますが、ダニエル書の最終章には、この戦いで命を落とした人たちについて、彼らは目覚めて永遠の生命に入り、「大空の光のように輝き」「とこしえに星と輝く」と美しく歌い上げ、復活の希望が表明されます（ダニエル書一二章2―3節）[*38]。ダニエル書後半のこうした記述は、信徒たちの救済が実現し、悪の勢力が滅ぼされる歴史の終末を描き出すユダヤ・キリスト教の黙示《もくし》文学[*39]の先駆けとなりました。

八　物語文学――異邦の民は

「諸書」には、短編小説を思わせる物語が三点収められています。ルツ記とヨナ書とエステル記です。これらの作品には、いずれも、イスラエルないしユダヤと異邦の民との関係が意識されています。

ルツ記は、ある家族が、飢饉を逃れて、ユダのベツレヘムから死海東岸のモアブの地に移住するところからはじまります。夫エリメレクと妻のナオミ、それに二人の息子の四人家族でした。しかし、モアブの地でエリメレクが亡くなり、モアブ女性と結婚した息子たちも父親の後を追いました。残されたナオミは二人の嫁に、実家に戻って再婚するように勧めます。一人はそれに従い、もう一人は「あなたの神はわたしの神です」と言って、ナオミから離れません。それがルツでした。ナオミはルツを連れて故郷ベツレヘムに戻り、ルツは「落穂拾い」*40をして姑《しゅうとめ》を助けます。けなげな彼女を見初めたのは、偶々、彼女が落穂拾いをしていた畑の所有者ボアズでした。ルツは、夜半、大胆にも、麦束の山の脇で眠るボアズのもとに忍び入ります。すると、ボアズは「贖《あがな》う」*41ことを約束し、翌日には、町の長老たちの同意のもと、ナオミに残された土地を贖い、ルツを妻に迎えました。物語は、ルツが生んだ男児オベドがダビデの祖父になったことを付記して、閉じられます。

ヨナ書は預言者ヨナの物語です。アッシリアの主都ニネヴェに行き、その悪*42を戒めよ、と神ヤハウェから命じられたヨナは、ヨッパ（ヤッファ）から別の船に乗り、タルシシに逃れようとします。ところが、激しい嵐に遭遇し、難破寸前になった船上で人々はくじを引き、災難の原因がヨナであったことを突きとめ、ヨナを荒海に投げ込みました。海は凪《な》ぎますが、ヨナは大魚に呑み込まれ、三日三晩を経て、岸辺に吐き出されました。そこがニネヴェでした[43]。ニネヴェの人々はヨナの警告を聞いて悔い改めたので、神はニネヴェへの処罰を思いとどめます[44]。ところが、ヨナにはそれが不満でした。そこで神は、ヨナが座す場所に日陰をつくるトウゴマの葉を虫に食い荒らさせ、それを惜しむヨナを諭しました。あなたがトウゴマを惜しむにもまして、ニネヴェの人々をわたしは惜しむ、と。

　これら二つの物語には、イスラエル＝ユダヤの排外的な民族主義を崩そうとする意図が見てとれます。ルツ記は姑を助けてイスラエルの一家名を守った異邦の女性を描き、ヨナ書は異邦の民を惜しむ神ヤハウェの普遍的性格を明示します。

　エステル記は、それとは対照的な物語を伝えます。ペルシアの王宮で、身勝手な王妃ワシュティに代わって、新たに王妃に選ばれたユダヤ人女性エステルが、彼女の親代わりとなっていたモルデカイの助力を得て、ユダヤ人抹殺を画策する高官ハマンを失脚させる物語です[45]。最後には、ペルシア王クセルクセスの命令により、帝国内で、ユダヤ人は彼らを迫害する多くの仇敵《きゅうてき》を殺害し、ハマンと彼の息子らも木にかけられた、と物語られています[46]。

以上のように、旧約聖書の「諸書」には、じつに多様な文書が収められています。そこにこめられた思想もさまざまでした。不条理な苦難を身に受けるなかで、それを神に訴える祈りがある一方、おおらかに男女の愛を讃える詩があります。哀歌、ダニエル書、エステル記のように、イスラエル＝ユダヤ民族を中心に据えた書もあれば、ルツ記やヨナ書のように、そうした自民族中心的な発想を打破しようとする物語も伝えられました。人生の幸福をつかむすべを教える書もあれば、楽天的な幸福論を覆《くつが》してみせる議論もありました。さまざまな文学形態とそこに盛られた思想の多様性、それが旧約聖書という書物の大きな魅力になっているといえましょう。

したがって、旧約聖書には、対立し、矛盾した思想が併存している場合も少なくありません。自民族中心主義と民族という枠を超えた普遍的思考が併存していることはその一例です。

自民族中心主義は、歴史書では、カナン諸都市を征服し、先住民を殲滅《せんめつ》させた、と記すヨシュア記の物語などに顕著でした。[*47]「諸書」に収められたエズラ記とネヘミヤ記にも、排他的な民族純血主義が顕在化しています。エズラ記によれば、ペルシア王アルタクセルクセス（一世、在位・紀元前四六五―四二四年）の治世第七年に、第二神殿時代のユダヤの民に律法を教えるために、バビロンからユダヤにやって来たという、律法学者で祭司のエズラは、ユダヤの民が祭司にいたるまで、現地の他民族と婚姻関係を結んでいる事態を深く憂え、これを離縁させました（エズラ記九―一〇章）。他民族との結婚は神ヤハウェに対する「罪」であるというのです（同一〇章10―11節ほか）。ほぼ同時代の総督ネヘミヤもまた、モアブ人やアンモン人との結婚禁止に加え、「雑多の民」をイスラエルから切り離した、と伝えます（ネヘミヤ記一三章3節）。

その一方で、出エジプト記は、エジプトから脱出した民に「多くの雑多の民」が加わっていたことを記しています（出エジプト記一二章38節）。ルツ記は、すでにみたように、ダビデの曽祖母《そうそぼ》がモアブ人であったことを明かします。ダビデを継いだソロモンの母バトシェバは、当初、ヘト人の妻であったといいますから、イスラエル人ではなかった可能性があります。ソロモンを継いだレハベアムの母はアンモン人でした（列王記上一四章21節）。ダビデ王朝には、はじめから、他民族の血が混じっていたというのです。それどころか、すでに指摘しましたように、そもそもイスラエル一二部族の名祖となるヤコブの一二人の息子たちはみな異邦の女性を妻に迎えていました。[*48] 記述預言者の嚆矢アモスがイスラエルと他民族を同列におく普遍主義的見地を披瀝していたこと（アモス書九章7節）、諸民族が神ヤハウェに帰依する時代の到来を告知する預言も少なくないこと、これらもすでに紹介しました。[*49]

旧約聖書は、このように、イスラエル＝ユダヤ民族主義とそれをこえる普遍主義とを併存させています。詩篇でも、敵対する国を滅ぼし、イスラエルの救済を願う民の祈りとならび、神ヤハウェを諸国の王として讃える作品が散見します。[*50] 旧約聖書は視座や思想を単一化しないのです。本書第9章一項では、王制移行にふれて、王制を肯定する立場と批判する立場が並存していることを紹介しました。因果応報思想に関しても、これを前提として人生の幸福を教える書もあれば、これを批判し、斥ける書があります。それらは、全体として、一つの事態を両方向から見る旧約聖書の複眼的な特質を示しています。

一〇　唯一神信仰

前項では文学と思想の多様性を旧約聖書の一つの特色として指摘しましたが、もう一方で、旧約聖書のさまざまな思想が共通した基盤に立っていることにも、読者の方々は気づかれたことでしょう。世界を創造し、歴史を導く神ヤハウェへの信仰です。そこから旧約聖書のさまざまな思想が紡ぎ出されてゆきます。もっとも、イスラエルという民族の成立とともに歴史に登場したこの神は、長い間、イスラエルの民族神として信奉されていました。預言者ミカでさえ、次のように述べています。

じつに、すべての民が、それぞれ、自分たちの神の名をかかげて歩む。
われらは、永遠にいつまでも、われらの神ヤハウェの名をかかげて歩む。（ミカ書四章5節）

このように、神々のなかで特定の単独の神を崇拝する信仰のありかたは、宗教学の用語で、拝一神教（英語ではmonolatry）と呼ばれます。そこから、ヤハウェこそが万物を支配する唯一の神であり、ほかに神は存在しない、というヤハウェ唯一神教（英語ではmonotheism）が培われてゆきました。第二イザヤと呼ばれる、バビロニア捕囚末期の匿名の預言者によって、それが明確な言語表現をとるようになったことは、すでに指摘したとおりです。

古代イスラエルにおいて唯一神信仰が確立するまでの神観の展開に、バアル宗教を偽りの宗教として厳しく批判し、大国アッシリアをイスラエルに懲らしめを与えるヤハウェの「鞭《むち》」（イザヤ書一〇章5節）、バビロニアの王ネブカドレツァルをヤハウェの「僕」（エレミヤ書二五章9節ほか）、と呼んだ王国時代の預言者たちの大きな寄与があったことは、いうまでもありません。エルサレムへの祭儀集中を敢行したヨシヤの宗教改革も重要な役割をはたしました。こうした一連の流れは「ヤハウェ専一運動」と呼ばれています。[*51]

このようにして成立した唯一神観は、後に、ユダヤ教に引き継がれ、ユダヤ教をとおしてキリスト教の神観の基礎となり、さらにはイスラム教の神観へと継承されてゆきました。古代イスラエルの民の間で培われた神観がこれらの世界宗教に多大な影響をおよぼしたという事実は、人類宗教史における特筆すべき出来事でした。そもそも、世界を創造し、歴史を導く唯一絶対神への信仰が、古代オリエント世界の覇者であった強大国に生まれたのではなく、辺境の一弱小民族に育まれたということ自体が一つの逆説的な現象であった、ともいえましょう。そうであればこそ、そこで育まれた唯一神観そのものにも、逆説的な性格がみてとれます。

ヤハウェ唯一神観の逆説とは、なによりも、全世界を支配する普遍的な神がイスラエルという弱小の民に関心を寄せ、これを選んだ、という点にあらわれます。

> ヤハウェがあなたたちに関心を寄せ、あなたたちを選ばれたのは、あなたたちがほかのどの民よりも数が多かったからではない。じつに、あなたたちはどの民よりも弱小であった。
>
> （申命記七章7節）

また、そうであればこそ、神ヤハウェは唯一絶対の存在者でありながら、貧しい人々、社会的に弱い立場におかれた人々の保護を命ずる「小さき者たちの神」でもありました。旧約聖書のそのような神信仰は、後に、社会的に辛い境遇におかれた人々に「神の国」到来の福音を伝えたナザレのイエスの活動に引き継がれてゆきます。その意味で、旧約聖書の唯一神観は理論的に演繹《えんえき》された哲学者の神ではありませんでした。

注

*1 詩篇一五〇篇は大きく五部に区分され、各部を閉じる四一、七二、八九、一〇六の各篇末尾に、「アーメン」で終わる類似したヤハウェ頌栄句が添えられている。また、各詩篇の冒頭には表詞が添えられることが多く、その表詞に「ダビデの」が付される作品が半数近くを占める。ただし、それらはダビデが詩作に優れていたという伝承にちなむ編集句とみられ、ダビデの作成した作品であることを意味しない。「ソロモンの」（七二、一二七篇）、「モーセの」（九〇篇）といった表詞も同様である。「コラハ」（四二―四九篇ほか）と「アサフ」（五〇、七三―八三篇）は第二神殿時代の詠唱者集団を指す。これらの表詞に基づき「第一／第二／第三／第四ダビデ詩集」（二―四一篇／五一―七二篇／一〇一―一〇三、一〇八―一一〇篇／一三八―一四五篇）、「第一／第二コラハ詩集」（四二―四九篇／八四、八五、八七―八八篇）、「アサフ詩集」（五〇、七三―八三篇）、「宮詣で詩集」（一二〇―一三四篇）などのまとまりが指摘される。しかし、詩篇全体の詳しい編集過程はなお明らかではない。表詞にはまた「ゆり」（四五篇ほか）、「ギティト」（八篇ほか）、「滅ぼすな」（五七篇ほか）等々の調べを意味する語句もみられるが、その詳細は不明のことが多い。

*2 詩篇一三〇篇の冒頭句。ラテン語で de profundis. 古くはルターのコラール、バッハのカンタータから、新しくはアルヴォ・ペルトのコラールまで、さまざまな合唱曲や楽曲になり、文学作品の題名にも用いられる。

*3 マタイ福音書とマルコ福音書によれば、イエスは十字架上でこの言葉を叫んだという。マタイ福音書二七章46節、マルコ福音書一五章34節。

＊4　「祈り」こそ宗教の核心であるとみた宗教現象学者F・ハイラーは名著『祈り』（抄訳が国書刊行会から刊行）の結論部分に次のように記している。「祈りによって人は神との人格的関係にいたる。……祈りなくして信仰は理論上の確信にとどまり、……祈りなくして道徳行為は宗教的深みを失う」。

＊5　ヘブライ語ではシール・ハ・シリーム（"The Song of Songs"）。

＊6　旧約聖書のエステル記にも「神」への言及はない。

＊7　後に、哀歌は預言者エレミヤの作とみなされ、翻訳聖書ではエレミヤ書の後に配置される。

＊8　古代西アジアには、シュメル語の『ウル滅亡哀歌』をはじめ、破壊された都市を嘆く文学伝統があり、哀歌もそうした伝統に連なる。

＊9　詩篇には第九―一〇篇をはじめ、「アルファベット詩」は八篇を数える。翻訳聖書にそれは反映できない。

＊10　ゼカリヤ書八章19節を参照。

＊11　箴言の二九章までは知恵に優れたと伝わるソロモン王に仮託される。なお、旧約聖書続編の「知恵の書」や「シラ書」なども格言集といってよい。

＊12　箴言一章7節、九章10節ほか。

＊13　本書第7章七項参照。

＊14　サタンは後に悪魔の名とされるが、ここでは神を挑発するみ使いである。ヘブライ語 sātān はもともと「告訴する者、反対者、敵対者」を意味する語。

＊15　死者の赴く冥界。

＊16　神を呪わなかったということ。

＊17　三人の友人はエリファズ、ビルダド、ツォファル。

＊18　ヨブ記四―三一章に、エリファズ―ヨブ―ビルダド―ヨブ―ツォファル―ヨブの順で、論争は三回繰り返される。ただし、三回目はツォファルの発言は欠如し、ヨブの発言にも文脈逸脱がみられる。

＊19　ヨブ記一二章3―6節、二一章2―16節ほか。

＊20　ヨブ記七章17―21節、九章17―24節ほか。神学者K・バルトはゲーテ『タッソー』の最後の言葉「舟人は最

後に彼自身を難破させた岩にしがみついた」を引用し、神と格闘するヨブの姿を説明する。

＊21 コーヘレトは固有名詞ではなく、「集会の主宰者」というほどの意味。箴言一―二九章などと同様、本書も冒頭に「ダビデの子、エルサレムの王、コーヘレトの言葉」と記され、ソロモンに仮託されている。

＊22 新共同訳「なんという空しさ、なんという空しさ、すべては空しい」は情感を重んじた意訳。しかし、冒頭のこの言葉は著者の認識の表明であって、情感の表出ではない。

＊23 「空、空しい」と訳されるヘブライ語ヘベル（hebel）は「気息」のように実体がないこと。

＊24 コーヘレト書三章12節。ほかに同二章24節、五章17節、八章15節など。

＊25 コーヘレト書二章14―17節、三章18―21節、九章1―3節ほか。

＊26 イザヤ書四〇―五五章を、またそれを残した匿名の預言者をこう呼ぶ。本書第11章八項を参照。

＊27 代表的な見解に、僕＝イスラエル説、僕＝歴史的人物（モーセ、エレミヤほか）節、僕＝第二イザヤ節、僕＝苦難のメシア説など。

＊28 本書第11章八項を参照。

＊29 イザヤ書五三章9節「彼はその墓を邪悪な者たちとともに、その墓地を富める者とともにされた」は、「僕」がバビロニア捕囚地に埋葬されたことを示唆。

＊30 使徒言行録八章32―34節など。また、イエスの裁判におけるイエスの沈黙（マルコ福音書一四章61節とその並行記事）は僕が「口を開かなかった」こと（イザヤ書五三章7節）を思わせる。

＊31 石牟礼道子・高銀『詩魂』（藤原書店、二〇一五年）、七一頁。

＊32 ネブカドレツァルについては本書第3章八項参照。ベルシャツァルはバビロニア最後の王ナボニドゥスの皇太子であったが、王にはなれなかった。ダレイオスはペルシア王（本書第11章九項参照）。

＊33 彼らをディアスポラ「散在のユダヤ人」と呼ぶ。ユダとユダヤの区別については、本書第9章注＊23を参照。

＊34 たとえば、ネブカドレツァルとダレイオス（一世）との間には五〇年をこえる時代差があり、若者ダニエルが両者に仕えることなどありえない。

＊35 神の啓示を伝える天使。ルカ福音書一章26節参照。後のユダヤ・キリスト教ではミカエルなどと並ぶ四大天使の一人。前述したサタンを除けば、旧約聖書中、ダニエル書だけに天使の固有名が出る。

＊36　将来起ることに関する秘密の知識。

＊37　この戦いは旧約聖書続編のマカバイ記（一）と（二）に詳しい。

＊38　後のキリスト教やイスラム教の復活信仰の萌芽となった。旧約聖書中、死者の復活を明示する箇所はほかにイザヤ書二六章19節のみ。ただし、同14節も参照。旧約聖書続編では「マカバイ記二」七章9節ほか。

＊39　信徒たちの永遠の救済と悪の勢力の究極的滅亡がもたらされる歴史の終末を描く宗教文学。

＊40　モーセの律法は、本書第7章六項で紹介したように寄留者、孤児、寡婦などの貧しい人たちが収穫後の畑で落穂や刈り残しを集める権利を定めている。レビ記一九章10節、申命記二四章19－22節など参照。

＊41　「贖う」については本書第11章八項を参照。ここでは、ナオミから夫エリメレクの残した土地と寡婦になった嫁ルツを買い取ること。邦訳現行聖書は「親類の役目を果たす」「買い戻す」（新改訳）、「（家を絶やさぬ／親戚としての）責任を果たす」（新共同訳／協会共同訳）などと訳す。

＊42　イベリア半島のタルテッソス、キリキアのタルソなどと比定される。

＊43　ニネヴェはティグリス河畔の都市であって、ヤッファから船で行く場所ではない。ここから、ヨナの物語は、紀元前七世紀末に滅亡したアッシリア帝国の主都ニネヴェの位置が知られなくなった時代の作品であったことがわかる。

＊44　三～四メートルにまで成長する多年草。実から油が採れる。

＊45　エステル（'Estēr）とモルデカイ（Mordokai）はバビロニアの女神イシュタル（Ištar）と主神マルドゥク（Marduk）の掛詞になっている。

＊46　この物語を記念する祝祭がユダヤ教のプリム祭。アダルの月（現暦二／三月）の14日ないし15日に祝われる。エステル記九章17－19節参照。

＊47　ヨシュア記六章21節、八章21節、一〇章28節など。

＊48　本書第6章八項を参照。

＊49　本書第10章の注＊48を参照。旧約聖書における民族をこえた普通主義思想は、人類は出自に関わりなく一つである、というパウロの思想に引き継がれてゆく。ガラテアの信徒への手紙三章28節ほか。

＊50　前者は詩篇七九、八〇篇、後者は六七、九六篇など。

*51　Yahweh-Alone-Movement. アメリカの古代イスラエル研究者モートン・スミスの言葉。

暦	紀元前	1000	900	800	700

出来事

- この頃、エルサレム遷都
- この頃、南北に分裂
- カルカルの戦い（前853）
- イエフ、アッシリアに貢納
- シリア・エフライム戦争（前734～前732）
- 北イスラエル王国滅亡
- アッシリアによるユダ王国侵攻（前701）

イスラエルの歩みと主な王

部族連合時代（前1200頃～）

統一王朝

- サウル（前1030頃～前1004頃）
- ダビデ（前1004～前965頃）
- ソロモン（前965～前926頃）

北イスラエル王国

- ヤロブアムI世（前926～前907頃）
- オムリ（前878～前871）
- アハブ（前871～前852）
- イエフ（前845～前818）
- ヤロブアムII世（前787～前747）
- メナヘム（前747～前738）
- ペカ（前735～前732）
- ホシェア（前732～前722）

ユダ王国

- レハブアム（前926～前910頃）
- ヨラム（前847～前845）
- ウジヤ（前787～前736）
- アハズ（前744～前729）
- ※共同統治を含む
- ヒゼキヤ（前728～前697）
- マナセ（前696～前642）

預言者

- エリヤ
- エリシャ
- アモス
- ホセア
- ミカ
- イザヤ

他の王朝

(新)アッシリア

- シャルマネセルIII世（前858～前824）
- ティグラト・ピレセルIII世（前744～前727）
- センナケリブ（前704～前681）

600 500 400 300 200 100

ニネヴェ陥落（前612）
アッシリア滅亡（前609）
第一回バビロニア捕囚
第二回バビロニア捕囚
ユダ王国滅亡
バビロニア王国滅亡（前539）
捕囚帰還
第二神殿完成（前515）
ネヘミヤの改革
ペルシア帝国滅亡（前330）
マカベア戦争（前167～前142）
この頃、ヘブライ語聖書成立

ヨシヤ（前639～前609）
ヨヤキム（前609～前598）
ヨヤキン（前598～前597）
ツェデキヤ（前597～前587）

バビロニア捕囚期

ペルシアの属州
イェフド＝ユダヤ

セレウコス王朝時代

ハスモン王朝（前140～前37）

ローマ時代（前64～）

ゼファニヤ
エレミヤ
エゼキエル
第二イザヤ
エズラ
ネヘミヤ

（新）バビロニア
ナボポラサル（前625～前605）
ネブカドレツァルII世（前604～前562）
ナボニドゥス（前555～前539）

ペルシア
キュロスII世（前559～前530）

アレクサンドロスIII世（前330～前323）

セレウコス王朝（前305～前64）
アンティオコスIV世（前175～前164）

あとがき

旧約聖書には小説の原石がごろごろ転がっていて、作家は旧約聖書を読めば、小説の一つや二つはすぐに思い浮かぶものだ。だが、自分はまだ聖書に頼ろうとは思わない。二〇年ほど前、立教大学で行われた講演で、いまは亡き作家・井上ひさしが語った言葉である。幼い日をカトリックの施設で過ごし、いったんは洗礼を受けた作家であれば、旧約聖書の物語の面白さをよく知っていたのであろう。講演の全容は記憶から失せてしまったが、旧約聖書の研究に携わる筆者の耳にこの一節だけは鮮明に刻まれた。

井上ひさしは文章を書くとき、「むずかしいことをやさしく　やさしいことをふかく　ふかいことをゆかいに　ゆかいなことをまじめに」を心がけたという。『物語としての旧約聖書』と題する本書をこれにならって言えば、筆者はせめても「難しいことを易しく、易しいことを真面目に」書く努力をした。

大小三九の書から構成される旧約聖書の「難しさ」は、翻訳から神学的解釈まで、さまざまな段階で生ずる。多くの場合、各書の原著者が不明であること、加えて多くの書が複雑な編集過程を経ていることによる。預言者の名を冠した預言書でさえ、複数の編集の手が加えられており、どこまでが預言者の真正な言葉であるのか、判然としない。それゆえ、研究者たちは微に入り細を穿つような議論を積み重ねてきた。本書は、しかし、そこに深入りしなかった。そうした議論を無視はしなかったが、矛盾を含む聖書の物語を異なる資料に分解することなく、矛盾のあるまま読んで、そこに籠められた思想と信仰を摑み出そうとした。本書を『物語としての旧約聖書』と題した所以である。

若き日に、新約聖書をよりよく理解するためには旧約聖書をよく知らなければならないと考えた筆者は、それから半世紀という歳月を旧約聖書の研究に費やし、いまなお旧約聖書と取り組んでいる。

もっとも、この間、遠回りもした。その一つは古代オリエント学である。旧約聖書の歴史的、文化史的背景を見きわめてみたいと思い、楔形文字の世界に足を踏み入れたのである。イスラエル・パレスティナ考古学にも携わった。いずれも、それ自体が自立した、広い専門領域であって、それぞれの領域で十分な研究を果たせたとは言いがたいが、結果的に、それらの研究領域にふれたことは、筆者の旧約聖書理解に大いに役立つことになった。そして、それが本書の特色となっていよう。

古代オリエント学との関連で言えば、本書には旧約聖書に関連する古代オリエントの事例がしばしば紹介される。旧約聖書を残したイスラエルの民は、西アジアの一隅に歴史を刻んだ弱小の民族として、当時の強大国に翻弄され続けた。したがって、旧約聖書に古代オリエントからの影響がさまざまに及んでいることは、当然のことである。ところが、旧約聖書が「聖書」として読まれるとき、そこに関心は向かわない。そこで、本書はできる限りその点にふれ、そこから旧約聖書の独自性を浮かび上がらせようと試みた。

当時のイスラエルは五指に余る国々に取り囲まれ、それらの国々とは一度ならず戦いを交えた。だが、それらの国々は、すべて消滅の道をたどってゆく。古代西アジアの覇権を手中にした強大国でさえも、歴史の舞台から姿を消していった。そのようななか、イスラエルの民だけは、国を失ってなお、民族の同一性を保ち続けたのである。それを可能にしたのは、独自性の高い唯一神信仰であった。そこからイスラエルならではの世界観が紡ぎ出され、社会倫理が培われた。それゆえ、そのような信仰に基づいて編まれた旧約聖書には、自然と歴史に関する独自の思想がたたみ込まれ、人間と社会に対する独自の視座からの洞察が織り込まれたのである。本書において筆者は、そのような独自性の一端を解きほぐし、その現代的意味を紡ぎ出そう試みた。それが成功しているかどうかは、読者の判断に委ねさせていただくほかにない。

遺跡の発掘調査をとおして、物質文化の面から古代の人々の生活ぶりを明らかにする考古学の成果は、古代イスラエルの歴史や文化の理解には必須である。さらに、旧約聖書に伝わる歴史伝承の史実性の判断にも大きな役割を果たす。しかし、古代イスラエルの歴史や文化を主眼としていない本書にとって、そのような考古学の成果はわき役にとどまる。それでも、本書のところどころに考古学の知見が生かされていることを、読者には感じ取っていただけよう。

本書において筆者は、時折、新約聖書に言及した。その半数以上は注における新約聖書箇所の提示にとどまるが、それによって筆者は、ヘブライ語聖書が「旧約」聖書である所以の一端を示そうとした。逆に言えば、新約聖書——つまりはキリスト教——が成立するために、旧約聖書は不可欠の土壌であった、ということである。

このような特色をもつ本書は、二〇一八年度のＮＨＫラジオ第二放送「宗教の時間」で月ごとに一回、「物語としての旧約聖書」として語らせていただいた際に刊行された同名の番組ガイドブック上・下の改訂版に「人類史に何をもたらしたのか」という副題を添えて上梓したものである。文体は当時のものをそのまま踏襲した。ガイドブックをまとめてくださったうえに、これをＮＨＫブックスの一冊として刊行することを筆者に提案し、改訂作業を進めてくださったのは、ＮＨＫ出版の編集者、高原敦氏である。氏への深甚なる感謝をもって「あとがき」の締めくくりとさせていただく。

二〇二三年一二月五日

イスラエル軍によるガザ侵攻に
心を痛めつつ

著者記

月本昭男（つきもと・あきお）

1948年、長野県生まれ。東京大学文学部卒業。同大大学院人文社会科学研究科中退。ドイツ・テュービンゲン大学修了（Dr. Phil.）。1981年より立教大学勤務、2014年3月、同大学キリスト教学科教授退任。同大学名誉教授。2014年4月～2022年3月、上智大学特任教授。同大学名誉教授。現在、古代オリエント博物館館長。経堂聖書会所属。

著書に『目で見る聖書の時代』（日本キリスト教団出版局）、『詩篇の思想と信仰』Ⅰ～Ⅵ（新教出版社）、『古典としての旧約聖書』（聖公会出版）、『古代メソポタミアの神話と儀礼』（岩波書店）、『旧約聖書に見るユーモアとアイロニー』（教文館）、『この世界の成り立ちについて――太古の文書を読む』（ぷねうま舎）、『見えない神を信ずる』（日本キリスト教団出版局）など。

原典翻訳に『ギルガメシュ叙事詩』、『創世記』、『エゼキエル書』（以上、岩波書店）、『死海文書』Ⅰ巻、Ⅲ巻（共訳）、『バビロニア創世叙事詩　エヌマ・エリシュ』（以上、ぷねうま舎）など。

編著に『創成神話の研究』（リトン）、『メソポタミア文明の光芒』（山川出版社）、『宗教の誕生――宗教の起源・古代の宗教』（山川出版社）など。

NHK BOOKS 1283

物語としての旧約聖書

人類史に何をもたらしたのか

2024年 1 月25日　第1刷発行
2024年 3 月 5 日　第2刷発行

著　者　**月本昭男**

© 2024 Tsukimoto Akio

発行者　**松本浩司**

発行所　**NHK出版**

東京都渋谷区宇田川町10-3　郵便番号150-0042
電話 0570-009-321（問い合わせ）　0570-000-321（注文）
ホームページ　https://www.nhk-book.co.jp

装幀者　**水戸部 功**

印　刷　**三秀舎・近代美術**

製　本　**三森製本所**

本書の無断複写（コピー、スキャン、デジタル化など）は、
著作権法上の例外を除き、著作権侵害となります。

落丁・乱丁本はお取り替えいたします。
定価はカバーに表示してあります。
Printed in Japan　ISBN978-4-14-091283-6　C1314

NHK BOOKS

＊宗教・哲学・思想

仏像［完全版］―心とかたち― 望月信成／佐和隆研／梅原 猛

原始仏教―その思想と生活― 中村 元

がんばれ仏教！―お寺ルネサンスの時代― 上田紀行

目覚めよ仏教！―ダライ・ラマとの対話― 上田紀行

現象学入門 竹田青嗣

哲学とは何か 竹田青嗣

東京から考える―格差・郊外・ナショナリズム― 東 浩紀／北田暁大

ジンメル・つながりの哲学 菅野 仁

科学哲学の冒険―サイエンスの目的と方法をさぐる― 戸田山和久

集中講義！ 日本の現代思想―ポストモダンとは何だったのか― 仲正昌樹

哲学ディベート―〈倫理〉を〈論理〉する― 高橋昌一郎

カント 信じるための哲学―「わたし」から「世界」を考える― 石川輝吉

道元の思想―大乗仏教の真髄を読み解く― 賴住光子

詩歌と戦争―白秋と民衆、総力戦への「道」― 中野敏男

ほんとうの構造主義―言語・権力・主体― 出口 顯

「自由」はいかに可能か―社会構想のための哲学― 苫野一徳

イスラームの深層―「遍在する神」とは何か― 鎌田 繁

マルクス思想の核心―21世紀の社会理論のために― 鈴木 直

カント哲学の核心―『プロレゴーメナ』から読み解く― 御子柴善之

戦後「社会科学」の思想―丸山眞男から新保守主義まで― 森 政稔

はじめてのウィトゲンシュタイン 古田徹也

〈普遍性〉をつくる哲学―「幸福」と「自由」をいかに守るか― 岩内章太郎

ハイデガー『存在と時間』を解き明かす 池田 喬

公共哲学入門―自由と複数性のある社会のために― 齋藤純一／谷澤正嗣

ブルーフィルムの哲学―「見てはいけない映画」を見る― 吉川 孝

物語としての旧約聖書―人類史に何をもたらしたのか― 月本昭男

※在庫品切れの際はご容赦下さい。